다중

 아우또노미아총서5

다중 A Grammar of the multitude

지은이 빠올로 비르노
옮긴이 김상운

펴낸이 조정환
책임운영 신은주
편집부 오정민 · 김정연
홍보 김하은

펴낸곳 도서출판 갈무리 등록일 1994. 3. 3. 등록번호 제17-0161호
1쇄 2004년 10월 10일
2쇄 2013년 11월 13일
종이 화인페이퍼 출력 경운출력 인쇄 예원프린팅 · 중앙피앤엘 라미네이팅 금성산업
제본 일진제책

주소 서울 마포구 서교동 375-13호 성지빌딩 101호
전화 02-325-1485 팩스 02-325-1407
website http://galmuri.co.kr e-mail galmuri@galmuri.co.kr

ISBN 89-86114-71-2 04300 / 89-86114-21-6 (세트)

값 15,000원

이 도서의 국립중앙도서관 출판시도서목록(CIP)은 e-CIP 홈페이지(http://www.nl.go.kr/cip.php)에서 이용하실 수 있습니다.(CIP제어번호: CIP2004001776)

다중

A Grammar of the multitude

—현대의 삶 형태에 관한 분석을 위하여—

| 빠올로 비르노 지음 | 김상운 옮김 |

2004

차례

영어판 편집자 서문 : 우리, 다중 | 9

서문
1. 민중 대 다중 : 홉스와 스피노자 | 37
2. 내쫓긴 다원성 : '사적'과 '개별적' | 42
3. 다수에 관한 세 가지 접근방법 | 45

제1강 공포와 방어의 형식들
1. 두려움/불안이라는 용어 쌍을 넘어 | 49
2. 공통의 장소와 '일반지성' | 58
3. 공적 영역이 없는 공공성 | 66
4. 다수를 위한 어떤 일자인가? | 70

제2강 노동, 행위, 지성 | 79
1. 포이에시스와 프락시스의 병치 | 83
2. 탁월한 기예에 관해 : 아리스토텔레스에서 글렌 굴드까지 | 85
3. 공연 예술가로서의 말하는 사람 | 93

4. 문화산업 : 예견과 범례 | 96

5. 무대 위의 언어 | 102

6. 노동에서의 탁월한 기예 | 105

7. 악보로서의 지성 | 109

8. 국가 이성과 엑소더스 | 115

제3강 주체성으로서의 다중 | 125

1. 개체화 원리 | 127

2. 애매한 개념 : 삶-정치 | 136

3. 다중의 감정적 어조 | 143

4. 잡담과 호기심 | 151

제4강 다중과 포스트-포드주의적 자본주의에 관한 열 가지 테제 | 165

서지 목록 | 192

부록1 탁월한 기예와 혁명, 엑소더스의 정치이론

1. 행위, 작업, 지성 | 199

2. 작업 없는 활동 | 202

3. 공적 지성, 거장의 악보 | 208

4. 엑소더스 | 213

5. 무절제의 미덕 | 215

6. 다중, 일반지성, 공화제 | 221

7. 저항권 | 228

8. 예기치 못한 것을 기다리며 | 233

부록2 노동과 언어 | 240

부록3 다중과 개체화 원리 | 249

1. 전-개체적 | 253

2. 이중적인 주체 | 259

3. 맑스, 시몽동, 비고츠키 : '사회적 개인' 개념 | 263

4. 다중의 집단 | 267

부록4 다중과 노동계급 | 271

옮긴이 후기 : 다중에 관한 탐구 | 276

찾아보기 | 287

일러두기

1. 이 책은 Paolo Virno, *Grammatica della moltitudine — Per una analist delle forme di vita contemporanee*, Rubbettino Editore, Catanzaro, 2001의 불역판인 *Grammaire de la multitude*(Véronique Dassas 옮김, Éditions Conjonctures/L'Éclat, 2002)를 중심 판본으로 삼고 *A Grammar of the Multitude*(Isabella Bertoletti, James Cascaito, Antrea Casson 옮김, Semiotext(e), 2004)를 보조 판본으로 삼아 번역한 것이다. 인용문장의 정확성이나 표현의 매끄러움, 몇몇 단어의 정확한 인용 등에서는 영역본이 한층 뛰어났으나 전체 논지의 전개를 이해하는 데 있어서는 불역본이 한결 낫다는 판단에서이다. 또한 최종 교정 과정에서 2004년 1월에 출간된 일역본(『マルチチュードの文法—現代的な生活形式を分析するために』, 広瀬純 옮김, 月曜社, 2004)을 참조했고, 인터넷을 통해 유포된 스페인어판(http://usuarios.lycos.es/pete__ aumann/gramatica.html)도 참조했다.

2. 이탈리아어로 발행된 원래의 책에는 서문과 제4강으로 이루어진 본문으로 구성되어 있을 뿐이나, 독자들의 이해를 도모하기 위해 영역본 편집자 서문을 추가했고, 특히 제3강과 제4강에 관한 이해를 심화할 수 있도록 지난 10여 년에 걸쳐 빠올로 비르노가 발표한 글들 중에서 입수가능한 것을 부록으로 수록했다.

3. 인명이나 지명, 그리고 작품명은 될 수 있는 한 「외래어 표기법」(문교부 고시 제85-11호, 1986년 1월 7일)과 이에 근거한 『편수자료』(1987년, 국어연구소 편)를 참조해 표기했으나 주로 원어에 가깝게 표기하는 것을 원칙으로 삼았다. 단, '이탈리아'나 '벤야민'처럼 이미 굳어진 경우에는 가급적 관행을 따랐다.

4. 불역본과 영역본에 따라 이탤릭으로 강조한 부분이 서로 상이했으나, 여기에서는 불역본과 영역본의 강조를 모두 고딕체로 표기했다.

5. 본문에 들어 있는 [ ] 안의 내용은 옮긴이가 읽는 이의 이해를 돕기 위해 덧붙인 것이다. 단, 지은이가 덧붙였을 경우에는 옮긴이 주를 통해 '- 지은이'라고 명기했으며, 본문의 ( ) 안의 내용은 원문에 있는 내용이다.

6. 원래 영역본과 불역본에서는 본문에 간단하게 표기되었을 뿐인 주석의 경우 여기에서는 각주로 처리하였는데, 맨 앞의 것은 불역본을, [ ] 안의 것은 영역본을 가리킨다. 또 옮긴이 주가 필요한 경우에는 그 옆이나 문단을 바꿔 "[옮긴이]"라고 표기했다. 한편 저자가 인용하는 저작 중 한국어판이 있는 경우나 인용문에서 영역본과 불역본의 차이가 두드러진 경우 무엇을 기준으로 삼을 것인지를 각각의 상황에 따라 판단하였고 이를 "옮긴이 주"에서 설명했다.

7. 용어의 미묘한 차이 및 번역어 선택의 이유 등에 관해서는 해당하는 내용이 있는 쪽수에 "[옮긴이]"를 명기하고 설명했다.

8. 단행본, 전집, 정기간행물, 영상·음반·공연물에는 겹낫표(『 』)를, 논문·논설·기고문·단편 등에는 홑낫표(「 」)를, 단체명은 고딕으로 표기했다.

□ 영역판 편집자 서문

우리, 다중

실베르 로뜨링거[1]

빠올로 비르노의 『다중』은 짧은 책이지만, 긴 그림자를 드리우고 있다. 그 그림자 뒤에서 노동운동의 역사 전체가, 그리고 1960년대와 1970년대 투쟁에 견주어 맑스주의를 재사유하는, 노동운동의 이단파인 이탈리아 '노동자주의'(오뻬라이스모)가 언뜻언뜻 보인다. 하지만 대부

---

1. [옮긴이] 실베르 로뜨링거(Sylvère Lotringer)는 콜럼비아대학교의 프랑스·비교문학 교수이자 출판사 Semiotext(e)의 설립자인 동시에 편집장이다. 저서로는 Paul Virilio and Sylvère Lotringer, 『순수 전쟁』(Pure War), translated by Mark Polizzotti (New York: Semiotext(e), 1993); Paul Virilio and Sylvere Lotringer, Mike Taormina, 『어둑어둑한 새벽녘』(Crepuscular Dawn), Semiotext(e), 2002; Chris Kraus and Sylvere Lotringer, 『자본주의에 대한 증오』(Hatred of Capitalism), Semiotext(e), 2001 등이 있다. 편역서로는 William S. Burroughs와 함께 편집한 Burroughs Live: The Collected Interview of Wiliam S. Burroughs, 1960-1997, Semiotext(e), 2000; Foucault Live: Interviews, 1961-84, Semiotext(e), 1996; Michel Foucault 등과 함께 편집한 The Politics of Truth, Semiotext(e), 1997 등을 비롯한 다수의 책이 있다.

분의 경우 이 책은 앞을 내다본다. 추상적 지능과 비물질적 기호는 우리가 살고 있는 '포스트-포드주의적' 경제에서 주요한 생산력이 되었으며, 이것들은 오늘날의 구조들과 멘탈리티를 심대하게 변용시키고 있다. 비르노의 책은 새로운 노동력 — 이러한 노동력의 노동시간은 이제 실질적으로(virtually) 노동자들의 삶 전체로까지 확장되었다 — 의 증대된 이동성 및 다재다능(versatility)²을 검토한다. '다중'은 이러한 근본적 변화가 발산하는 주체적 배치(subjective configuration)의 일종이며, 우리는 무엇을 할 수 있는가라는 정치적 물음을 제기한다.

오뻬라이스모(노동자주의)는 전통적 맑스주의 및 공식적 노동운동과 역설적인 관계를 맺고 있다. 이는 오뻬라이스모가 노동을 인간 삶의 규정적 요인으로 사고하는 것을 거부하기 때문이다. 맑스주의적 분석은 노동을 소외시키는 것이 자본주의적 착취라고 주장하지만, 노동자주의자들은 노동의 소외가 오히려 삶을 노동으로 환원시키는 데 있음을 깨달았다. 역설적으로 말해서 '노동자주의자들'은 노동에 반대하며, 노동의 존엄성을 찬양하곤 했던 사회주의적 윤리에도 반대한다. 이들은 노동을 재-전유하길 ('생산수단을 장악하기를') 원하지 않으며 [오히려] 노동을 축소하고자 한다. 노동조합이나 정당은 임금과 노동조건에 관심을 갖긴 하지만, 노동자의 처지를 변화시키기 위해서 싸우는 것이 아니라 기껏 해봤자 이런 처지를 좀더 참을 수 있는 것으로 만들 뿐이다. 이에 반해 노동자주의자들은 노동시간을 축소하라는 압력을 행사

---

2. [옮긴이] 비르노는 이 책에서 현대의 다중이 지니는 특징을 'virtuosity'라는 개념에 기대어 논의를 전개하는데, 영역본 편집자가 사용하는 'versatility'는 이런 의미사용 관계에서 파악되어야 한다. 한편 여기에서 쓰인 '이동성'은 현대적 노동, 즉 포스트-포드주의에서 노동이 지닌 특징을 가리킨다.

했으며, 기술적 지식과 사회화된 지능의 적용을 통해 생산을 변형하라는 압력을 행사했다.

1930년대 중반, 좌파 철학자 시몬느 베일(Simone Weil)은 공장에서 직접 일을 해봄으로써 처음으로 일관생산라인의 소름끼치는 비참함을 경험했다. 그녀는 레닌이나 스딸린이 작업장에 발을 들여놓았다면 과연 노동자들의 노동을 찬양할 수 있었을지 미심쩍게 생각했다. 그녀는 『억압과 자유』(Oppression and Liberty)에서 맑스주의를 비난하면서 조직노동자들의 운동과 단절한 후에 "그러므로 문제는 아주 명확하다"고 결론지었다. "그것은 영혼과 신체를 억압하여 이것들을 완전히 분쇄해 버리는 것과는 다른 생산 조직화를 인식할 수 있느냐 여부를 아는 문제이다."[3] 하지만 이 목표를 자동화를 통해 성취하기에는 시기적으로 너무 일렀으며, 따라서 그녀의 노력은 고립된 채로 남아 있었다. 그녀가 떠나간 곳에서 마침내 이 문제를 다시 끄집어낸 것은 1950년대 후반의 이탈리아 노동자주의자들(Operaists)이었다.

이데올로기적으로 볼 때, 노동자주의(Operaism)는 관료적 사회주의의 참된 본성을 드러내 준 1956년 소련의 헝가리 침공에 의해서 가능해졌다. [이 사건으로 인해 당시 좌파 중의 좌파에 있었던 청년 이탈리아 지식인들 — 안또니오 네그리, 마리오 뜨론띠가 여기에 속한다 — 에게 소련이 노동자의 나라가 아니라 전체주의적 형태의 자본주의라는 것이 분명해졌다. 이 시기에 즈음해 이탈리아 노동자들

---

3. Simone Weil, *Oppression and Liberty*, Amherst: The University of Massachussets Press, 1958, p. 56.

이 빈곤에 허덕이던 남부에서 산업화된 북부로 대규모 이주한 것은 이탈리아의 불안정이 더욱 심화되었음을 입증했다. 젊고 비숙련된 노동자들('대중-노동자들')은 대량생산이라는 새로운 시스템에 종속되기보다는, 숙련된 노동자들의 특권을 옹호한 기성 노동조합을 무시하고 포드주의적 일관생산라인에 맹렬히 저항했다. 노동자주의적 운동은 또리노에서 최초의 대규모 노동 대결이 있은 직후인 1961년에 처음으로 모습을 드러냈다. 『콰데르니 로씨』(『붉은 노트』)는 창간호에서 젊은 대중 노동자들이 노동력에 가한 충격과 최근의 자본주의적 변형으로부터 출현한 새로운 '계급 구성'을 분석했다. 1964년 처음 발행된 『끌라세 오뻬라이아』(『노동계급』)는 자본이 새로운 테크놀로지로 자신의 생산력들을 발전시키려고 하는 것에 맞서 새로운 정치전략, 즉 노동거부를 정식화했다. (마리오 뜨론띠가 쓴 맹아적인 글의 제목이기도 한) 이러한 '거부의 전략'은 자본주의적 발전 '내부'에 적용된 동시에 '자본주의적 발전에 반대하여' 적용되었다. 그것은 1972년에 출판된 『안티-오이디푸스』에서 펠릭스 가따리와 질 들뢰즈가 행했던 포스트-68년의 자본 분석을 예견한 것이기도 했기에, 1970년대 중반에 이르자 이탈리아의 사회사상가들과 포스트-구조주의적인 프랑스 철학자들이 쉽게 결합될 수 있었다. 대중-노동자들이 가장 반대했던 것은 인간 지식을 기계들로 양도하는 것, 즉 삶을 '죽은 노동'으로 환원하는 것이었다. 이들의 반대에는 분명 실존적인(existential) 차원이 있었으나, 나아가 능동적이고 창조적인 차원도 있었다. 노동조건을 변화시키고자 하는 이들의 노력은 주로 억압의 메커니즘 및 억압이 노동계급에게 미치는 효과를 분석하는 데 몰입했던 고전적 맑스주의에게는 낯선 것이었다.

『아침놀』(*Daybreak*)에서 니체는 유럽 노동자들에게 이렇게 훈계한다. "지금부터 유럽의 노동자들은 하나의 계급으로서 자신들의 상태를 인간이 참을 수 없는 것으로 천명해야 하며, 보통 주장되는 것처럼 단지 가혹하고 불합리하게 조직된 것이라고 천명해서는 안 된다." 그리고 그는 그러한 '불가능한 계급'에게 유럽이라는 벌통으로부터 벗어나 [자유롭게 날아다니라고 훈계하며, "이러한 대규모적이고 자유로운 이민에 의해 기계, 자본 그리고 지금 그들을 위협하고 있는 선택, 즉 국가의 노예가 되든지 아니면 국가를 전복하려는 정당의 노예가 [필연적으로] 되지 않으면 안 된다고 하는 선택에 저항해야 한다"고 훈계한다.[4] 탈출(exile)에 관한 이러한 찬양은 미국의 맑스주의 학계와 예술 비평가들 사이에서 베스트셀러가 된 마이클 하트와 안또니오 네그리의 『제국』에서도 발견할 수 있다. ("하나의 유령이 세계를 배회하고 있으며, 그것은 바로 이주라는 유령이다…") 비르노의 『다중』에서도 이러한 찬양을 발견할 수 있지만, 비르노의 책은 나름의 방식으로 이것을 보충한다. 과거로 소급해 보면 이런 주장의 모델은 1920년대에 미국 전역에서 이민 노동자들을 조직했던 워블리들(세계산업노동조합IWW의 조합원들)의 비정통적이고 이동적인 이민

---

4. [옮긴이] 이상의 글은 프리드리히 니체, 『아침놀』, 박찬국 옮김, 책세상, 2004, 229쪽의 문구를 존중하여 옮겼다. 하지만 실베르 로뜨렝거가 인용한 구절과는 번역에 있어서 미묘한 차이가 있다. 우선 '가혹하고 불합리하게 조직된 것'은 'harsh and purposeless establishment', 즉 '가혹하고 아무런 목적의식도 없는 기성체제'로 되어 있다. 또 '국가를 전복하려는 정당'은 '혁명 정당'이라고 되어 있다. 하지만 니체 책의 한국어 번역판이 독일어에서 직접 번역해 온 것이라는 사정을 감안하여 한국어 번역판을 기준으로 옮겼다.

노동력에서 발견된다. (그래서 역설적이게도 노동자주의자들이 미국 노동자들의 운동 및 미국 일반에 대해 애착을 갖는 것이다.) 또 저항의 한 형태로서의 이민은 근대 식민화에 관한 맑스의 글, 말하자면 유럽의 기근이나 공장 노동을 뒤로 하고 헐값의 토지를 차지하기 위해 미국의 서부로 떠났던 노동자들에 관한 글을 떠올리게 한다.5 이탈리아 사회사상가들이 가지고 있는 독창성은 바로 노동자들이 '독립적인 토지 소유자가 되려고' 하는 욕망을 가지고 있다는 식의 엉성한 설명을, 포스트모던한 다중에 관한 예견으로 바꾼다는 점이다. 하트와 네그리는 이러한 종류의 엑소더스(exodus)를 '계급투쟁의 강력한 형태'라고 생각한 반면, 비르노는 이탈(desertion)이 '일시적인 국면'에 불과했으며, 이는 포스트-포드주의적 노동자들이 지닌 이동성을 확장한 은유에 지나지 않는다고 지적한다는 점에서 네그리 및 하트보다 신중하다. (유럽 출신의 노동자들은 미국 서부로 이동하기에 앞서서 10~20년 정도 미국 동부해안의 공장들에서 일했었다.) 이러한 차이는 어쩌면 뉘앙스의 문제일 수 있지만, 그럼에도 중요한 차이이다. 바로 이 때문에 비르노는 하트 및 네그리와는 달리 꼬뮤니즘뿐 아니라 망명이나 다중을 또 다른 장엄한 신화로 만드는 것을 삼간다.

자율주의 이론은 미국을 포함한 여러 나라에서 발견되지만, 자율주의 운동이 가장 강력하게 전개되었던 곳은 바로 1960년대의 운동이 1970년대의 운동으로 아주 잘 확장되어 갔던 이탈리아였다. 이탈

---

5. Karl Marx, *Capital* I, "The modern theory of colonization." [한국어판: 칼 마르크스, 「근대식민이론」, 『자본론 (1) - 下』, 김수행 옮김, 비봉출판사, 1991, 961~973쪽.]

리아 공산당의 설립자인 안또니오 그람시의 정통적이고 민중주의적 맑스주의와 단절한 청년 노동자주의적 지식인들은 생산의 현실(reality)이라는 것이 과연 무엇인지를 노동자들 자신으로부터 배웠다. 이 지식인들은 노동자들이 조직을 창출하여 파업과 사보타주를 통해 생산체계와 정면으로 대결할 수 있도록 도왔다. 이탈리아의 사회사상가들을 특출하게 만들었던 것은 바로 노동자주의가 지닌 이러한 활동적이고(pragmatic) 전투적인 측면이었다. 노동자주의자들은, 유로코뮤니즘으로 나아갔을 뿐 아니라 지배정당인 기독교민주당(보수주의자들)과의 '역사적 타협'으로 나아갔던 이탈리아 공산당의 헤게모니와 그람시의 소단계 전략(시민사회 내부에서의 '진지전')에 반대했다. 노동자주의자들은 사회주의 전통 전체의 시금석인 프롤레타리아트의 중심성을 처음으로 의문시하였으며, 계급분석 범주들의 재평가를 요구했다. 쎄르지오 볼로냐가 도입한 '변화하는 계급 구성'이라는 개념으로 인해 이들은 당시 공장뿐만 아니라 대학에서도 막 출현하고 있던 '새로운 사회적 주체'에 혁명적 투쟁의 중심성을 다시 부여할 수 있었다.[6] 1969년의 '어수선한 가을'(Troubled Autumn)을 특징짓는 것은 봉급에서의 평등을 달성하기 위한 대중-노동자들의 아주 강력한 공격이다. 이에 따라 다양한 노동자주의적 집단들은 새로운 조직화를 창출하기 위해서, 즉 하나의 집단과 잡지를 창출하기 위해서 함께 결합했다. 뽀떼레 오뻬라이오(노동자의 권력). 이것은 마리오 뜨론띠, 안또니오 네그리, 프랑꼬 삐뻬르노, 오레스떼 스깔쪼네, 볼로냐

---

6. Sergio Bologna, "The Tribe of Moles", *Italy: Autonomia. Post-Political Politics*, New York: Semiotext(e), III, 3, 1980, pp. 36~61. Sylvère Lotringer와 Christian Marazzi 편집.

등과 같은 많은 이론가들을 결집시켰고, 맑스주의에 관한 이들의 재정식화는 아우또노미스트 운동 전체의 맹아가 되었다. 1974년, 붉은 여단의 비밀 노선은 뽀떼레 오뻬라이오 내부에서 집단적 조직화의 공개적 형태와 충돌을 일으켰고, 그리하여 집단의 자기-해소로 나아갔다.

생산의 주기(cycle)를 통제하고자 하는 노동자들의 엄청난 압력은 비밀정보국과 기독교민주당 정부의 심각한 도전에 직면했는데, 이러한 도전은 1969년 밀라노에 있는 삐아자 폰따나 폭발사건[7]에서부터

---

7. [옮긴이] 1969년 12월 12일, 밀라노의 중심부에 있는 삐아자 폰따나(Piazza Fontana)에서, 전국농업은행(Banca Nazionale dell'Agricoltura) 건물의 중앙 홀에서 폭탄이 터져 17명이 사망했고 88명이 부상을 당했다. 사건이 터진 직후 아나키스트인 지우쎄뻬 삐넬리(Giuseppe Pinelli)가 체포되었으나, 체포된 지 3일 후에 경찰서의 5층 창문으로 떨어져 사망했다. 이후 진행된 조사에 따르면 그는 스스로 몸을 던진 것이 아니라 경찰이 밖으로 내던진 것으로 밝혀졌다. 또한 그가 죽은 후에도 조사는 계속되었지만 아나키스트 서클이 삐아자 폰따나 사건을 저질렀다는 증거는 제시되지 못했다. 계속 투쟁(Lotta Continua)은 당국이 사건을 조작했다고 거듭 비난했으며, 심문을 진행했던 루이지 까라브레시(Luigi Calabresi)라는 경찰서장에 대해 으름장을 놓기도 했다. 결국 1972년, 세 명의 '특공대'가 까라브레시를 암살했다. 이후 진행된 조사는 삐아자 폰따나 사건을 저지른 것이 극우파와 '비밀정보국'이라는 점을 밝혀냈다. 그리고 조사가 진행되고 있을 때인 1970년대 중반에 계속 투쟁은 해소되었다. 시간이 한참 지난 후인 1986년, 계속 투쟁의 전(前) 멤버라고 밝힌 레오나르도 마리노(Leonardo Marino)라는 사람이 까라브레시의 암살은 아드리아노 소프리(Adriano Sofri)의 명령을 받고 오비디오 봄쁘레씨(Ovidio Bompressi)와 지오르지오 삐에뜨로스떼파니(Giorgio Pietrostefani)가 실행했다고 고백했다. 그 결과 재판부는 여러 차례에 걸쳐 이전의 판결을 재검토했고, 마침내 항소법원은 이전에 내렸던 판결을 무효라고 공표했다. 하지만 이 사건에 관한 예비 조사 과정에서 증거라고 일컬어졌던 것들이 사라지거나 증발해 버렸다. 모순되는 증거도 설명되지 못했다. (역사가인 카를로 진스부르그 Carlo Ginzburg는 이 재판을 마녀 사냥과 비교했다). 결국 소프리와 봄쁘레시, 삐에뜨로스떼파니는 까라브레시를 암살했다는 혐의로 각각 22년의 실형을 선고받았다. 이들은 경찰서장이 죽은 지 25년 후인 1997년 2월부터 자신들의 형을 살기 시작했고 죄를 "고해 성사하는 것"을 인정하는 법 덕분에 이들을 고발한 마리노는 석방되었다. 구속된 세 명은 무죄를 주장했다. 삐에뜨로스떼파니는 일

시작되었다.8 정부는 이 사건을 부랴부랴 아나키스트의 소행으로 돌림으로써 노동자 조직에 대한 강렬한 경찰 탄압을 정당화했다. 이러한 '긴장 전략'은 이탈리아를 거의 내전상태로까지 내몰고 감으로써 이탈리아를 사분오열시켰으며, 그 여파는 1970년대까지 미쳤다. 그리하여 이것은 피아뜨 공장 노동자들 사이에서 산업 지도자들과 저명한 정치인들을 목표로 삼는 지하의 테러리스트 집단들이 창출되도록 유발했다. — 이중 가장 잘 알려져 있는 것이 바로 붉은 여단과 쁘리마 리네아(Prima Linea)이다. 정부가 협상을 파기한 후에 붉은 여단이 기독교민주당 당수인 알도 모로 수상을 납치해 잔혹하게 살해한 것은 이탈리아에서의 정치적 균형을 완전히 뒤틀어 버렸다.

1975년이 되자 학생, 여성, 청년 노동자, 실업자 들을 포함한 거대한 운동이던 아우또노미아가 뽀떼레 오뻬라이오를 대체했다. 이들의 리좀적[뿌리줄기적] 조직은 노동자주의적 사상가들이 예견한 모든 형

시적으로 주어진 자유를 이용해서 재판의 최종심이 진행되던 중에 도망쳤다. 소프리와 봄쁘레시는 자신들의 무죄를 증명하기 위해 지금도 여전히 감옥에 남아 있다. 봄쁘레시는 현재 투옥생활로 인한 건강 문제 때문에 형집행이 정지되어 있으며, 소프리는 많은 사람들이 그의 석방을 요청하고 있음에도 불구하고 오늘날에도 여전히 피사의 감옥에 갇혀 있다. 그는 계속 자신의 무죄를 주장하고 있으며, 사면을 거부하기에 이르렀다. 사면은 유죄인 사람에게만 부여되는 것이기 때문이다.

8. [옮긴이] 삐아자 폰타나 사건이 있은 후부터, 1970년대에는 일련의 공격들이 있었다. 특히 1974년 5월에 브레쉬아(Brescia)에 있는 삐아자 델라 로지아(Piazza della Loggia)에서 노동자 시위대에 대한 폭탄 투여로 8명이 사망했고 103명이 부상을 입었으며, 이듬해 8월에 열차인 이딸리꾸스(Italicus)의 폭파사건으로 12명이 사망하고 44명이 부상을 입었다. 이러한 사건들은 이탈리아에서 '긴장 전략'이라고 불렸던 것을 시작하게 만들었지만, 이 사건은 이탈리아의 극우파와 '비밀정보국'의 몇몇 비주류 요원들이 공모한 결과라는 의심이 증대되었다. 1990년대 초에 로마, 플로렌스, 밀라노에서 벌어졌던 유혈 공격은 이러한 인상을 한층 강화했으며, '비밀정보국'과 마피아가 여전히 불온한 연결을 맺고 있을 가능성이 높다는 점도 보여주었다.

우리, 다중 17

태의 정치적 행태(behavior) ― 반-위계적, 반-변증법적, 반-대의제적 ― 를 구현했다. 아우또노미아는 일종의 평균적인 정치 조직이 아니었다. 리버테리안적(libertarian)이고 반(反)아나키스트적이며, 이데올로기적으로는 개방적이며, 지역별로 느슨하게 조직된 아우또노미아는 정치적 차이들을 존중했다. 아우또노미스트 집단들은 공통의 공식 행위에서만 협력을 했을 뿐이다. 실험적이고 상상력이 풍부한 대중 운동은 자신들의 손으로 직접 '무장 투쟁'을 진행하면서 강고한 대오를 꾸렸던 테러리스트 집단과는 극히 거리가 멀었다. 1977년 로마에서 아우또노미스트 학생이 파시스트들에 의해 살해당하자 아우또노미아는 '1977년의 운동'9으로 폭발했다. 이들은 로마, 빨레모, 나뽈리에 있는 대학교를 점거했으며, 이후 플로렌스, 또리노 대학교를, 그리고 마침내 볼로냐대학교를 점거하면서 나라 전체를 휩쓸었다. 그리하여 이들은 마치 이탈리아를 장악하기 시작한 것처럼 보였다. 그러나 삐뻬르노(Piperno)가 최근 인정했듯이, 사실 이들은 그렇게 할 수 있었지만 당시에는 그렇게 할 수 있었다는 점을 알지 못했다. 이 시대는 도래할 세대의 운동에게는 불운한 시대였다. 극좌파의 도전을 받은 공산당은 아우또노미아를 제거하기 위해 모로의 살해사건을 이용했다. '프롤레타리아트의 무장 분파'에게 비밀 지령을 내렸다는 혐의로 기소를 당한, 네그리를 포함한 모든 아우또노미아 지도자들은 1979년 4월 체포되어 감옥에 갇혔다.10 삐뻬르노와 스깔쪼네 같은 다

---

9. Bifo, "Anatomy of Autonomy", *Italy: Autonomia*, op. cit., pp. 148~170을 참조.
10. [옮긴이] 이것은 흔히 '4·7 재판'이라고 불린다. 이에 관해서는 Antonio Negri, *Du Retour* (Calmann-Lévy, 2002)를 참조.

른 이들은 (자신들의 선택에 의해서가 아니라) 망명을 했다. 빠올로 비르노는 당시 영향력 있는 아우또노미스트의 잡지인 『메뜨로뽈리』(Metropoli)의 편집위원이었으며, 모든 혐의가 완전히 벗겨질 때까지 3년간 감옥에 갇혀 있었다. (25년이 지난 지금도 많은 아우또노미스트들이 여전히 감옥에 있다.) 그는 지금 깔라브리아대학에서 소통의 윤리학을 담당하는 학장이다. 여기에서 그는 이 책을 구성하고 있는 세 개의 세미나를 2001년에 개최했다.

마이클 하트와 안토니오 네그리의 『제국』은 이 시기가 지닌 사회적·정치적 창조성을 명시적으로 언급하고 있지 않는데, 그렇게 하는 나름대로 타당한 이유가 있다. 1970년대의 미국 좌파는 유로꼬뮤니즘의 편에 서 있었으며, 따라서 아우또노미아를 의심의 눈초리로 바라보았다. 하지만 그 당시 네그리가 방어했던 테제들은 그가 오늘날 전개하고 있는 것과 그렇게 다르지도 않다. 그렇다면 무엇이 변했을까? (역설적으로 말해서, 아우또노미아의 유령적 현존은 아우또노미아에 대해 정면으로 대면하고 있는 빠올로 비르노의 『다중』보다는 『제국』에서 훨씬 더 강하게 느껴진다.) 『제국』의 이러한 침묵 전략은 엄청나게 성공을 거둔 것으로 입증되었다. 『제국』에 관한 평론과 비판적 연구들은 그 자체만으로도 엄청나게 두껍다. (약 500쪽 정도가 된다.) 하지만 불행하게도 극소수의 사람만이 다중이 스피노자에게서 발굴된 철학적 개념 — 다중의 민주주의 — 이 아니라는 점을, 다중이 또 다른 이름을 지닌 하나의 역사를 가지고 있으며 활기찬 집단적 실험의 목표였다는 점을 깨달을 것이다. 이러한 사람들만이 1970년대 당시 제기되었던 쟁점들이 오늘날 또다시 부각되고 있음을, 현재 이탈리아에서는 일종의 지적 르네상스가 출현하고 있음을 의심하지 않을 것이다. 최근 『제국』과 더불어 미국에서 다시 표면으로 떠올랐던 것은 ('제국'이 '지구화'를 대체한다는 식의) 또 다른 미국 문화의 유행이 아니라 현재에 관한 대담하고 논쟁적인 사회적 실험이다. 비르노의 『다중』은 이러한 귀환을 나타내는 또 다른 신호탄이다.

1965년 출판된 「거부의 전략」에서 마리오 뜨론띠는 자본의 권력 [역량에 과도하게 초점을 맞추는 것에 대해 경고했으며, 그렇게 하는 것은 결국 노동의 역량에 재갈을 물리는 것이라고 주장했다. 노동자들은 자본에 반하는 계급이기 이전에 이미 그 자체로 계급이다. 현실적으로 "노동자들의 적대적인 투쟁 의지를 자기 자신의 발전을 위한 동력으로서 이용하고자 하는 것"은 항상 자본이다.11 『제국』도 이와 똑같은 논지를 전개한다. 말하자면 "자본이 결국 미래에 가서는 채택할 수밖에 없는 사회적 형태와 생산적 형태를 현실적으로 창안하는 것"이 바로 프롤레타리아트이기 때문에, 자본주의는 항상 반작용적일 것이다.12 쉽게 말해서 자본을 비물질적 노동의 포스트포드주의적 시대로 도약하게끔 강제한 것은 단순한 기술적 혁신이 아니라, 바로 포드주의적인 노동 합리화에 대한 이탈리아 노동자들의 완강한 저항이었다.

하트와 네그리는 자본의 창조성과 노동계급의 창조성을 동시에 강

---

11. Mario Tronti, "The Strategy of refusal", *Italy: Autonomia*, op. cit., pp. 28~35를 보라.
12. Michael Hardt and Antonio Negri, *Empire*, Cambridge, Mass: Harvard University Press, 2000, p. 268. [한국어판: 네그리·하트, 『제국』, 윤수종 옮김, 이학사, 2001, 365쪽.]

조하는 일체의 '잡종적인 테제들'에 대해 강력하게 반대한다. 이들이 들뢰즈와 가따리의 흐름의 이론(theory of flows)을 채택하기는 하지만(『제국』에서는 『천 개의 고원』이 메아리치고 있다), 이런 관점에서 볼 때 이들이 채택한 것은 들뢰즈와 가따리의 자본 분석과는 엄청 다르다. 들뢰즈와 가따리는 자본을 유동적이고 창의적이며 적응력이 뛰어나다고, 말하자면 자본은 다시 일어나서 앞으로 나아가기 위해 자신이 나아가는 길에 놓여 있는 모든 장애물을 최대한 이용한다고 보았다. 반면 네그리와 하트는 종국에 다다르면 자본은 항상 임기응변을 할 뿐이고, 자신의 운동을 철저하게 완수하지는 못할 것이라고 강조했다. 스톡-교환이 그렇듯이, 아무런 제약도 받지 않는 광기가 바로 자본주의의 한계일 것이기 때문이다. 자본이 자신의 놀이에서 자기 자신을 부숴버린다는 것은 자본이 자신의 흐름들을 더욱더 탈코드화한다는 것을, 혹은 흐름들과 관련하여 자신을 항구적으로 탈구(displace)한다는 것을 함축한다. 하트와 네그리는 이탈리아 자본주의가 탈영토화된 노동자의 압력으로부터 패러다임적 변동을 강제 당하고 있음을 인정했다. 또한 이들은 자본주의가 주동성(initiative)을 재차 손에 넣어 노동계급을 전혀 폭발적이지 않은 사회적 조성(social composition)으로 재코드화하기 위해서 이러한 변동을 사용했다고 지적했다.

이것은 『다중』에서 비르노가 도달하고 있는 결론이기도 하다. 아우또노미아의 요란한 시절로 다시 돌아가면서 비르노는 아우또노미아의 투쟁이 자신의 목표를 성취하지 못했다는 것을 깨달았다. 그는 정치적 대결이 그저 급진적 갈등의 '외관'(semblance)만을 띠었을 뿐이라고 말한다. 아우또노미스트들이 주장했던 것은 실제로 그 자체로는 전복적이지 않았고, 그저 포스트-포드주의적 변동(mutation)을 예견한 것에 지나지 않았기 때문이다. 그리하여 아우또노미스트들은 실제로는 그렇지 않았음에도 불구하고, "(몰락하고 있는 포드주의적 패러다임과 여전히 동일화될 수 있는 사람들에 의해서) 마치 주변부적 존재와 기생충적 존재의 운동이라는 식으로 취급되는 불운"을 겪었다. 그리고 비르노는 이제 아우또노미아가 포스트-포드주의적 다중의 '분노에 찬 거친' 판본에 불과했다고 평가한다.13 이는 아우또노미아가 비-사회주의적 요구(노동의 거부, 국가의 폐절)를 프롤레타리아트 혁명과 종종 혼동했기 때문이다. (그는 비꼬듯이 이렇게 언급한다. "많은 사람들이 혁명에 관해서 장황스런 허풍만 떨고 있었다.") 아우또노미아는 패배한 혁명이었으며, 포스트-포드주의적 패러다임은 바로 이것에 대한 답변이었다.14

하지만 그 답변은 도대체 어떤 종류의 '답변'인가? 그리고 어떤 방식으로 포스트-포드주의 시대는 아우또노미아가 더 직접적인 수단으로도 하지 못했던 것을 성취했단 말인가? 새로운 프롤레타리아트는 노동계급을 대체하지 않았으며, [오히려] 노동계급을 자본에 의해 그들의 노동을 착취당하는 모든 사람들로 확장시켰다. 포스트-포드주의 경제에서 잉여가치는 더 이상 생산물로 물질화된 노동으로부터 추출되는 것이 아니라 지불노동과 부불노동 간의 편차(discrepancy) 속에 자리잡고 있다. 말하자면 일반적으로 인정된 것은 아니지만, 비

---

13. [옮긴이] 이 책의 4장, 테제 1 중에서 특히 169~170쪽을 보라.
14. [옮긴이] 이 책의 4장, 테제 10 중에서 특히 190쪽을 보라.

물질적 노동의 과실을 더욱 풍요롭게 유지하게 만드는 정신의 여유시간(idle time) 속에 자리잡고 있는 것이다. 맑스가 『요강』에서 썼듯이, 노동활동은 '주인공이 되기보다는 오히려 생산의 편으로' 나아간다. 다중은 그것이 현실적으로 생산하는 것에 의해서라기보다는 그것이 가진 탁월한 기예(virtuosity)[15]에 의해, 그리고 스스로를 생산하고 또 생산할 수 있는 잠재력[가능태]에 의해 정의되는 힘이다. 그렇다면 다중은 실제로는 이전에 존재했던 것의 성과물일까? 노동자들은 자신의 노동력을 벌충할 수 있을 정도의 시간만 남겨둔 채 엄혹한 조건하에서 노동을 해왔다. 그러나 오늘날에는 이들의 삶 전체가 산 노동(live labor)이며, 보이지 않는 상품이자 분할될 수 없는 상품이다. 오늘날 다중은 스크린 위에 떠 있는 모니터 기호 위에서 모든 것을 행한다. 하지만 기계들은 더 이상 '죽은 노동'이 아니며, 공적 영역 전체에 지식을 퍼뜨리면서 '일반지성'과 접속하는 노동자들의 '삶 노동'(life labor)의 일부이다. 노동자들이 더욱 창조적으로 되고 적응력이 높아질수록 ― 더욱더 자기-가치화를 할수록 ― 이들은 공동체에 더 많은 지식의 잉여를 자유롭게 산출할 수 있다. 상품들이 대상(사물)에서 기호로 변신한 것의 부산물이 소비자 계급이듯이, 다중은 생산과정에서 일어난 기술적 변동의 부산물이다. 포스트-포드주의 시대에서 인간의 소통은 생산적 협력 일반의 토대가 된다. 그러

---

15. [옮긴이] 비르노의 논지 전개에서 핵심적인 단어로 기능하는 'virtuosity'를 여기에서는 '탁월한 기예'로 옮겼다. 이 용어는 '거장의 탁월한 기예'나 '장인의 기예' 등으로도 옮겨질 수 있을 것이다. 번역어 선택과 관련한 설명으로는 이 책의 제2강 2절, 86~87쪽을 참고하기 바란다.

므로 순전히 사회적인 관점에서 볼 때, 비르노는 올바르다. 아우또노미스트들이 노동 노예(labor slavery)를 피하고 가장 충만하게 삶을 경험하기 위해서 '비-보장'(non-guaranteed) 노동과 유목적 방식을 옹호했을 때 성취하고자 했던 것이 바로 이것이다.

하지만 정치적 관점에서 볼 때에도 이런 주장이 참이라고 할 수 있을까? 다중은 정치사상에서 새로운 범주이다. 하지만 '정치적'이라는 것은 아우또노미아 운동과 어떻게 비교될 수 있을까? 비르노는 그것이 다원적 경험들에 개방적이며 비-대의제적 정치형태에 대한 탐구에 개방적이지만, 주변부적 입장에서 볼 때 그런 것이 아니라 '차분하면서도 현실주의적으로' 볼 때 그렇다고 주장한다. 어떤 의미에서 다중은 사회화된 지식을 적극적으로 분유함으로써 아우또노미아의 모토—'중심에 있는 주변'—를 마침내 실현했다고 할 수도 있을 것이다. 어쨌든 정치 자체는 변했다. 노동, 정치, 지성은 더 이상 분리되어 있지 않고 현실적으로는 서로 교환될 수 있게 되었으며, 바로 이것이 다중에게 탈-정치화라는 외관(semblance)을 부여하는 것이다. 모든 것은 '수행적'으로 되었다. 비르노는 여기에서 자신의 주요 테제, 즉 탁월한 기예(예술, 노동, 언술)와 정치의 유사성에 관한 비교(analogy)를 활발하게 발전시킨다. 이것들은 모두 정치적이다. 이것들이 모두 청중을, 맑스가 '사회적 협력'이라고 불렀던 소위 공적으로 조직된 공간을 필요로 하며, 소통을 위한 공통의 언어를 필요로 하기 때문이다. 그리고 이것들 모두는 퍼포먼스(수행)이다. 이것들이 일체의 최종 결과물에서가 아니라 자기 자신에서 자신의 성과물을 발견하기 때문이다.

당연한 말이지만 이것은 겨울궁전[16]에 대한 공격이 아니며, 아우또노미스트들은 그러한 종류의 퍼포먼스를 마음속에 담고 있지도 않았다. 현대의 다중은 하나의 [단일한] 계급이 아니다. 현대의 다중은 자신의 계급의식을 구축할 수 없으며, 계급투쟁에서 자본에만 관심을 쏟지도 않는다. 그리고 바로 이런 식의 다중으로서 실존하기 때문에 다중은 '국가-형태의 위기' 자체에 대해 말하는 (항상 국가에 기초를 두었던) '우리, 민중'과는 구별된다. 『다중』은 현대의 삶 형태의 변화하는 본성에 관해 자세하고 깊이 있게 사고하지만, 민족국가의 이러한 위기에 관해서는 상세하게 말하지 않으며, 그 위기를 그저 '다중의 원심적인 성격' 탓으로 돌린다. 『제국』이 도래하는 것은 바로 이 지점이다.

하트와 네그리 역시 '포스트모던' 사회계급이라는 개념을 포용하지만, 이들은 이 개념의 범위와 이데올로기적 지평을 격렬하게 변화시킴으로써 점증하는 정치적 이반현상(disaffection)을 상쇄하려고 노력한다. 이들이 보기에 다중이 선포하는 것은 국가-형태의 위기가 아니다. 지구화에 의해 현재 형성되고 있는 것은 바로 제국-형태의 위기다. 『제국』은 정당과 민족국가를 보조적인 역할로 강등시키고 있는 중차대한 변형에 관한 강력한 정치적 종합이다. 선진자본주의는 시장을 탈-규제화하며, 근대국가로 하여금 근대국가의 주권을 더 우월한 실체에게, 즉 다국적(transnational) 기업을 비롯해 유일하게 남아 있는 최고권력(superpower)인 미국에 의해 주도되는 초-정치적

---

16. [옮긴이] 겨울궁전(Winter Palace)은 러시아의 상트페테르부르크에 있는 짜르의 동궁이다.

(trans-political) 조직과 선진자본주의 국가의 피라미드로 이루어져 있는 '우두머리 없는 초국적 질서'(acephalous supranational order)에게 양도하게끔 강제한다. (미국은 제국주의적이지만, 제국은 아니다.) 주권 국가는 매개(mediation)의 역량을 상실하고 있으며, 국제적 규제가 다시 활성화될 수 있도록 강제하는, 더욱 복잡한 형태의 위계와 불평등이 국가와 사회, 지배계급과 프롤레타리아트의 전통적인 적대를 대체할 수 있도록 하는 새로운 입헌적(constitutional) 과정이 출현하기 시작하고 있다. 그 결과 하트와 네그리가 염두에 두고 있는 다중의 종류는 비르노가 염두에 두고 있는 것과는 상당히 다른 질서로 이루어져 있다. 제국은 포스트-포드주의 경제가 산출한, 다국적 세계 질서의 부과(imposition)가 산출한 '시대적 변동'이 아니다. 제국은 구(舊)노동계급으로 모습을 위장한 다중 전체가 추출해 낸 또 다른 양보인 것이다. 그러므로 여전히 성장하고 있는 제국은, 이미 자신의 파괴를 위한 씨앗을 품고 있는 것이다.

이것은 제국을 바로 그 기초로부터 뒤흔드는 것을 목표로 삼고 있는 대담한 주장이다. 제국의 중심부에 비르노의 다중을 위치시키는 것은, 관례적으로 계급투쟁을 역사의 동력으로 유지시키긴 하지만 완전히 새로운 정치적 패러다임을 열어 놓는다. 물론 민족국가의 위축은 혁명운동을 약화시킬 수 있으며, 많은 사람들은 그렇게 되었다고 주장하고 있다. 하지만 하트와 네그리는 초국적 구조가 출현함으로써 '새로운 사회계급'이 더욱 강화되었다는 점을 강조한다. 그러므로 이들은 지구화에 반대하지 않을 것이며, 아우또노미아가 미국을 찬양했듯이 현실적으로는 제국을 환영할 것이다. 분명한 것은 하트와 네그리가 패배한 이탈리아 운동을 지구적 대항-권력으로 구축하기 위해서 너무도 큰 적을 필요로 했다는 것이다.

지구적 다중은 포스트모던한 세계의 비물질적 노동자들처럼 잡종적이고 유동적이며 변동적(mutational)이고 탈영토화된 다중이다. 그리고 신비로운 방식으로 사다리의 밑 부분에서 노동계급을 대체한 세계의 빈자를 포함한다고 생각된다. (전통적으로 노동자운동은 비조직된 룸펜프롤레타리아트를 불신했다.) 빈자는 비물질적이지 않으며, 오히려 비참함에 있어서 지극히 물질적이다. 그리고 네그리는 종종 일반적인 관점에서 '빈곤과 사랑'의 카이로스를 환기시킨다.17 (로마제국의 쇠퇴기 동안 기독교가 성장한 것은, 『제국』 전체에서는 혁명적 욕망의 전염에 대한 유비(類比)로서 작동하지만, 그러나 문제있는 유비로서 작동한다.) 하트와 네그리에게 다중은 제국의 도전에 즉각 응수하기 위해 자기 자신으로부터 민족과 정당을 제거하는 새로운 사회적 계급이다. 다중은 "대항하려는 그 의지에 있어서, 그리고 해방을 향한 그 욕망에 있어서 제국을 뚫고 나가 다른 한쪽 면을 분명하게 밝혀야 한다."18

물론 다른 한쪽 면은 훨씬 나은 것이다. 하지만 천당(paradise)도 그런 다른 한쪽 면의 예이다. 따라서 문제는 그러한 위업을 달성할 능력이 있는 다중이 존재하지 않는다는 데에 있다—혹은 아직은 존재하지 않는다는 데에 있다. 기껏해야 그것은 비웃음거리가 될 가설

---

17. [옮긴이] 이에 관해서는 안또니오 네그리, 『혁명의 시간』, 정남영 옮김, 갈무리, 2004를 보라.
18. *Empire*, op. cit., p. 218. [한국어판: 292쪽.]

로만 남아 있으며, 가설의 실타래를 따라가고자 하는 모든 사람에게 탐구의 장을 약속하는 그런 것으로 남아 있을 뿐이다.[19] 하지만 자본이 그러한 본질주의적 개념에 의해 간단하게 '파괴'될 수 있다는 관념은 곧이곧대로 받아들이기 힘들다. 산업 프롤레타리아트와는 달리 포스트모던한 다중은 '노동자부대'를, 즉 쉽사리 자본이나 제국에 대한 반대를 시작하는 것과 같은 종류의 것을 만들지 않는다. (정확히 말해서 프랑스에서 노동자의 군대는 1968년 5월 동안 국가에 반대하지 않았다.) 시적으로 말하자면, '다른 한쪽 면'은 위험에 처한 이데올로기들이 지닌 장식품에 불과하다. 현대의 제국적 질서에 대한 대안이 '필수적'이라는 것 ― 다중이 벽을 부수는 무기처럼 뚫고 나가야만 한다는 것 ― 도 대안을 유형의 형태로 존재하게 만들지는 못한다. 하지만 하트와 네그리는 "계급투쟁의 구체적인 사례가 어떻게 현실적으로 생겨나며, 게다가 투쟁의 일관된 프로그램을 어떻게 형성하는지, 주적의 파괴와 새로운 사회의 구축에 적합한 구성적 역량(constituent power)을 어떻게 형성하는지를" 사고하느라 이미 바쁘다. "물음은 정말로 어떻게 다중이라는 신체가 스스로를 하나의 텔로스(telos)로서 짜일 수 있는가 하는 것이다."[20]

말하자면 텔로스가 다중에 선행하며, 대부분의 경우에는 다중을

---

19. Christian Marazzi, "Denaro e Guerra"[「화폐와 전쟁」]을 보라. 이 글은 Andrea Fumagalli, Christian Marazzi & Adelino Zanini, *La Moneta nell Impero*, Verona: Ombre Corte, 2003에 실려 있다. 신경제의 붕괴는 일반지성의 금융화에 대한 다중의 저항을 나타내는 것이다. 또한 Breit Nelson, "The Market and the Police: Finance Capital in the Permanent Global War"(미발행)을 보라.
20. *Empire*, op. cit., pp. 403~404. [한국어판: 509~510쪽.]

대체한다. 『제국』이 미국에서, 그리고 덧붙이자면 약 25년 전에 이탈리아 운동이 야만적으로 분쇄되던 당시 이러한 다른 한쪽 면을 바라보았던 사람들 사이에서 그렇게 호평을 받았다는 것은 놀라운 일이 아니다. (최근 재발행된 잡지 *Semiotext(e)*의 특집호인 『이탈리아: 아우또노미아』(*Italy : Autonomia*)는 아우또노미스트들이 체포당한 지 거의 1년 후인 1980년에 처음 출간되었다.) 프레드릭 제임슨은 『제국』을 '새로운 밀레니엄의 최초의 위대한 이론적 종합'이라고 치켜세웠으며, 에띠엔느 발리바르는 네그리의 '하이퍼-맑스주의'를 격찬했고, 그것이 '계급투쟁과 전투성의 새로운 목적론을 위한' 기반을 놓았다고 인정했다. 슬라보예 지젝에 관해 말하자면, 그는 '이 책이 쓰이지 않았다면 아마도 발명되어야만 했을 것이다'라고 확신했다. 지젝은 그 점에서 어쩌면 올바를 것이다. 니체는 사고한다는 것은 항상 비시대적이라고 말하지 않았던가?

현실적으로 『제국』이 우리에게 짜릿한 느낌을 주는 것은 그것이 다중을 지구화함으로써 암묵적으로 제기하고 있는 물음이지, "제국을 유지시키고 제국의 파괴를 요청하며 그 파괴를 필연적으로 만드는 것은 바로 생산적 힘[생산력]이다"라는 주장이 아니다. 이러한 전쟁은 순전히 신비적일 뿐이며, 자본의 파괴도 마찬가지이다. 바로 그 때문에 하트와 네그리의 대결은 재빨리 우화적인 차원을 띠며, 두 개의 원리들 사이의 전쟁의 모습을 띠는 것이다. 다중은 다중이 산출한 노동만큼이나 비물질적이며 '단순성과 순진함'으로 치장한다고 하트와 네그리는 쓴다. 다중은 예언적이고 생산적이며, '절대적인 민주적 역량으로' 변화될 수 있는 '절대적으로 긍정적인 힘'이다. 심지어 다중의 파괴에의 의지는 결국에는 '사랑과 공동체'가 될 것이다. 다른 한편으로 악한 제국, 즉 반대-적(con-enemy)은 '빈껍데기'일 뿐이며, 중대한 결점을 갖고 있는 거인이자 부도덕하고 독설을 내뿜으며 통제하는 거인이며, 항상 '절대적 폭력의 작동'에 골몰하는 포식자이다. (원리들은 필연적으로 절대적이다.) 제국의 명령은 '추상적이고 공허한 통일'에 불과하며, 다중의 생명력에 기생하여 그 작동의 '부정적 잔여물, 비축물'을 구성하는 '기생충적 기계'이다. "하지만 숙주의 힘을 점차 약화시키는 기생충은 자신의 실존 자체를 위험에 빠뜨릴 수 있다." "제국적 역량의 기능은 그것의 쇠퇴와 불가피하게 연결되어 있다."고 하트와 네그리는 결론짓는다.[21] 그렇다면 이들은 왜 대항-권력[역량]을 요청하는가?

역사(History)는 기다리지 않기 때문이다. 네그리의 저작 전체에 걸쳐서 또다시 제기되는 물음이 있는데, 그것은 바로 결정의 계기[순간]의 환원불가능성이다. 비록 네그리가 '생기론적 유물론'의 전통— 니체, 베르그송, 들뢰즈—에 관해 입에 발린 소리를 하기는 하지만, '권력의지'나 '생의 약동'은 원기 왕성한 레닌주의자[22]에게는 분명 충분치 않다. 그는 이런 것이 항상 '악무한의 유아론[독아론]에 사로잡힐' 위험이 있다고 쓴다. 즉, '결정의 강렬도를 희석시키는 무한….'[23] 텔로스가 없다면, 거대 서사가 없다면, 결정은 아무런 의미도 없을

---

21. *Empire*, op. cit., pp. 413, 344, 361, 63, 361.
22. [옮긴이] 여기에서 영역판 편집자 서문을 쓴 실베르 로뜨링거가 말하는 '원기 왕성한 레닌주의자'란 네그리를 지칭한다.
23. Antonio Negri, *Kairos, Alma Venus, Multitude*. Paris: Calmann Levy, 2000, p. 194. [한국어판: 안또니오 네그리, 『혁명의 시간』, 정남영 옮김, 갈무리, 2004.]

것이다. 『제국』은 독창적인 종류의 계급투쟁을 포함한다. 즉 투쟁이 계급을 찾아낸다. 비르노에게는 정반대이다. 즉 계급이 투쟁을 찾아낸다. 하지만 하트와 네그리는 자신들이 어떠한 종류의 계급을 기다리고 있는지를 이미 알고 있다. 이들의 진짜 목표는 혁명적 기계에 시동을 거는 것이다. 이들은 스피노자를 인용한다. "예언은 자신의 민중을 생산한다." 이들도 자신의 다중을 생산하고 싶어 했으나, 그것이 작동할 것인지는 완전히 확신하지 못했다. 심지어 이들 자신도 이것을 숨김없이 인정한다. "이러한 예언적 기능이 우리의 정치적 욕구를 효과적으로 제기할 수 있으며, 제국에 반하는 포스트모던한 혁명의 선언을 유지할 수 있는지는 결코 명확하지 않다…."[24] 다른 것도 아니고 바로, 포스트모던한 혁명인 것이다. 계급투쟁 역시 포스트모던했다.

비르노는 아무도 모르는 텔로스를 가지고 있지 않으며, 다중에 대해 이미 만들어진 프로그램도 가지고 있지 않다. ― 확실히 '다른 한쪽 면'이 나타나고 있지도 않다. 이런 종류의 것은 전에도 시도되었지만, 그다지 훌륭하지 못했다. [그렇다면] '포스트모던한 혁명'은 왜 그렇게 달라야 하는가? 다중에 대해 마음을 쓰고 있는 사람이라면 누구나, 다중의 존재양식을 어떤 혁명적 본질로부터 도출해 내는 것이 아니라, 다중의 존재양식이 과연 무엇이고 이로부터 무엇이 추출될 수 있는지를 먼저 이해해야만 한다. 비르노가 보유한 창의적인 발명품의 궁극적인 목표는 "현재의 마비상태로부터 정치적 행위를

---

24. *Empire*, op. cit., p. 63.

구출하는"것이다. 『제국』 또한 이것을 시도하고 있기는 하지만, 결정적인 싸움은 하지 않을 것이다. ─ 다중은 뒤통수를 때린다(The Multitude Strikes Back) ….25

포스트-포드주의가 '자본의 꼬뮤니즘'이라고 주장할 때, 비르노의 말은 어느 정도 일리가 있다. 그것은 눈에 보이는 싸움이 더 이상 없다고 말하는 것도, 포스트-포드주의가 우리를 '꼬뮤니즘'으로 데려간다고 말하는 것도 아니다. 싸움이 예견되기는 하지만, 그 싸움은 적을 파괴할 것이라고 추정되는 전쟁은 아니다. 전투(combat)는 오히려 자본이 현재 갖고 있는 어떤 힘들을 더욱 강화하는 것을 의미하며, 새로운 꼬뮤니즘적 앙상블[전체]을 형성하기 위해 다른 힘들과 결합한다는 것을 의미한다. 비르노가 입증하고자 노력하고 있는 것이 바로 이것이다. 전투에 관한 서술, 포스트-포드주의에 의해 가능해진 잠재성들(virtualities)에 관한 지도제작, 결국에는 결집(mobilize)될 수 있는 현대의 삶의 요소들에 관한 지도제작 말이다. 문제는 자본이나 제국을 파괴하는 것이 아니다 ─ 오히려 우리 자신의 역량을 강화하는 것이다. 신체는 무엇을 할 수 있는가?

'자본의 꼬뮤니즘' : 자본이 할 수 있는 만큼 자본에는 그만큼의 꼬뮤니즘이 있다. 노동의 폐지, 국가의 해체 등등. 하지만 꼬뮤니즘은 어떤 형태나 형식으로든 평등을 필요로 하는데, 자본은 이를 제공할 수가 없다. 그러므로 포스트-포드주의는 그저 잠재적 꼬뮤니즘의 요

---

25. [옮긴이] 『제국』이 출간된 후 쏟아진 많은 서평들 중에서 The Observer 지의 2001년 7월 15일자에는 Ed Vulliamy가 쓴 "Empire Hits Back"이라는 글이 실렸다. 이 문장은 이를 염두에 두고 쓰인 것 같다.

구들(demands) — 말하자면 물질적 평등이 없는 일반화된 지성의 공통성(communality) — 만을 만족시킬 수 있을 뿐이다. 그렇다면 그것은 얼마나 "꼬뮤니즘적"일 수 있을까? 그리고 이러한 잠재적 꼬뮤니즘은 예속된 '민중'을 좀더 자유로운 '다중'으로 변환시키기에 충분한 것인가? '제국'이 바로 이러한 변환을 성취한다고 주장되기는 하지만, 정확히 말하면 다중은 제1세계를 넘어서거나 또는 그 아래에서 번성하고 있는 것이 아니다. 저-발전된 나라에서 새로운 노동계급은 이민(uprooting)과 과잉-착취를 통해서 자유를 찾고 있다. 도처에서 불평등이 가속적으로 성장하고 있으며, 특히 전혀 창조적이지도 않는 냉소주의도 성장하고 있다.

이것은 환멸을 느껴야 할 이유가 되지 못한다. 아우또노미아가 지닌 한 가지 미덕은 그것이 크게 외치기를 결코 두려워하지 않았다는 점이다. '우리는 가장 유쾌하게 살고 있다'(We are front of luxury). [1970년대] 당시에 피착취 프롤레타리아트는 여전히 혁명적 지혜의 보고일 것이라고 간주되었다. 하지만 노예제로부터 자유로운 사람들만이 감히 정말로 자유롭다는 것이 무엇인지를 상상할 수 있었다. 이것이 아우또노미아가 '패배당하기' 전에 이탈리아인들이 실험하고자 했던 것이며, 바로 이것이 오늘날 생생한 지적 논쟁을 통해서 이들이 또다시 탐구하고 있는 것이기도 하다. 다중이라는 관념은 이처럼 계속 진행되고 있는 기획의 일부이다. 우리가 감히 할 수 있다는 것은 아주 유쾌한 일이다. 우리가 할 수 있는 모든 것과 능동적으로 결합될 수 있는 미래를 상상하는 것이 지닌 유쾌함(luxury). 이러한 잠재성들은 양가적이고 역전가능한 특징들 속에서, 자본 내부에서 현존하고 있으며, 이것들은 그저 해방되기만을 기다리고 있다. 비물질적 노동자들은 이동적이며, 분리되어 있고, 적응력이 뛰어나며, 호기심이 많고, 또한 제도들을 향해서는 편의주의적[26]이며 냉소주의적이다. 이들은 창의적이며, 소통과 언어를 통해 지식을 공유한다. 이들은 대부분 탈-정치화되어 있으며, 심지어 반항적이기도 하다. 다중은 '이중의 성질을 지닌' 범주이며, '서로 반대되는 발전'으로 방향을 선회할 수 있는 범주이거나, 또는 무(無)에 이르게 되는 범주이며, 따라서 격렬한 전투가 끊임없이 계속된다. ─ 제국과의 전투가 아니라 자기-안에서의-전투. 전투는 무엇보다 '전투병에 있어서 힘들의 합성을 정의하는 것'[27]이지 외부의 적에 대한 승리를 정의하는 것이 아니다.

자본은 우리로 하여금 앞으로 기투(project)하게 만들며, 이러한 기투를 내부로부터 작동시킨다. 자본은 이 모든 것을 너무나도 잘 알기에, 그것은 모든 창조적인 움직임을 이항 대립들 ─ 이 이항 대립들은 아무리 그것들이 급진적이라고 하더라도 오늘날의 복잡한 현실을 사유하기에는 부적합하기 때문에 결국엔 재차 실패할 뿐인 방책이라고 [자본에 의해] 주장된다 ─ 로 전환시키면서 재빨리 도구화해 버린다. 노동과 관련해서 아우또노미스트들이 취했던 역설적인 입장은,

---

26. [옮긴이] 이 책에서는 흔히 '기회주의'로 옮겨지는 'opportunism'을 '편의주의'로 옮긴다. 이는 '기회주의'라는 용어가 과잉정치적이어서 비르노가 논하고 있는 바를 제대로 전달하지 못하기 때문이다. '편의주의'에 관해서는 이 책의 제3강을 보라.
27. '전쟁'과 '전투'에 관해서는 Gilles Deleuze, *Critical and Clinical*, Minneapolis: University of Minnesota Press, 1997, p. 132를 보라. [한국어판: 질 들뢰즈, 『비평과 진단』, 김현수 옮김, 인간사랑, 2000.]

혹은 하트와 네그리가 제국을 전략적으로 포용한 것은 그 어떤 것에도 구애받지 않고서 '미리 앞서서 생각하기'가 지닌 ─ 평범함과 자기만족적인 우울함 사이에서 착취당하고 있는 세계에서는 귀중한 상품이 된 유쾌함 ─ 의 일부이다. 따라서 어느 누구도 이들이 충분하게 사고하지 않았고, 모든 이를 즐겁게 해주지만, 결국은 그저 아늑한 무력감만 더 주는 혁명적 요법에 곧바로 기댄다는 것만 가지고 그들을 비난할 수는 없을 것이다.

자본은 '파괴될' 필요가 없다. 자본은 하트와 네그리가 상상하는 것과는 다른 방식으로 충분히 자가-파괴적이다. 왜냐하면 자본은 자신의 지배에 대한 저항을 만들어 내는 것을 결코 멈출 수 없기 때문이다. 들뢰즈는 1991년에 "자본주의의 기쁨이 민중을 해방시키기에 충분한지는 의심스럽다"고 썼다.[28] "사회주의라는 피로 얼룩진 실패를 상기시키는 사람들은 피로 얼룩진 불평등을 내포하고 있는 지구적 자본주의 시장의 현재 상태를, 주민이 시장 등으로 내몰리고 있는 현재 상태를 실패라고 생각하고 있지 않는 듯 보인다. 하지만 미국의 '혁명'이 실패한 지는 오래 되었다. 그것도 소련이 실패하기도 전에 이미 실패했다. 상황과 혁명적 시도는 자본주의 자체에 의해 발생되었으며, 이것들은 결코 사라지지 않을 것이다." 자본주의 자체는

---

28. Gilles Deleuze and Félix Guattari, "Nous avons inventé la ritournelle"[「우리는 리토르넬로를 발명했다」], *Le Nouvel Observateur*, September 1991. 이 글은 Gilles Deleuze, *Two Regimes of Madness*, New York: Semiotext(e), 1974(근간 예정)에 수록되어 있다. [옮긴이] 한편, 이는 들뢰즈와 가따리가 공저한 『천 개의 고원』에 수록된 전쟁기계에 관한 명제 9에서 잘 나타나고 있다. (한국어판: 김재인 옮김, 새물결, 2001, 797~812쪽 참조.)

불평등을 유발하고 불안정을 도발하기 때문에 혁명적이다. 또한 자본주의는 가속화를 막기 위한 백신으로서, 자신의 한계를 넘어서기 위한 유인책(incentive)으로서 자신이 소유한 '꼬뮤니즘'을 제공한다. 다중은 이 두 가지에 대한 응답이자, 예측할 수 없는 방식으로 일어날 충격들을 **흡수**하는 방식으로도 갈 수 있고 파열음을 증식시키는 방식으로도 갈 수 있다.

하나의 유령이 세계를 배회하고 있다, 자본이라는 유령이…

서 문

1. 민중 대 다중: 홉스와 스피노자

  나는 '민중'이라는 좀더 친숙한 개념과 대립된 개념인 '다중' 개념이 현대의 공적 영역(public sphere)에 관한 모든 성찰에 결정적인 도구라고 주장한다. 우리는 '민중'과 '다중' 사이의 양자택일이 17세기의 논쟁들, 즉 실천적인 측면들(중앙집권적 근대 국가의 수립, 종교 전쟁 등)과 이론적·철학적 측면들의 핵심에 놓여 있었다는 것을 유념해야만 한다. 서로 대립했던 이 두 개념은 격렬한 충돌의 불꽃 속에서 제련되어 근대성에 관한 정치적·사회적 범주들을 정의하는 데 있어서 극히 중요한 역할을 했다. 결국 승리를 거둔 것은 바로 '민중' 개념이었다. '다중'은 패배한 용어였으며, 그리하여 궁지로 내몰리게 된 개념이었다. 갓 구성된 거대한 국가들의 사회적 삶과 공적 정신의 형태를 그릴 때, 그 누구도 더 이상 '다중'에 관해 말하는 것이 아니라 민중에 관해 말했다. 하지만 긴 주기가 그 끝에 도달하고 있는 오늘날 해묵은 논쟁이 재차 벌어지고 있는 것은 아닌지를, 근대성의 정치이론이 근본적인 위기를 겪고 있는 오늘날 이처럼 한번 각하된 개념이 비범한 활력[생명력]을 발휘하고 있는 것은 아닌지를, 그리하여 극적인 복수를 행하고 있는 것은 아닌지를 물어야만 한다.

홉스와 스피노자는 이러한 두 개의 양극, 즉 민중과 다중의 아버지로 추정된다. 스피노자에게 물티투도(*multitudo*)는 공적인 무대에서, 집단적 행동에서, 공동체의 사태를 처리하는 데 있어서, 하나(un Un)로 수렴되지 않은 채, 운동의 구심적인 형태 내부에서 소멸하지 않은 채 그 자체로 존속되는 다원성[복수성, plurality]을 가리킨다. 다중이란 다수(Nombre)로서의 다수의 사회적·정치적 실존 형태이다. 그것은 일시적(episodique)이거나 중간적인(interstitielle) 형태가 아니라 영구적인 형태이다. 스피노자에게 물티투도는 시민 자유의 주춧돌이다.[29]

홉스는 다중을 극도로 혐오한다. ─ 나는 여기에서 열정적이기는 하지만 그다지 학문적이지는 않는 용어를 충분히 숙고한 후에 사용하고 있다. 홉스는 다중에 대해 매우 분노한다. 그는 '지고의 제국'(empire suprême), 소위 정치적 의사결정의 독점 ─ 바로 이것이 국가이다 ─ 에 대한 가장 커다란 위험을 다수로서의 다수의 사회적·정치적 실존에서, 하나의 종합적 통일로 수렴되지 않는 다원성에서

---

29. Spinoza, *Tractatus Politicus*.

발견한다. 어떤 개념 — 이 경우에는 다중 — 의 효력을 이해하기 위한 가장 좋은 방식은 그 개념과 끈질기게 싸우는 사람의 눈으로 그것을 검토하는 것이다. 어떤 개념의 모든 의미 및 뉘앙스를 철저히 이해하고 있는 사람은 사실 그 개념을 이론적 내지 실천적 지평으로부터 말살해 버리고자 하는 욕망을 가지고 있는 사람이기 때문이다.

다중을 극도로 혐오했던 홉스가 이 개념을 어떻게 묘사하고 있는가를 설명하기 전에, 여기에서 추구하고 있는 목표를 간략하더라도 명확히 설정하는 것이 나을 것이다. 나는 다중이라는 범주(이 범주의 불구대천의 적인 홉스가 다루었던 방식으로서의 다중이라는 범주)가 현대의 많은 사회적 관습행위(comportements)들을 이해하는 데 유용하다는 점을 보여주고 싶다. 근대성의 여명기에 폐기되었던 대극(다중)이 '민중'의 세기들과 국가(민족국가, 중앙집권국가 등)의 세기들이 지나가 버린 오늘날 또다시 모습을 드러내고 있다. 다중은 사회적, 정치적, 철학적 이론의 최후의 절규일까? 어쩌면 그럴지도 모르겠다. 만일 다수(Nombre)의 존재방식에서 기원한 것으로 이해하지 않는다면, 주목할 만한 현상들의 범위 전체 — 오늘날의 세계에서 언어 놀이, 삶의 형태, 윤리적 성향, 생산의 현저한 특성 — 는 결국 거의 대부분 이해될 수 없거나 아예 이해조차 될 수 없을 것이다. 이러한 존재양식을 탐구하기 위해서는 오히려 다양한 종류의 개념적 협주곡 — 인류학, 언어철학, 정치경제학 비판, 윤리학 등등 — 에 호소해야만 할 것이다. 우리는 관점의 각도를 빈번하게 바꾸어 가면서 다중이라는 대륙의 언저리를 항해해야만 한다.

이미 말했듯이 통찰력 있는 상대로서 역할하면서 홉스가 '다수'

(Nombre)의 존재양식을 개괄하는 방식을 간략하게 살펴보자. 홉스에게 다중과 민중 간의 정치적 대립은 아주 결정적이다. 근대의 공적 영역은 전자나 후자나 둘 중 어느 한 쪽을 자신의 중심으로 가질 수 있다. 바로 이러한 양자택일 속에서, 언제나 위협적인 내전[시민의 전쟁]이 자신의 논리적 형식을 취하는 것이다. 홉스의 말을 빌리면, 민중 개념은 국가의 실존과 밀접하게 연관되어 있다. 나아가 그것은 국가의 반향이자 반영이다. 말하자면 국가가 있다면 민중이 있을 것이고 국가가 부재하면 민중도 없을 것이다. 다중에 대한 공포가 아주 장황하고도 광범위하게 드러난 책인 『시민론』(*De Cive*)에서 우리는 다음을 읽는다. "민중은 하나인 어떤 것이다. 즉 민중은 하나의 단일한 의지를 가지고 있고, 또한 하나의 단일한 의지가 귀속되는 것이다."[30]

홉스에게 다중은 '정치체'(corps politique)가 제도화되기 전의 상태인 '자연상태'에 본래적으로 있는 것이다. 그러나 오래 전에 선행하여 있던 것인 다중은 마치 '억압되었던 것'(refoulé)이 자신의 정당성을 입증하기 위해 되돌아오는 것처럼, 때때로 국가의 주권이 뒤흔들리는 위기의 순간에 자신을 내세우면서, 재차 표면 위로 떠오를 수

---

30. Hobbes, *De Cive*, 12장 8절. 그러나 또한 6장 주석 1을 보라.
　[옮긴이] 본 역서가 대본으로 삼고 있는 불역판은 이 구절을 다음과 같이 옮기고 있다. "민중은 하나의 독특한 의지를 지닌 일종의 통일성이다." 하지만 홉스의 원문과 대조한 결과, 불역판 번역이 지나치게 축약적인 동시에 비르노가 여기에서 지적하고자 하는 바와 명확하게 연결이 되지 않았다. 홉스의 글을 비롯하여 대부분의 인용구가 전반적으로 영역판에 비해 정확성 및 연관성에 떨어지고 있으므로 이하에서도 본문의 인용구는 영역판을 기준으로 삼고 '옮긴이'에 불역판의 번역을 싣도록 한다. 또 이 책의 부록 221쪽을 보라.

있다. 국가가 있기 전에 다수가 있었다. 국가의 성립 이후에는 하나의 단일한 의지를 부여받은 하나의-민중(le peuple-Un)이 있다. 홉스에 따르면 다중은 정치적 통일[단일성]을 기피하고, 복종을 거부하며, 지속가능한 협정을 체결하지 않는다. 또 다중은 자신의 고유한 권리를 주권자에게 결코 양도하지 않기 때문에 법적 인격의 지위(status)를 획득하지도 못한다. 말하자면 다중은 (다원적 특성이라는) 자신의 존재양식과 행동양식에 의해 이러한 '양도'를 금지한다. 위대한 저술가였던 홉스는 다중이 얼마나 반-국가인가를, 그러나 바로 그 때문에 얼마나 반-민중인가를 존경스러울 정도로 세련되게 강조했다. "국가에 반대하여 시민을 선동하는 민중은, 다시 말해서 민중에 반대하는 다중이다."31 바로 여기에서 이 두 개념 간의 대립은 전체로 확산된다. 말하자면, 민중이 있다면 다중은 없다. 또한 다중이 있다면 민중은 없다. 홉스와 17세기의 국가주권 변호론자들에게 다중은 순전히 부정적인 한계-개념(concept-limite)이었다. 다시 말해서, 다중은 국가주의(étatisme)에 대해 제시된 위험들과 일치했다. 즉 그것은 때때로 '거대 기계'를 고장나게 할 수 있는 [기계의] 잔해들이었다. 부정적 개념인 다중. 다중이 국가에 의한 정치적 의사결정의 독점에 대해 잠재적으로(virtuellement) 모순되는 한에 있어서, 다중은 민중이 될 준비를 하지 않는 것이다. 간단하게 말해서, 다중은 시민 사회에 '자연상태'가 역류한 것이다.

---

31. Hobbes, *Ibid.*
 [옮긴이] 불역본에 따르면 다음과 같다. "국가에 반대하여 스스로 반란을 일으키는 시민은, 바로 민중에 반대되는 다중이다." 이 책의 부록 1, 특히 222쪽을 보라.

2. 내쫓긴 다원성: '사적'과 '개별적'

다중은 중앙집권적 국가의 창조 속에서 어떻게 살아남았는가? 근대적 주권 개념이 완전히 확립된 후에, 다중은 어떤 은폐되고 허약한 형태를 통해서 알려지게 되었는가? 다중의 메아리는 어디에서 들려오는가? 질문을 극단적으로 단순하게 하면서, 다수로서의 다수가 자유주의 사상과 민주-사회주의적 사상에서 (이론의 여지 없이 민중의 통일을 고유한 준거점으로 가지고 있던 정치 전통들 속에서) 어떤 방식으로 이해되어 왔는가를 규명하도록 노력해 보자.

자유주의 사상에서, '다수'에 의해 야기된 불안감은 공적-사적이라는 용어 쌍에 의존함으로써 완화된다. 민중의 정반대 극인 다중은 소위 사적이라고 불리는, 약간은 환상적이고 굴욕적인 모습을 띤다. 첨언하면 심지어 공적-사적이라는 쌍 자체도 수천 번의 이론적이고 실천적인 논쟁 과정에서 피와 눈물을 통해서 주조된 이후에야 명백하게 되었다. 그러므로 이러한 쌍은 복합적 결과물에 의해서 유지된다. 공적 경험과 사적 경험에 관해 말하는 것보다 우리에게 더 정상적인 것은 과연 무엇이 있을까? 하지만 이러한 갈라짐이 항상 자명하게 여겨지는 것은 아니다. 자명함의 결여는 흥미로운데, 이는 오늘날 우리가 어쩌면 새로운 17세기를 살고 있거나, 또는 낡은 범주들이 떨어져 나가고 새로운 범주들을 우리가 주조해야만 하는 그런 시대에 살고 있기 때문일 것이다. 우리에게 엉뚱하고 유별나게 보이는 많은 개념들—예를 들어, 비-대의제적 민주주의라는 개념—은 아마도 하나의 새로운 종류의 공통감각(상식)을 만들어 내려고 하는 경향이 있으며, 그리하여 지금은 이러한 것들 자체가 '명백한 것'이 되기를 갈망하고 있다. 그러나 우리의 얘기로 돌아가 보자. '사적'은 개인적인 어떤 것을 의미하기도 하지만, 또한 이러저러한 개인의 내적 삶과 관련되어 있는 어떤 것을 의미하기도 한다. 즉 사적이라는 것은 또한 박탈됨을 의미한다. 즉 목소리가 박탈된, 공적인 현존이 박탈됨을 의미한다. 자유주의 사상에서 다중은 사적인 차원으로서 생존한다. 다수는 실어증에 걸리며, 공통적 사태의 영역에서 완전히 배제된다.

민주사회주의적 사상에서, 우리는 원형적(archaïque) 다중의 메아리를 어디에서 발견할 수 있을까? 어쩌면 집단적-개별적이라는 용어 쌍에서일 것이다. 혹은 더 좋게 말하면 이러한 용어들 중 두 번째에서, 즉 개별적 차원에서일 것이다. 민중은 집단적이다. 반면 다중은 무능하다고 추정된(impuissance présumée) 단독적 개인들에 의해서, 게다가 이런 개인들 각각의 자유분망한 소요(agitation deréglée)에 의해서 어렴풋이 드러난다. 개인이란 이들로부터 멀리 떨어진 곳에서 완수된 다양한 나눗셈과 곱셈으로부터 그 어떤 영향도 받지 않는 잔여물이다. 엄격한 의미에서 단독적이라고 불려질 수 있는 것에 입각해서 보면, 단독자(le singulier)는 말로 표현될 수 없듯이 보인다. 다중이 민주적-사회주의적 전통 내부에서 말로 표현될 수 없듯이 말이다.

바로 이 지점에서, 내가 앞으로 얘기하면서 계속해서 말하게 될 어떤 신념을 언급하고 넘어가는 것이 좋을 것 같다. 나는 오늘날의 삶의 형태에서 우리가 공적-사적이라는 용어 쌍이나 집단적-개별적이라는 용어 쌍이 더 이상 기능하지 못하며, 그것들은 더 이상 어떤 것에도 기대지 못하고, 산산조각이 나버렸다는 사실을 직접적으로 지각하고 있다고 믿는다. 생산이 계량경제학적(econometric) 분석에 내맡겨지는 것이 아니라 생산이 세계의 광범위한 토대―에토스, 문화, 언어적 상호작용과 같은 것으로 채워져 있는―를 가지고 있는 경험으로서 이해되어야만 한다는 것이며, 현대의 생산에서 일어나고 있는 것이 바로 이것이다. 엄격하게 나누어졌던 것이 이제 서로 뒤섞이며, 서로 포개지고 있다. 그리하여 우리는 집단적 경험이 끝나고 개별적 경험이 시작된 곳이 어디인지를 말하기 어렵게 된다. 공적인 경험을 소위 사적인 경험과 분리하는 것도 어렵게 된다. [공과 사, 집단-개인을 나누던] 경계선은 이처럼 희미해지고 있으며, 루소, 헤겔 그리고 이후 맑스 자신(비록 논쟁의 한 관점에 불과하긴 했지만)에게 그리도 중요했던 시민과 생산자라는 두 범주들은 자취를 감추거나 거의 신뢰할 수 없게 되어버렸다.

현대의 다중은 '시민들'로 구성된 것도, '생산자들'로 구성된 것도 아니다. 그것은 '개인과 집단' 사이의 중간 지대를 차지한다. 그러므로 다중의 경우 '공'과 '사'의 구별은 결코 적합하지 않다. 그리고 그렇게 오랫동안 명백하다고 주장되어 온 이러한 용어의 짝이 와해되었기 때문에, 우리는 국가의 통일성으로 수렴되는 민중에 관해서 더 이상 말할 수 없다. 포스트모던하다는 딱지가 붙은 불협화음으로 가득 찬 후렴구("다양체는 좋으며, 통일은 경계해야 할 재앙이다")를 부르고 싶지는 않으나, 다중이 일자(l'Un)와 대립하지 않고 오히려 이를 재정의한다는 점을 인정해야만 한다. 심지어 다수가 통일의 형태를, 하나(un Un)의 형태를 필요로 할 때에도 말이다. 하지만 여기에 핵심이 있다. 즉 이러한 통일은 더 이상 국가가 아니라 언어, 지성이며, 인간이라는 유(類)의 공통적인 능력들이다. 일자는 더 이상 약속이 아니며, 그것은 전제이다. 통일은 민중의 경우에서처럼 더 이상 사물이 수렴되는 어떤 것(국가, 주권)이 아니라 오히려 배경이나 필수적인 전제조건처럼 당연하게 받아들여지는 것이다. 다수는 보편적인 것의 개체화, 유적인(générique) 것의 개체화, 공유된 경험의 개체화로서 사유되어야만 한다. 그러므로 우리는 대칭적인 방식으로, 하나(un Un)를 결론처럼 확실한 어떤 것이 아니라, 분화(différenciation)를 정당화하는 토대로서, 또는 다수인 한에서의 다수의 정치-사회적 실존을 허용하는 토대로서 사유될 수 있는 것으로 인식해야만 한다. 나는 다중이라는 범주에 관한 작금의 성찰이 열광적인 단순화나 피상적인 축약을 허용하지 않는다는 것을 강조하기 위해서 이렇게 말하는 것일 뿐이다. 대신, 그러한 성찰은 약간의 조악한 문제들과 대결해야만 한다. 특히 하나/여럿(Un/Multiple)의 관계에 관한 논리적인 문제. (이것은 제거되어야 하는 문제가 아니라 재정식화되어야 하는 문제이다.)

3. 다수에 대한 세 가지 접근방법

세 개의 주제군을 발전시킴으로써 현대적 다중의 구체적인 차원을 정확하게 할 수 있다. 첫 번째는 아주 홉스적이다. 말하자면 두려움과 안전 추구의 변증법. (그것이 자유주의적 분절이든 민주사회주의적 분절이든 간에 하여간 17세기의 분절에 있어서) '민중' 개념은 분명 위험을 제거하고 방어책을 획득하기 위해 발전된 몇 가지 전략을 둘러싸고 형성되었다. 나는 경험적·개념적 측면 모두에서, 두려움의 형식과 이에 대응하는 방어의 형식이—이것은 '민중' 개념과 연결되어 있었다—실패했다고 지금은 주장할 것이다. 대신 만연한 것은 상당히 다른 공포-방어(crainte-protection)의 변증법이다. 이것은 오늘날 다중의 여러 가지 특징적 성질들을 정의한다. 두려움-안전(peur-sécurité), 이것은 다중의 모습이 '장밋빛'이 결코 아니라는 것을 보여주기 위해, 이러한 모습에 잠복해 있는 특정한 독이 무엇인지를 명확하게 하기 위해 철학적·사회학적으로 유의미한 눈금자나 시험관(révélateur)이다. 다중은 존재양식이며, 그것도 오늘날 만연해 있는 존재양식이다. 하지만 모든 존재양식과 마찬가지로, 다중은 양가적이다. 다시 말해서 다중은 자신 내부에 상실과 구원, 묵인과 갈등, 예속과 자유 등을 모두 담고 있다고 말할 수 있다. 하지만 중요한 요점은 이러한 양자택일의 가능성들이 민중/일반의지/국가라는 성좌 안에서 나타났던 것과는 상이한, 특수한 생김새(physionomie)를 가지고 있다는 것이다.

내가 다음 세미나에서 다룰 두 번째 주제는 다중 개념이 인간의 경험을 노동, 정치, 사유로 나눈 고대의 삼분법의 위기와 맺은 관계이다. 이것은 아리스토텔레스가 제안한, 무엇보다 20세기에 한나 아렌트가 또다시 제기했고, 아주 최근까지 상식으로 완벽하게 통합된 세분화와 관련되어 있다. 하지만 이런 세분화는 오늘날에는 상식으로부터 분리되어 있는, 그리하여 더 이상 유지되지 못하는 세분화이다.

  세 번째 주제군은 다중의 주체성에 관해 어떤 것을 파악할 수 있게 하는 몇 가지 선별적 범주들로 이루어져 있다. 특히 이러한 범주들 중에서 세 가지를 검토할 것이다. 개체화 원리, 잡담[32]과 호기심이 바로 그것이다. 첫 번째 범주[개체화 원리]는 극히 중요한 물음임에도 불구하고 부당하게 경시되었던 형이상학적 물음이다. 즉 단독성(singularité)을 단독적으로 만드는 것은 무엇인가? 다른 한편 나머지 두 개의 범주들은 일상생활과 관련되어 있다. 잡담과 호기심이라는 범주에 철학적 개념의 위엄을 부여한 사람은 바로 하이데거였다. 나의 논지는 『존재와 시간』의 몇몇 구절을 이용할 것이지만, 이 범주들에 관해서 내가 말하는 방식은 실질적으로는 비-하이데거적이거나 현실적으로는 반-하이데거적일 것이다.

---

32. [옮긴이] 독일어 'Gerede', 영어 'idle talk', 불어 'bavardage'를 이기상은 '잡담'이라고 옮기는 반면(마르틴 하이데거, 『존재와 시간』, 이기상 옮김, 까치, 1998, 특히 584쪽을 보라), 소광희는 이를 '빈 말'이라 옮기고 이를 '존재자에 대한 근원적 존재 관련 없이 그냥 떠돌아다니는 세인의 말'이라고 해석한다. (마르틴 하이데거, 『존재와 시간』, 소광희 옮김, 경문사, 1995, 243쪽 이하 및 주석). 이 용어를 가지고 현대적 형태의 삶을 분석하고 있는 것에 관해서는 이 책의 제3강 「주체성으로서의 다중」을 보라.

제1강

공포와 방어의 형식들

1. 두려움/불안이라는 용어 쌍을 넘어[1]

『판단력 비판』의 한 장(章)인 '숭고의 분석'의 중심에는 공포(crainte)와 방어(protection)의 변증법이 놓여 있다.[2] 칸트에 따르면, 내가 대피소(abri)에 있을 때 끔찍한 눈사태를 목격하게 되면, 나는 안전하다는 유쾌한 감정에 사로잡히지만, 이 감정은 내가 허약하다는 강렬한 지각과 뒤섞이게 된다. 이것이 바로 숭고이다. 정확하게 말해서, 숭

---

1. [옮긴이] 이 책에서 'peur(fear)'는 '두려움', 'angoisse(anguish)'는 '불안', 'securité(security)'는 '안전' 등으로 옮긴다. 또 'craintes(dread)'는 '공포'로 옮기되, 'protection(refuge)'은 '방어, 방어책, 피난, 대피처, 보호, 보호책' 등으로 맥락에 따라 옮기도록 한다. 물론 비르노가 'securité(security)'와 'abri(refuge)'를 혼용하고 있기는 하지만 내용의 흐름을 파악하는 데에는 아무런 문제도 없다. 참고로 '두려움'의 이탈리아어는 'paura'이며 독일어로는 'Furcht'이다. 또 '불안'의 이탈리아어는 'angoscia'이며 독일어로는 'Angst'이며, 영어로는 'anxiety'로 옮겨지지만 때로는 'dread'로 옮겨지기도 한다.
2. Kant, 1부, 1편, 2장. [한국어판: 이마누엘 칸트, 『판단력 비판』, 이석윤 옮김, 박영사, 1996(중판), 108쪽 이하 참조.]

고는 부분적으로는 모순적인 바로 이러한 이중적 감정이다. 나는 내가 우연히 누리게 된 경험적인 방어(protection)에서 출발해서 나의 실존에게 절대적이고 체계적인 방어를 보장할 수 있는 것은 무엇인가라고 자문하게 된다. 다시 말해서, 이러저러하게 결정된 위험(danger)으로부터가 아니라 세계-내-존재 자체 안에 각인되어 있는 위험(risque)으로부터 나를 지켜줄 수 있는 것은 무엇인가라고 자문한다. 무조건적인 대피소(abri)를 어디에서 발견할 수 있는가? 칸트는 바로 도덕적 '나'(Moi)에서 발견할 수 있다고 대답한다. 도덕적 '나' 속에는 우발적이지 않는 어떤 것, 또는 진정으로 초-지상적인(supra-terrestre) 어떤 것이 있기 때문이다. 초월적(transcendant) 도덕률은 절대적인 방식으로 나의 인격을 보호[방어]한다. 왜냐하면 그것은 유한한 실존과 이 실존이 지닌 무수한 위험을 넘어서 나의 인격에 마땅히 주어져야만 하는 가치를 평가하기 때문이다. 숭고의 느낌(혹은 적어도 그것의 구현물 중의 하나)은 내가 뜻밖의 피난처를 누렸다는 안도감(soulagement)이 섞인 느낌으로 이루어져 있으며, 또 이러한 안도감을 도덕적인 나만이 보장할 수 있는 무조건적인 안전(sécurité)으로 변형시키는 것으로 이루어져 있다.

내가 칸트를 언급한 것은 한 가지 이유 때문이다. 지난 2세기에 걸쳐 공포/방어의 변증법이 인식되어 왔던 세계에 관해 아주 분명한 모델을 칸트가 제공하기 때문이다. 여기에는 날카로운 분기점이 있다. 우선, 특수한 위험이 있다. (눈사태, 내무부의 집요하고 악랄한 감시, 일자리의 상실 등). 다른 한편으로, 우리의 고유한 세계-내-존재와 연결된 절대적인 위험이 있다. 위험(과 공포)의 이 두 형태는 방어(와 안전)의 이 두 형태에 대응한다. 현실적인 불행에 직면할 때에는 구체적인 치료제가 있다. (예를 들어, 눈사태가 일어났을 때 산의 대피소.) 반면 절대적인 위험은 세계 자체와의 관계에 의한 방어를 필요로 한다. 주의하자. 인간이라는 동물(l'animal human)의 '세계'는 비-인간적인 동물의 환경, 말하자면 태생적인 본능에 토대를 두고 자신의 고유한 방식을 발견하는 제한된 서식지(habitat)와 똑같은 수준에 놓일 수 없다. 세계는 항상 미결정된(indéterminé) 어떤 것을 가지고 있으며, 예기치 못한 것과 놀라운 것들로 가득 차 있다. 삶의 맥락이라는 것은 단 한번에 제어되는 것이 아니다. 바로 이 때문에 '세계'는 불안감(insecurity)의 영원한 원천이다. 상대적인 위험(danger)이 '하나의 정체성', '성과 이름'을 갖는 반면, 절대적 위험(péril)은 정확한 얼굴도, 일의적인 내용도 갖고 있지 않다.

위험과 안전의 두 유형에 관한 칸트의 구별은 하이데거가 추적했던, 두려움과 불안의 구별로 이어진다. 두려움은 아주 특정한 사실, 즉 친숙한 눈사태나 또는 우리 일자리의 상실을 가리킨다. 반면 불안은 이를 촉발한 분명한 원인이 없다. 『존재와 시간』에서,[3] 불안은 우리가 세계에 순수하고 단순하게 노출됨으로 인해서, 그리고 우리가 이 세계와 맺고 있는 관계가 불화신성과 미결정(indécision)으로 표방됨으로 인해서 일어난다. 두려움은 항상 한정되어 있으며 우리는 그것에 이름을 붙일 수 있다. 불안은 사방팔방에서 오지만, 뚜렷이 구별될 수 있는 원인과 연결되지 않으며, 어떤 주어진 계기나 상

---

3. Heidegger, 40절.

황에서도 존속될 수 있다. 공포의 이러한 두 형식들(정확하게 말해서 두려움과 불안), 그리고 이것들에 상응하는 해독제는 역사적-사회적 분석에 유용하다.

한정된 공포와 미결정된 공포의 구별은 실체적인 공동체가 있는 곳에서 그 효력을 발휘하는데, 이러한 공동체는 우리의 실천과 집단적 경험의 방향을 정할 수 있는 통로(canal)를 구성한다. 그리고 이때의 통로란, 반복적이고 안락한 사용법과 관행들로 이루어진, 공고한 에토스로 이루어진 통로이다. 두려움은 공동체의 내부에, 삶과 소통의 형식 내부에 위치한다. 반면 불안은 우리가 속해 있는 공동체로부터 거리를 둘 때, 우리가 공동체의 공유된 습성으로부터 거리를 둘 때, 우리가 공동체의 잘 알려진 '언어 놀이'로부터 거리를 둘 때, 또 우리가 광대한 세계로 나아갈 때 모습을 드러낸다. 공동체의 외부에서, 위험은 편재하며 예측할 수 없으며 항구적이다. 간단히 말해서 불안감을 주는 것이 위험인 것이다. 두려움의 대응물은, 공동체가 원리상 보장할 수 있는 안전이다. 불안의 대응물(혹은 세계 자체에 대해 스스로를 보여주는 것의 대응물)은 종교적인 경험을 손에 넣는 방어이다.

그러므로 정확히 말하면, 두려움과 불안을 나누는 선, 상대적 공포와 절대적 공포를 나누는 선은 사라졌다. 무수히 많은 역사적 변종을 가지고 있는 '민중' 개념은 친숙한 '내부'와 미지의 적대적 '외부'를 명확하게 분리하는 것과 직접적으로 연결된다. 반면 '다중' 개념은 그러한 분리를 종식시킨다. 상대적 방어와 절대적 방어의 구별과 마찬가지로 두려움과 불안의 구별은 적어도 세 가지 이유 때문에 근거가 없다.

첫째 이유는, 우리가 실체적인 공동체에 관해 더 이상 합당하게 말할 수 없기 때문이다. 오늘날 극적인 모든 혁신이 비록 전통적이고 반복적인 생활 형태를 전복하지는 못했지만, 그럼에도 불구하고 이것은 지금은 더 이상 고정된 관습을 갖지 않고 살아가는 것에 익숙하지 못한 개인들, 급작스런 변화에 익숙하지 못한 개인들, 그리고 예외적이고 예기치 않은 것에 노출되어 왔던 개인들에 대해 개입한다. 그러므로 매 계기마다, 그리고 그것이 어떤 것이든간에 우리가 가지고 있는 것은 끊임없이 혁신된 실재성인 것이다. 따라서 안정적인 '내부'와 불확실하면서도 지상(地上)에 있는(tellurique) '외부'를 현실적으로 구별하는 것은 가능하지 않다. 삶의 형태의 영속적인 가변성(varialité)은, 또 결코 저지되지 못한 삶의 불확실성과 대결하기 위해 필요했던 훈련은 우리로 하여금 세계 그 자체와, 그리고 우리 실존의 미결정된 맥락과 직접적이고 연속적인 관계를 맺도록 한다.

그러므로 두려움과 불안은 완전히 포개진다. 내가 일자리를 잃는다면, 물론 나는 특정한 종류의 공포를 낳는, 아주 분명하게 정의된 위험과 대면할 수밖에 없다. 하지만 이러한 현사실적인 위험은 미결정된 불안에 의해 즉각 채색된다. 그것은 우리가 살고 있는 세계와 접할 때 좀더 일반적인 방향상실과 뒤얽힌다. 또 그것은 인간이라는 동물이 태생적 본능을 결여하고 있는 한에서는 인간이라는 동물 속에 살아 있는 절대적인 불안감(insécurité)과 통일된다. 이렇게 말할 수도 있다. 즉 두려움은 항상 불안이며, 한정된 위험은 항상 세계-내-존재의 일반적인 위험을 보여준다고 말이다. 우리가 세계에 대해 맺고 있는 관계들을 실체적인 공동체들이 은폐하거나 감춘다고 한다면, 이제 공동체의 해체는 우리에게 이러한 관계를 명확하게 보여줄 것이다. 즉 실직, 노동 기능의 성격을 변화시키는 혁신, 거대도시 속의 고독 등은 우리가 공동체의 벽 바깥에서 느끼는 종류의 공포(terreur)에 이미 속했던 많은 특질들을 당연하다는 듯이 가정한다. 우리는 '두려움'이나 '불안'과는 다른 새로운 용어, 즉 이것들의 융합을 설명할 수 있는 용어를 발견해야만 한다. 내가 염두에 두고 있는 용어는 혼란스러움(perturbant)이다.4 하지만 이 용어의 사용을 정당화하기 위해서는 여기에서는 너무 많은 시간이 걸린다.5

두 번째의 중요한 접근방법으로 옮겨가 보자. 전통적인 설명에 따르면, 두려움은 공적인 감정인 반면, 불안은 동료로부터 고립된 개인과 관련된다. (공동체의 많은 구성원들에게 잠재적으로 속해 있는 위험에 의해 촉발되며, 또한 다른 이들의 도움으로 인해 물리쳐질 수 있는 위험에 의해 촉발되는) 두려움과는 달리, 불안한 낯섦6은 공적인 영역을 벗어나며, 그저 소위 개인의 내면성이라고 불리는 것과 연결될 뿐이다. 하지만 이러한 설명은 전혀 믿을 수 없게 되었다. 사실 이런 설명은 몇 가지 이유 때문에 완전히 뒤집혀져야만 한다. 오늘날 모든 삶의 형태는 '편치 않음'7을 경험한다. 하이데거에 따르면,

---

4. [옮긴이] 뻬르뛰르방(perturbant)은 'perturber'의 현재분사형으로, 혼란케 하다, 방해하다, 불안하게 하다, 마음을 어지럽히다 등의 뜻을 지니고 있다. 프로이트의 das Unheinliche의 프랑스어 번역어로 자주 사용된다.
5. Virno, *Mondanità*, pp. 65~67. [Virno, 1994, pp. 103~105.]
6. [옮긴이] '상실감'으로 옮겨질 수도 있다. 이탈리아어로는 'spaesamento'이며, 프로이트의 'Unheimlichkeit'를 옮긴 말로 앞의 '뻬르뛰르방'(perturbant)과 연결하여 생각해야 한다.
7. [옮긴이] 독일어 'Un-zuhause'를 옮긴 것으로, 영어로는 'not feeling at home'이며, 프랑

이것이 바로 불안의 기원이다. 그러므로 '편치 않음'이라는 감정보다 더 공유되고 더 공통적이며 어떤 의미에서는 더욱 공적인 것은 없다. 미결정된 세계가 지닌 엄청난 압력을 느끼고 있는 사람만큼 고립감을 느끼는 사람도 없다. 다른 말로 하면, 두려움과 불안을 하나로 모으는 느낌은 직접적으로 다수의 사태(*l'affaire du Nombre*)이다. 어쩌면 우리는 사실 '편치 않음'이 다중 개념의 변별적(distinctif) 특질인 반면, '내부'와 '외부'의 분리, 두려움과 불안의 분리는 민중에 관한 홉스적인 (그리고 딱히 홉스적이라고만 할 수는 없는) 관념을 표시한다고 말할 수 있을 것이다. 실체적인 공동체는 한정된 위험으로부터 샘솟는 두려움을 누그러뜨리기 위해 협력하기 때문에 민중은 하나(un)이다. 반대로 다중은 '편치 않음'에서 도출된 위험, 세계에 다면적으로 노출되어 있는 것에서 도출된 위험에 의해 재통일된다.

  세 번째이자 마지막으로 중요한, 어쩌면 가장 근본적인 언급을 해보자. 그것은 항상 공포/방어의 짝과 관련된다. 우리가 우선은 공포 그 자체를 겪으며, 그런 후에야 방어책을 찾으려고 노력한다는 것은 완전히 잘못된 관념이다. 이러한 자극-반응 또는 원인-결과 도식은 완전히 부적합하다. 오히려 우리는 최초의 경험이 방어책을 손에 넣으려고 하는 경험이라고 생각해야만 한다. 무엇보다도 먼저, 우리는 우리 자신을 보호한다. 그리고 나서야, 우리가 우리 자신을 보호하는

스어로는 'ne-pas-se-sentir-chez-soi'이다. 풀어 보면 '집에 있는 것처럼 편안하게 느끼지 않음'으로 옮겨질 수 있으나, 여기서는 이기상의 번역어를 따랐다. 하지만 맥락에 따라서는, 특히 이하에서 '이방인'에 관해 논하고 있는 부분에서는 '집에 있지 않다'라는 의미 속에서 이해되어야만 할 것이다.

데 몰두할 때, 우리는 우리 자신과 관련이 있을 수도 있는 사태와 위험을 명확하게 할 수 있다. 아놀드 겔렌(Arnold Gehlen)은, 인간이라는 동물에게 생존은 감당하기에는 너무도 가혹한 과제이며, 우리가 이 과제에 대면하기 위해서는 무엇보다도 우선 우리가 이미-결정된 '환경'을 소유하고 있지 못하다는 사실에서 생겨난 방향감각의 상실을 누그러뜨려야만 한다고 말하고는 했다.[8] 우리 삶의 맥락에서 보면, 바로 삶에 대처하기 위한 이러한 암중모색이 가장 기초적이라 할 수 있다. 심지어 우리가 우리 자신을 방어할 수 있는 방향이 무엇인지를 파악하려고 애쓸 때에도, 나중에 가끔씩 회상해 보면 우리가 상이한 형태의 위험들을 접했다는 것을 깨닫게 된다.

몇 가지를 더 얘기해 보자. 위험은 최초에는 보호책에 대한 추구와 더불어 시작되는 것으로 정의될 뿐 아니라, 일반적으로는 방어의 특정 형태로서 표명된다. (이 두 번째가 진정한 핵심 요점이다.) 신중하게 살펴보면, 위험은 구원이라는 무서운 전략으로 이루어져 있다. (몇몇 민족들이 '소중한 조국'(petit patrie)을 숭배하는 것을 생각해 보면 된다.) 위험과 방어의 변증법은 결국에는, 방어의 양자택일적 형태들 사이의 변증법으로 해결된다. 두려움을 느끼는 것이 피난의 원천이었던 것과는 반대로 우리는 피난의 두 번째 원천을 발견하는데, 그것은 피난의 첫 번째 원천이 지니고 있는 독에 대해 해독제 역할을 할 수 있다. 역사적·사회학적 관점에서 보면, 나쁨(le mal)이란 바로 세계가 고유하게 지니고 있는 위험에 대한 잔혹한 반응으로 표

---

8. Gehlen, *Man: His Nature*.

현된다는 점을, 위험천만한 방어책을 추구하는 것으로 표현된다는 점을 어렵지 않게 알 수 있다. 주권을 신뢰하는 경향을(주권이 강력한 것이든 변변치 못한 것이든 간에 그건 그다지 중요하지 않다), 혹은 직장에서 최정상에 오르기 위해 온갖 술수를 쓰는 것을, 외국인 혐오증을 생각하는 것으로도 충분하다. 마찬가지로 이렇게 말할 수 있다. 즉 진정으로 불안에 시달린다는 것은 그저 불안을 접하는 몇 가지 방식일 뿐이다. 거듭 말하자면, 여기에서 결정적인 것은 안전보장(assurance)의 상이한 전략들 사이에서의 양자택일(alternative)이며, 방어의 해독제적 형태들 사이의 대립이다. 이러한 이유 때문에, 잠깐 언급하자면, 안전이라는 주제를 소홀히 다루는 것은 어리석은 일이며, 마찬가지로 (바로 이 주제에 있는, 또는 그 몇 가지 변형태 déclinaison에 있는 진정한 위험을 인식하지 않고서) 이 주제에 아무런 제한을 두지 않고 극히 중요하다고 야단법석을 떨며 강조하는 것은 어리석은 짓이다. (그리고 후자가 훨씬 더 어리석은 짓이다.)

　현대적 (혹은 이렇게 말하는 게 더 좋다면, 포스트-포드주의적) 다중의 경험은 무엇보다 일차적으로 공포-방어 변증법의 이러한 변양(modification)에 뿌리를 두고 있다. 다수인 한에서의 다수는 '편치 않음'을 공유하고 있는 사람들이며, 사실 이 경험은 다수의 고유한 사회적·정치적 실천의 중심에 놓여 있다. 나아가 우리는 다중의 존재 양식에서 상이하고 때로는 정반대로 대립된 안전보장의 전략들 사이의 연속적인 동요(oscillation)를 우리 눈으로 직접 관찰할 수 있다. (하지만 주권적 국가의 신체를 이루고 있는 민중은 이러한 동요를 이해하지 못한다.)

2. 공통의 장소와 '일반지성'

현대의 다중 개념을 더 잘 이해하기 위해서는, 세계의 위험성으로부터 우리 자신을 방어하기 위해 의지할 수 있을 법한 핵심적인 자원들에 관해 충분히 깊이 있게 성찰하는 것이 도움이 될 것이다. 나는 아리스토텔레스의 개념, 즉 언어적 개념(혹은 더 좋게 말하면 수사학과 관련된 것)에 입각해서 이러한 자원들을 분명하게 하자고 제안하고 싶다. 그것은 바로 '공통의 장소', 즉 토포이 코이노이(*topoi koinoi*)이다.9

오늘날 우리가 '공통의 장소'에 관해 말할 때, 지금까지는 대부분의 경우 어떠한 의미도 없는 상투적인 표현, 진부함, 생기라곤 전혀 없는 은유('어둠 속에서는 사람을 알아볼 수가 없다'), 혼해빠진 언어적 상투어를 의미한다. 그렇지만 그것은 '공통의 장소'라는 표현의 일차적인 의미가 아니다. 아리스토텔레스에게 토포이 코이노이는 우리의 모든 담론 중에서 가장 일반적인 가치를 지닌 논리적·언어적인 형태이며,10 우리의 모든 담론의 골격 구조에 관해 말하는 것이기도 하다. 이것은 우리의 개별적 표현(locution)을 가능케 하며 질서를 부여한다. 그러한 '장소'는 공통적이다. (세련된 웅변가에서부터 이해

---

9. [옮긴이] 이 책에서는 아리스토텔레스의 '토포이 코이노이'를 '공통의 장소'로 그대로 옮긴다. 그러나 이 때의 '장소'란 지형학적인 맥락에서의 '장소'라기보다는 아래에서 비르노가 지적하듯이 "우리의 모든 담론 중에서 가장 일반적인 가치를 지닌 논리적·언어적 형태"이다. 따라서 이것은 '공론장'으로 옮겨질 수도 있고, 경제학적인 의미에서는 '공유지'로 옮겨질 수도 있다. 그러나 여기에서는 비르노의 의도를 존중하여 이 단어를 그대로 직역했다. 또 이와 관련되어 있는 용어로 비르노가 언급하고 있는 '특별한 장소(*topoi idioi*) 역시 문자 그대로의 의미에서 '장소'로 받아들이지 않는 것이 좋을 것이다.

10. Aristotle, *Rhetoric*, I, 2, 1358a.

하기 어려운 말들을 중얼거리는 주정뱅이에 이르기까지, 사업가에서 정치인에 이르기까지) 그 누구도 그것이 없이는 지낼 수 없기 때문이다. 아리스토텔레스는 이러한 '장소들'에 대해 세 가지를 지적한다. 더 많음과 더 적음의 관계, 반대항의 대립, 상관성(réciprocité) 범주('내가 그 여자의 오빠라면, 그녀는 내 누이동생이다')가 그것이다.

모든 효과적인 골격 구조처럼 이 범주들은 그 자체로는 결코 나타나지 않는다. 이것들은 '정신생활'(vie de l'esprit)의 씨실을 구성하지만, 모습을 드러내지 않는 씨실이다.[11] 반대로 우리의 담론 속에서는 현실적으로 무엇이 눈에 보일 수 있는가? 아리스토텔레스가 이것을 가리키기 위해 사용한 용어인 '특별한 장소'(topoi idioi)가 보인다. 이것은 사회 속의 삶의 한 가지 영역이나 다른 영역에서 적합한 것을 말하는 방식 — 은유, 재담, 연설 등 — 이다. '특별한 장소'는 정당이나 교회, 대학의 강의실, 또는 어떤 축구 클럽의 팬클럽 등에서 무언가를 행할 때 적합한 말하기/사고하기의 방식이다. 그것이 도시의 삶이든 에토스(공유된 관습)이든 간에, 이것은 서로 상이하고 종종 양립할 수 없는 '특별한 장소'에 입각해서 분절된다. 어떤 표현은, 어떤 상황에서는 기능할 수 있으나 다른 상황에서는 기능하지 않을 수 있다. 어떤 유형의 논증은 몇몇 청중에게 확신을 주는 데 성공할 수 있으나 다른 청중에게는 그렇지 않을 수 있다, 등등.

우리가 인정해야만 하는 변형은 이러한 방식으로 요약될 수 있다.

---

11. [옮긴이] 비르노가 여기에서 사용하는 '정신생활'이라는 용어는 한나 아렌트식의 의미이다. 이에 관해서는 한나 아렌트, 『정신의 삶 1 - 사유』, 홍원표 옮김, 푸른숲, 2004를 보라.

즉 오늘날에는 담론과 논증의 '특별한 장소'가 사멸하고 해체되고 있는 반면, '공통의 장소'가, 또는 모든 담론 형식의 패턴을 정립하는 일반적인 논리적·언어적 형태가 직접적으로 보여지고 있다. 이것이 의미하는 바는, 세계 속에서 방향감각을 획득하고 세계가 지닌 위험으로부터 우리를 보호하기 위해서 우리는 사유, 추론, 혹은 ― 어떤 특수한 맥락이나 또 다른 맥락에서 그것이 들어설 고유한 장소가 발견되는 ― 담론의 형태에만 의존할 수는 없다는 것이다. 스포츠 팬클럽, 종교 집단, 정당, 작업장 등 이 모든 '장소'는 명백히 계속해서 존재하지만, 이중 어떤 것도 우리에게 '풍향도', 즉 소위 방향의 기준, 믿을 만한 나침반, 특정한 관습의 총체, 말하다/사유하다의 특정한 방식을 제공할 수 있을 정도로 충분하게 규정되거나 규정하지 않았다. 모든 곳에서, 그리고 모든 상황에서 우리는 엄청나게 일반적일 뿐 아니라 근본적이기도 한 논리적·언어적 구축물의 토대 위에서 마찬가지의 방식으로 말한다/사고한다. 윤리적·수사적 유형론은 사라지고 있다. 대신 '정신생활'의 부적합한 원리들인 '공통의 장소'가 무대의 전면에 나서고 있다. 즉 더 많음과 더 적음 사이의 관계, 반대물의 대립, 상호보완성의 관계 등등이 말이다. 이러한 '공통의 장소'는 이것이 우리에게 방향의 기준을 제공한다는 관점에서 볼 때 실존하는 것이자 또 이것만이 우리에게 그런 기준을 제공하는 것이고, 따라서 이것은 세계가 나아가고 있는 방향으로부터의 피난처를 제공한다.

'공통의 장소'는 더 이상 눈에 보이지 않는 것이 아니라 오히려 최전선으로 투사되는데, 이러한 '공통의 장소'는 현대의 다중이 위험으로부터 몸을 지킬 수 있도록 만드는 자원이다. 이것은 마치 즉각 이용할 수 있는 사물들을 담고 있는 도구상자처럼 표면에 나타난다. 그렇다면 이러한 '공통의 장소'가 '정신생활'의 근본적인 핵심이 아니라고 한다면, 인간 존재라는 (이 말의 가장 엄격한 의미에서) 고유하게 언어적인 동물의 진원지가 아니라고 한다면, 이러한 '공통의 장소'는 도대체 무엇이란 말인가?

따라서 우리는 '정신생활'이 그 자체로 공적으로 된다고 말할 수 있다. 우리는 더 이상 우리의 마음대로 처리할 수 있는 어떤 '특별한' 혹은 부문별 윤리적·소통적 코드를 가지고 있지 않으며, 극히 다변화된 상황에 대처하기 위해서 가장 일반적인 범주들로 향한다. 편차-않음과 '공통의 장소'의 우월(prééminence)은 짝을 이룬다. 지성 자체, 즉 순수 지성은 실체적인 공동체가 사라진 곳에서, 우리가 항상 총체적으로 세계에 노출되는 곳에서 구체적인 나침반이 된다. 지성은, 극히 드물게 기능하는 경우에도, 공통적이고 눈에 잘 띄는 어떤 것으로서 제시된다. '공통의 장소'는 더 이상 주목을 끌지 못하는 배경이 아니며, '특별한 장소'의 활성화에 의해서 감춰지지 않는다. '공통의 장소'는 다수가 어떤 상황에서든 끌어내는 공유된 자원을 표상한다. '정신생활'은 다중의 존재 양식의 근간에 놓여 있는 일자(l'Un)이다, 내가 거듭 강조하는 것은 지성 자체가 최선두에 나선다는 사실, 가장 일반적이고 추상적인 언어적 구조가 우리 자신의 행동(conduct) 방향을 정하는 도구가 된다는 사실이다. ─ 내가 보기에 이러한 상황이 현대적 다중을 정의하는 조건들 중의 하나이다.

방금 전에 나는 '공적 지성'이라고 말했다. 하지만 '공적 지성'이라는 표현은, 사유란 고립되고 고독한 활동으로 이해될 수 있다고 하는 오랜 전통과 반대된다. 이러한 전통은 우리를 동료와 분리시킨다. 또한 이 표현은, 사유란 눈으로 직접 볼 수는 없는 내부적 활동이며, 또한 공통적 사태에 관해 관심을 두지 않는다는 오랜 전통과 반대된다. '정신생활'이 공적인 것에 저항한다는 오랜 전통에 대해, 내가 보기에는 오직 한 명의 사상가만이 예외였는데, 그것은 바로 맑스가 언급한 몇몇 구절에서 나타난다. 여기에서 지성은 외부적이고 집단적인 어떤 것으로서, 즉 공공선으로 제시된다. 『요강』의 「기계에 관한 단상」[12]에서 맑스는 일반적 지성, 즉 일반지성에 관해 말한다. 그는 이탤릭체로 표기하기를 원하긴 했지만, 하여간 이 표현을 강조하기 위해 영어로 이 단어를 쓴다. '일반지성' 개념은 여러 원천으로부터 도출되었다. 어쩌면 그것은 루소의 '일반의지'에 대한 논쟁적인 응답일 것이다. (맑스에 따르면 생산자들을 결집시키는 것은 의지가 아니라 지성이다). 혹은 어쩌면 '일반지성'은 아리스토텔레스의 누스 포이에티코스(nous poietikos, 생산적·제작적 지성)[13] 개념의 유물론적인 갱신이다. 그러나 문헌학은 여기에서 아무런 문제도 안 된다. 맑스에 따르면 지적 활동이 부의 생산의 진정한 주인공이 될 때, 중요한 것은 지적 활동에 속하는 외부적, 집단적, 사회적 성격이다.

거듭 말하면, 맑스가 쓴 이 구절들을 예외로 하면, 우리는 항상 지성을 공적 영역과의 관계에 비추어 볼 때 [공적 영역에] 끼어들지 않

---

12. Notebook VII; Marx, 1857~1858.
13. [옮긴이] 불역본에는 'nous poies poietikos'로 되어 있으나 원본에는 'nous poietikos'로 되어 있다.

으며 [공적 영역의] 작용을 받지 않는 것처럼 생각한다. 청년기 저작에서 아리스토텔레스는 사상가의 삶과 이방인의 삶을 비교한다.[14] 사상가는 자신의 공동체를 멀리하면서 살아야 하며, 다중의 떠들썩한 활동으로부터 거리를 두고 살아야만 하며, 광장(아고라)의 소리를 약하게 해야만 한다. 공적인 삶, 정치적·사회적 공동체와의 관계에서 사상가와 이방인은 똑같이, 아주 엄격한 의미에서, 편치 않음을 느낀다. 이것은 현대적 다중의 조건을 정확하게 하고자 할 때 아주 좋은 출발점이다. 그러나 우리가 이방인과 사상가 사이의 유비로부터 약간은 다른 결론을 끄집어내는 데 동의할 때에만 훌륭한 출발점이다.

이방인이라는 것, 다시 말해서 '편치-않음'은 오늘날 다수의 공통적 조건이며, 벗어날 수 없고 공유된 조건이다. 그러므로 편치-않음을 느끼는 사람은, 스스로 방향을 정하고 스스로를 방어하기 위해서는 '공통의 장소'로, 다시 말해서 언어적 지성의 가장 일반적인 범주들로 향해야만 한다. 이런 의미에서 이방인은 항상 사상가들이다. 알다시피, 나는 유비의 방향을 뒤집고 있다. 즉 사상가는 사상가가 속해 있는 공동체의 눈으로 볼 때 이방인이 되는 것이 아니라 이방인, 즉 '편치 않은' 다중이 필연적으로 사상가의 지위(*status*)를 얻을 수밖에 없다는 것이다.[15] '편치-않은' 사람은 사상가처럼 행동하는 것 외에는

---

14. *Protrepticus*, B43.
15. [옮긴이] 앞의 각주 8에서 지적했듯이, '편치-않음'이라는 용어는 독일어 'Un-zuhause'를 옮긴 것인데, 이는 '자기 집에 없는', '집에 있는 것처럼 편하게 느끼지 못함'을 의미한다. 하지만 여기에서도 번역어의 일관성을 위해 '편치 않은'으로 옮기긴 했으나 사실 '이방인'으로서의 다중의 면모에 관해 논의하고 있다는 점에서 볼 때 '집도 절도 없이

다른 선택의 여지가 없다. 왜냐하면 이들이 생물학이나 고등수학을 알기 위해서가 아니라 우연의 일격으로부터 자신을 방어하기 위해서, 즉 우발성과 예측되지 않은 것으로부터 자신을 방어하기 위해서 추상적 지성의 가장 본질적인 범주들로 향하기 때문이다.

아리스토텔레스에게 사상가는 이방인이지만, 그러나 단지 잠정적으로만 그렇다. 일단 『프로렙티쿠스』를 다 쓰고 나자,16 아리스토텔레스는 공통의 사태를 다루는 과제로 돌아갈 수 있었다. 똑같은 방식으로, 엄밀한 의미에서 이방인, 즉 아테네로 갔던 스파르타인은 정해진 시간 동안만 이방인이다. 왜냐하면 하루 이틀이면 이들은 그들 나라로 돌아갈 것이기 때문이다. 반면 현대적 다중의 경우 '편치-않음'의 조건은 항구적이며 돌이킬 수 없다. 실체적인 공동체의 부재, 일체의 연결된 '특별한 장소'의 부재는 이방인의 삶, 편치-않음, 비오스 제니코스(*bios xenikos*)를 회피할 수 없는 경험으로, 지속적인 경험으로 만든다. '편치-않은' 다중은 지성을, '공통의 장소'를 신뢰한다. 그러므로 다중은 그들 나름대로 일군의 사상가들이다. (이러한 사상가들이 기초적인 교육만을 받았을 뿐이고, 책 한 권도 읽지 못할 때에도, 심각하게 고뇌를 하지 않는다고 할 때에도 말이다.)

이제 부차적인 언급을 해보자. 우리는 때때로 현대의 도시적 행태가 지닌 아이와 같은 순진함(*puérilité*)에 관해 말했다. [그리고 우리는 이에 관해 비하하는 듯한 어조로 말했다. 의심할 여지가 없이 그러한 비하는 어리석은 짓이며, 도시생활과 아이의 연결에는 진리의 핵

떠도는' 등의 2차적 의미로 이해하는 것이 바람직할 것이다.
16. [옮긴이] 영역본과 일역본에는 『프로렙티쿠스』가 아니라 『형이상학』이라고 되어 있다.

심이 있지 않는가라고, 정합적인 어떤 것이 있지 않는가라고 충분히 물을만한 가치가 있다. 어쩌면 아이는 환경세계의 일격으로부터 자신을 방어하고자 하는, 이후에 이루어지는 모든 방어책에 대한 추구의 존재발생적 모체(matrice ontogénique)일 것이다. 이러한 모체는 구성적 미결정(indécision)을, 원초적인 불확실성을 이겨내야만 한다는 필연성을 예시한다. (미결정과 불확실성은 때때로 부끄러움을 낳는데, 부끄러움이란 어떻게 행동해야만 하는지를 태어날 때부터 알고 있는 비-인간의 '아이'에게는 낯선 감정이다.) 아이는 반복에 의해서 (똑같은 동화, 똑같은 놀이, 혹은 똑같은 몸짓을 되풀이함으로써) 자신을 방어한다. 반복은 새롭고 예기치 못한 것에 의해 야기된 충격을 접했을 때의 방어 전략으로 이해된다. 오늘날 문제는 다음과 같이 보인다. 아이의 경험이 성인의 경험으로, 말하자면 (짐멜, 벤야민, 기타 많은 사람들이 묘사한) 도시 인구의 대밀집 지대 한가운데의 지배적인 행동 형태로 이전된다는 것은 사실이 아닌가? 아이의 반복 경험은 성인의 삶으로까지 연장된다. 그것이 공고하게 정립된 관습의 부재, 실체적인 공동체의 부재, 완전한 에토스의 부재 상황에서 방어의 주요 형태를 구성하기 때문이다. 전통적인 사회에서는 (혹은 이렇게 말하고 싶다면, '민중'의 경험에서는), 아이에게 그토록 소중한 반복은 좀더 복잡하고 분절된 형태의 방어, 즉 에토스를 낳는다. 다시 말해서, 실체적인 공동체의 토대를 구성하는 사용법과 관습, 습관 등을 낳는 것이다. 오늘날 다중의 시대에는 그러한 대체가 더 이상 일어나지 않는다. 반복은 대체되기는커녕 지속된다. 이런 핵심 요점에 도달한 사람이 바로 발터 벤야민이었다. 그는 어린아이에게, 아이들의 놀이에, 아이들이 반복에 대해 보이는 사랑에 엄청난 관심을 기울였다. 동시에 그는 새로운 지각 형태가 주조되는 예술작품의 기술적 재생산가능성을 파악했다.[17] 따라서 사유의 이러한 두 가지 면모 사이에 연결관계가 있다고 생각해야만 한다. 기술적 재생산의 가능성 내부에서, '한 번 더'에 대한 아이들의 요청이 되돌아오며 강화된다. 혹은 방어의 한 형태로서의 반복에 대한 욕구(need)가 다시 표면 위로 떠오른다고도 말할 수 있을 것이다. 정신의 공적 측면[공공성], '공통의 장소'의 눈에 두드러짐(apparition), 일반지성 — 이것들은 또한 우리를 안심하게 만드는 본성을 지닌 반복의 형태로 표명된다. 사실 오늘날의 다중은 이 점에서는 아이와 같은 어떤 것을 가지고 있다. 그리고 이러한 것이 그 어느 때보다 더 중요하다.

3. 공적 영역이 없는 공공성

나는 다중이 편차-않음이라는-느낌에 의해 정의되듯이, '공통의 장소', 추상적 지성과의 당연한(conséquent) 친숙성에 의해서 정의된다고 말했다. 여기에 덧붙여야 할 것은, 추상적 지성과의 이러한 친숙성에 바로 공포-방어의 변증법이 뿌리를 두고 있다는 점이다. '정신생활'의 공적이고 공유된 성격은 양가성(ambivalence)으로 채색된다. 또 '정신생활'은 부정적 가능성들을, 놀랄 만한 모습들을 자신 안에

---

17. Benjamin, *Illuminations*. [한국어판: 발터 벤야민, 『발터 벤야민의 문예이론』, 반성완 옮김, 민음사, 1983.]

그 자체로 지니고 있기도 하다. 공적 지성은 이로부터 잔혹한 형태의 방어가 솟구쳐 나오기도 하고 참된 행복을 보장할 수 있는 형태의 방어가 솟구쳐 나오기도 하는 통일적인 원천이다. (이미 말했듯이 어떤 것이 솟구쳐 나오는가는 그 형태가 선행하는 방어의 형태로부터 우리를 어느 정도로 안전하게 방어할 수 있는가에 따른다). 다중이 의존하는 공적 지성은 서로 상반되는 전개의 출발점이다. 인간 존재의 근본적 능력(사유, 언어, 자가-반성, 배울 수 있는 능력)이 전면에 나설 때 상황은 불안정하고 억압적인 모습을 보일 수 있다. 그와 반대일 경우 똑같은 상황은 주권의 신화와 의례가 아니라 전대미문의(inédit) 공적 영역을, 비-정부적인 공적 영역을 낳을 수 있다.

아주 짧게 요약하면, 나의 테제는 다음과 같다. 만일 지성의 공공성이 공적 영역에 포함되지 않는다면, 또 다수가 공통의 사태에 전념할 수 있는 정치적 공간에 지성의 공공성이 포함되지 않는다면, 이것은 끔찍한 결과를 초래할 것이라는 점이다. 말하자면 공적 영역이 없는 공공성. 바로 이것이 다중의 경험이 지닌 부정적 측면 — 이렇게 말하고 싶다면 나쁜 측면 — 이다. 「두려운 낯설음」(L'inquiétante étrangeté)이라는 글에서 프로이트는 사유의 외재적인 역량이 어떻게 불안한 모습을 띨 수 있는지를 보여준다.18 프로이트에 따르면, 환자에

---

18. Freud, *Collected Papers*.
 [옮긴이] 여기에서 거론된 「두려운 낯설음」이라는 짤막한 글의 원제는 'Das Umheimliche'이다. 1919년 가을 『이마고』 제5호에 처음 실렸으며, 『신경증에 관한 논문집』 제5권(1922), 『시와 예술에 관한 정신분석적 연구 작업』(1924), 『전집』 제12권(1947)에도 수록되었다. 영역본으로는 "The Uncanny"라는 제목으로 제임스 스트래치의 『표준판 전집』 제17권에 실려 있으며, 한국어판으로는 「두려운 낯설음」, 『창조적인 작가와 몽상』, 프로이트 전집 18, 정장진 옮김, 열린책들, 1996이나, 『예술, 문학, 정신분석』, 프

게 사유는 외부적이고 실천적인 역량인 동시에 즉각 작동하는 역량이기에, 환자는 자신의 사유가 타자에 의해 조건지어지고 압도당하게 되는 것을 두려워한다. 나아가, 이런 상황은 정신주의적 모임에서도 똑같다. — 이런 모임은 그 참가자들이 지닌 개별적 정체성의 모든 특징들을 무효로 만드는 것처럼 보이는 융합된 관계로 서로 연결되어 있다. 그러므로 프로이트가 연구한 '사유의 전능함'에 대한 믿음이나 정신주의적 모임의 극한적 상황은 공적 영역이 없는 공공성이 무엇이 될 수 있는지, 정치적 공간 내부에서 분절되지 않을 때 일반적 지성, 즉 일반지성이 무엇이 될 수 있는지를 보여주는 훌륭한 예이다.

일반지성이나 공적 지성이 공화제, 공적 영역, 정치적 공동체로 되지 않을 때, 이것은 굴종의 형태를 끔찍할 정도로 증대시킨다. 요점을 더욱 분명하게 하기 위해서 현대적 생산을 생각해 보자. 언어적·인지적 태도의 공유는 포스트-포드주의적 노동과정의 구성 요소이다. 모든 노동자들은 말하고-사고하는 자로서 생산에 진입한다. 이것이 '전문가주의'[프로정신]나 예전에는 '장인'이라고 불렸던 것과는 무관하다는 점을 염두에 두자. 말하다/사고하다는 인간이라는 동물의 유적(générique) 습관이며, 모든 종류의 종별화(spécialisation)에 대립한다. 몇 가지 이유 때문에, 이러한 기초적인 공유는 '다수'로서의 '다수'를, 즉 다중을 규정한다. 그리고 다른 이유 때문에, 이것은 현행적 생산의 토대 자체이다. 기술적인 필요조건인 한에 있어서 공

로이트 전집 14, 열린책들, 2003에서 찾아볼 수 있다. 후자는 『예술과 정신분석』과 『창조적인 작가와 몽상』의 합본이다.

유는 노동의 분할(division)에 대립한다. 그것은 그러한 분할에 반대하며 그러한 분할을 해체해 버린다.

물론 이것은 작업량이 더 이상 분할되거나 종별화되지 않는다 등등을 의미하지 않는다. 오히려 그것은 기능의 절편화(segmentation)가 객관적인 '기술적' 기준과 대응하지 않고, 오히려 분명히 자의적이고 돌이킬 수 있으며 변화가능하다는 것을 의미한다. 자본에 관심을 쏟게 되면, 실제로 중요한 것은 언어적·인지적 재능의 본래적 공유이다. 이러한 공유가 혁신, 적응성 등에 대한 신속한 반응을 보증하기 때문이다. 그러므로 실재적 생산 과정 내부에서 유적인 인지적·언어적 재능의 이러한 공유가 공적인 영역이 되지 않는다는 것, 정치적인 공동체가 되지 않는다는 것, 또는 구성적(constitutionnel)[19] 원리가 되지 않는다는 것은 자명하다. 그렇다면 무슨 일이 일어나는가?

지성의 공적 측면, 다시 말해 지성의 공유가 어떤 의미에서는 노동의 모든 엄격한 분할을 실패로 끝나게 만든다면, 이것은 다른 의미에서 인격적 의존(*dépendance personelle*)을 유발한다. 일반지성, 노동의 분할의 종말, 인격적 의존, 이 세 가지 측면은 서로 연결되어 있다. 지성의 공적 측면이 공적 영역에서 분절되지 않으면 이 세 가지 측면들은 아무런 저지도 받지 않는 위계의 활성화로 전환되며, 아무런 근거도 없이 공고해진다. 의존은 두 가지 의미에서 인격적이다.

---

19. [옮긴이] 근래 들어 'constitutionnel(constitutional)'은 'constituent(제헌적, 구성적)'나 'constitutive(구성적)'과 구별하여 '입헌적'으로 옮겨지지만, 여기에서 비르노는 이 단어를 '구성적' 또는 '제헌적'이라는 의미로 사용하고 있다.

노동을 할 때 우리는 이러저러한 인격에 의존하지만, 익명의 강제적인 권력을 부여받은 규칙들에 의존하지는 않는다. 게다가 종속되는 것은 인격 전체이며, 기초적인 소통적·인지적 습관이다. 위계가 활성화되고 세밀하게 되며 인격화된다. 바로 그것이 지성의 공적/공유된 측면의 부정적인 뒷면이다. 거듭 말하거니와 다중은 양가적인 존재양식이다.

4. 다수를 위한 어떤 일자인가?

우리 분석의 출발점, 바로 그것은 '민중'과 '다중'의 대립이었다. 우리가 이 점에 관해 지금까지 논의했던 것에서 볼 때, 다중이 일자(l'Un)를, 다시 말해서 보편자를, 공통적인/공유된을 제거하지 않고 오히려 이것을 재정의한다는 것은 분명하다. 다중의 일자는 국가에 의해 구성된 일자, 민중이 그것으로 수렴되는 일자와는 더 이상 아무 관련이 없다.

민중은 구심적 운동의 결과이다. 즉 원자화된 개인으로부터 '정치체'의 통일로, 주권으로 나아가는 운동. 일자는 이러한 구심적 운동의 극단적인 결과이다. 이에 반해 다중은 원심적 운동의 결과이다. 말하자면 일자에서 다수로 나아가는 것이다. 하지만 다수가 그로부터 차이화되고 그 자체로 존속할 수 있는 이 일자란 무엇인가? 확실히 그것은 국가일 수는 없으며, 통일/보편성의 다른 형태와 관련되어야만 한다. 우리는 이제 우리가 논의를 시작하면서 언급했던 어떤 점을 생각할 수 있다.

다중이 그 이면에 지니고 있는 통일은 정신의 '공통의 장소'에 의해서, 인류(espèce)에 공통적인 언어적·인지적 능력들에 의해서, 일반지성에 의해서 구성된다. 그것은 국가의 통일/보편성에 대한 관계와는 완전히 이질적인 통일/보편성과 관련되어 있다. 더 명확히 말하면, 인류의 인지적·언어적 습관은 누군가 이것을 전면에 내세우기로 결정했기 때문에 전면에 내세워지는 것이 아니다. 이것들은 필연성에 의해 전면에 내세워지며, 혹은 이것들이 실체적인 공동체를 (다시 말해서 '특별한 장소'를) 결여하고 있는 사회에서 방어의 형태를 구성하기 때문에 그렇게 되는 것이다.

그러므로 다중의 일자는 민중의 일자가 아니다. 아주 단순한 이유 때문에 다중은 일반의지(volonté générale)로 수렴되지 않는다. 다중이 이미 일반지성을 마음대로 이용할 수 있기 때문이다. 하지만 포스트-포드주의에서 생산의 순수한 원천으로서 나타나는 공적 지성은 상이한 '구성 원리'(constitutional principle)를 구성할 수 있으며, 비-국가적인 공적 영역을 드러나게 할 수 있다.[20] 다수인 한에서의 다수는 지성의 공적 측면을 자신의 토대나 기초로서 이용한다. 더 나은 것이든 더 나쁜 것이든 간에.

확실히 현대의 다중과 17세기 정치철학자들이 연구한 다중 사이에는 중요한 차이가 있다. 근대성의 여명기에 '다수'는 거대한 민족국가들의 탄생에 선행했던 도시공화국의 시민과 일치했다. 그러한

---

20. [옮긴이] 영역본에서는 révéler(드러내다, 밝히다, 드러나게 하다)를 overshadow(암울하게 하다, 무색하게 하다, 우울하게 하다)로 옮기고 있으나 맥락상 불역본을 따랐다.

'다수'는 '저항권'을, 즉 주스 레지스텐티아이(*jus resistentiae*)를 사용했다. 진부하게 말하면 그러한 권리는 적법한(légitime) 방어를 의미하지 않았다. 그것은 좀더 미묘하고 복잡한 어떤 것이다. '저항권'은 중앙권력에 대항해 개인이나 지역 공동체, 또는 기업의 특권을 정당하다고 간주하는 것으로 이루어져 있었으며, 따라서 이미 완전히 확립된 삶의 형태를 보호하고, 사회에 이미 뿌리내린 사용법을 보호하는 것으로 이루어져 있었다. 그러므로 그것은 긍정적인(positif) 어떤 것을 방어하는 것을 의미했다. 즉 그것은 (이 말의 좋고 고귀한 의미에서) 보수적인 폭력이었다. 어쩌면 주스 레지스텐티아이, 다시 말해서 이미 자리를 차지하고 있으며 계속 존재할 만한 가치가 있는 어떤 것을 보호할 수 있는 권리가, 17세기의 물티투도(*multitudo*)와 포스트-포드주의적 다중이 가장 공통적으로 가지고 있는 것이라고 할 수 있다. 심지어 후자인 '다중'에게 그것은 '권력을 장악하는' 문제라든지 새로운 국가를 구축하는 문제, 말하자면 정치적 의사결정의 새로운 독점체를 구축하는 문제와 관련되는 것이 아니라 다원적 경험들, 비-대의제적 민주주의의 형태들, 비-국가적 용법과 관습들을 방어하는 문제와 관련된다. 후자에 관심을 둘 때 이 두 개의 '다중'이 지닌 차이는 그다지 어렵지 않게 알 수 있다. 즉 현대의 다중은 근본적으로 국가보다 덜 보편적이 아니라, 국가보다 더 보편적이라고 여겨질 수 있는 하나(un Un)에, 말하자면 공적 지성, 언어, '공통의 장소'라는 전제에 근본적으로 토대를 두고 있는 것이다. (웹을 생각해 보라.) 게다가 이와 더불어 현대의 다중은 자본주의의 역사를 담지하고 있으며, 노동계급의 변천과 직접적으로 연결된다.

유비(類比)라는 귀신을, 고대와 근현대의 단락(short-circuit)이라는 귀신을 꼼짝 못하게 해야 한다. 따라서 현대의 다중을 예전에 있었던 것의 재탕으로 여기는 것을 피해야 하며, 역사적 관점에서 볼 때 아주 독창적인 현대적 다중의 특질들을 강조해야만 한다. 예를 들면, 포스트-포드주의적 다중이 전형적으로 가지고 있는 것은 바로 정치적 대의체제의 붕괴를 조장하는 것이다. 아나키적인 몸짓으로서가 아니라 새로운 정치적 형태를 차분하고 현실주의적으로 탐구함으로써 말이다. 물론 홉스는 이미 불규칙적인 정치적 유기체를 띠는 다중의 경향에 관해 경고했다. [다중은 "무엇인가 특별한 계획을 목적으로 하고 있는 결합이나 상호간의 의무관계에 의해 규정된 결합 등과는 달리, 이러한 어떤 것도 결여하고 있는 사람들의 결합 내지 집회(regroupement)와 거의 같다."21 하지만 분명한 것은 일반지성에 기초한 비-대의제적 민주주의가 완전히 상이한 함의를 가지고 있다는 점이다. 그것은 결코 틈새, 주변 또는 잔여물이 아니다. 오히려 그것은 오늘날 국가의 행정장치들 속에서 응고된 지식/권력의 구체적인 전유이자 재-분절이다.

'다중'에 관해 말할 때, 우리는 복잡한 문제에 직면한다. 말하자면 어떠한 역사도 가지고 있지 않는, 어휘사전에도 없는 개념을 접해야만 하는 것이다. 반면 '민중' 개념은 모든 종류의 적절한 담론과 뉘앙스를 갖고 있는, 완전히 코드화된[성문화된] 개념이다. 이것이 바로

---

21. Hobbes, *Leviathan*, p. 154.
   [옮긴이] 이와 똑같은 구절이 이 책의 부록 226쪽에 실려 있지만 똑같이 번역하지는 않았다.

문제가 존재하는 방식인 것이다. 나는 앞에서 이미 17세기의 정치적·철학적 사유에서 '민중'이 '다중'보다 더 지배적이었다고 말했다. 따라서 '민중'은 딱 들어맞는 어휘사전을 갖게 되는 특권을 누렸다. 이와는 반대로 다중과 관련해 볼 때, 우리는 코드화(성문화)의 절대적 결여, 명확한 개념적 어휘의 부재로 인해 괴로움을 겪게 된다. 하지만 이것은 철학자들과 사회학자들에게는, 무엇보다도 그 분야를 연구하는 모든 사람들에게는 멋진 도전이다. 이런 도전에는 구체적인 문제들에 관해 작업하는 것, 이것들을 상세하게 검토하는 것, 하지만 동시에 이것들로부터 이론적인 범주들을 도출해 내는 것이 포함되어 있다. 이중의 운동, 즉 사물에서 말로, [그리고 다시] 말에서 사물로 나아가는 것. 바로 이것이 포스트-포드주의적 다중이 요구하는 것이다. 그리고 이것은 거듭 말하거니와 매혹적인 과제이다.

'민중'과 '다중'이 사회학보다는 정치사상과 더욱 관련이 깊은 두 개의 범주라는 것은 아주 명확하다. 사실 이것들은 양자택일적인 정치적 존재 형태를 가리킨다. 하지만 내가 보기에 다중 개념은, 포스트-포드주의하의 종속된 노동의 존재양식을, 처음 보기엔 수수께끼 같은 그것의 어떤 형태들을 이해하고 접근할 수 있게 해준다는 점에서 볼 때 아주 풍부한 개념이다. 내가 이 세미나의 둘째 날에 더 자세히 설명하겠지만,[22] 이것은 정확하게 말해서 당시의 이론적 논쟁에서는 패배했지만 이제는 포스트-포드주의 내부에서 산 노동에 관한 분석의 귀중한 도구로서 제시된, 정치사상의 한 범주인 것이다. 다중

---

22. [옮긴이] 이 책의 제2강을 보라.

이 이중적인 성격을 지닌(amphibi) 범주라고 말하자. 한편으로 다중은 지식과 언어에 토대를 둔 사회적 생산에 관해서 말하게 하며, 다른 한편으로 다중은 국가-형태의 위기에 관해 말하게 만든다. 그리고 어쩌면 이 둘 사이에는 군건한 연결관계가 있다. 국가의 본질적 본성을 파악했던 사람이었으며, 지난 세기의 정치학에서 극히 중요한 이론가이기도 한 칼 슈미트는 이미 노인이었던 1960년대에 (그에게는) 아주 쓰라린 진술을 썼는데, 이것은 실질적으로는 다음을 의미한다. 다중이 재출현하고 있고 민중이 사라지고 있다는 것이다. "국가성(Staatlichkeit)의 시대는 거의 끝에 도달하고 있다[…]. 정치적 통일의 모델로서의 국가, 모든 독점체들 중에서 가장 놀라운 독점의 보유자로서의 국가, 다시 말해서 정치적 의사결정의 독점으로서의 국가[…]는 쇠퇴하고 있다."[23] 하지만 여기에는 한 가지 중요한 것이 덧붙여져야 한다. 즉 의사결정의 이러한 독점은 국가가 최종적으로 독점이기를 그칠 때에만, 다중이 자신의 원심적인 성격을 행사할 때에만 국가로부터 진정으로 사라질 수 있다.

가급적 나는 우리가 쉽게 빠져들 수 있는 오해를 쫓아버림으로써 이 첫 번째 세미나를 끝맺고 싶다. 다중이 노동계급의 종말을 나타내는 것처럼 보일 수도 있을 것이다. 말하자면 '다수'의 세계에는 블루칼라 노동자나 그와 동격인 모든 사람들 — 이들 사이에서 하나의 통일된 신체를 만들어 내는, 이들 사이의 '차이'의 만화경에는 전혀 민감하지 않는 — 이 들어설 자리가 없는 것처럼 보일 수도 있다. 하

---

23. Carl Schmitt, *La Notion de politique*의 1963년도 서문. [Schmitt, *Der Begriff*, p. 10. 영역자가 독일어판에서 영역함.]

지만 이것은 어리석은 사고방식이며, 물음을 지나치게 단순화할 뿐만 아니라 감각적인 말을 구사하여 자기 주장을 최대한 강조해야만 하는 (내 친구 중 한 명이 말하듯이 전기충격을 가할 필요가 있는 멍청이 같은) 사람에게만 소중한 것이다. 맑스뿐만 아니라 모든 진지한 사람의 의견에서도 노동계급은 어떤 습관, 어떤 용법 및 관습 등등과 일치하지 않는다. 노동계급은 이론적 개념이지 기념사진이 아니다. 그것은 상대적 잉여가치와 절대적 잉여가치를 생산하는 주체를 의미한다. 그러므로 현대의 노동계급은, 살아 있는 종속적인 노동-역량[24]과 이들의 인지적·언어적 협력은, 민중의 특질이 아니라 다중의 특질을 지니고 있다. 반대로 이러한 다중은 더 이상 국가성(statualità)에 대한 '민중적' 소명을 주장하지 않는다. '다중' 개념은 노동계급 개념을 전복하시 않는다. 이 개념은 정의상 '민중' 개념과는 무관하기 때문이다. 사실 '다중'이라고 해서 잉여가치를 생산하지 않는 것은 아니다. 노동계급이 민중의 존재양식이 아니라 다중의 존재양식을 주장하는 바로 그 순간부터 엄청나게 많은 변화―멘탈리티, 조직의 형태와 갈등의 형태―가 있게 된다. 아주 복잡해진다. 오늘날에는 다중이 있고, 노동계급은 더 이상 없다고 말하는 것은 얼마나 쉬운 일인가…. 하지만 우리가 어떤 대가를 치러서라도 단순해지고자 한다면, 그저 적포도주 한 병을 비우는 것으로 충분하다.

그런데 심지어 맑스에게서도 노동계급이 '민중'이라는 외양을 상실하고 '다중'의 외양을 획득한다고 하는 구절이 있다. 예를 들면, 맑스

---

24. [옮긴이] 저자가 사용하는 '종속적 노동'에 관해서는 이 책의 제2강 각주 5(84쪽)를 보라.

가 미국 노동계급의 조건을 분석하고 있는 『자본』 제1권의 마지막 장을 생각해 보자.[25] 바로 그 장에는, 미국 서부에 관해, [동부로부터의] 엑소더스에 관해, '다수'의 개별적 주동성에 관해 자세히 쓰고 있다. 풍토병, 기근, 경제공황에 의해 고국을 떠나게 된 유럽 노동자들은 일을 하기 위해 미국의 동부해안지대로 떠났다. 하지만 이들은 거기에 몇 년 동안, 고작 몇 년 동안만 머물렀다는 것을 염두에 두자. 그러고 나서 이들은 공장에서 도망쳐나와 자유로운 땅을 찾아 서부로 떠났던 것이다. 임금노동은 종신형이라기보다는 오히려 일시적인 에피소드로 보였다. 그저 20년 동안이기는 했으나, 임금노동자들은 노동시장의 철의 법칙에 무질서의 씨앗을 뿌릴 수 있는 가능성을 가지고 있었다. 그들의 고유한 출발 조건을 포기함으로써 이들은 노동력의 상대적인 부족을 초래했으며, 따라서 임금의 상승을 초래했다. 맑스는 이러한 상황을 서술하면서, 우리에게 또한 노동계급이 다중이기도 하다는 것을 아주 생생하게 그려냈다.

---

25. Karl Marx, 1867. [제1권, 33장 「근대적 식민화 이론」]

제2강

노동, 행위, 지성

앞의 세미나에서 나는 공포-방어의 변증법에서 시작해 다중의 존재양식을 묘사하려고 노력했다. 오늘은 인간의 경험을 세 가지 근본적인 영역들 — 노동(포이에시스, poiesis), 정치적 행위(프락시스, praxis), 그리고 지성(정신생활) — 로 나눈 고전적 분리에 관해 토론하고 싶다.[1] 목표는 여전히 똑같다. [간단히 말하면,] 다중 개념을 분절하여 깊이 있게 탐구하는 것이다.

기억하고 있겠지만, '다중'은 정치사상의 중심 범주이다. 오늘은 포스트-포드주의적 생산양식의 몇 가지 두드러진 특징들을 설명하기

---

1. [옮긴이] 이 글에서는 '노동'을 뜻하는 'labor(travail)'가 'poiesis'와 같은 의미로 사용되며, '정치적 행위'를 뜻하는 'political action'이 'praxis'와 같은 의미로 사용된다. 그러나 동일한 단어로의 번역을 피하고 원저자의 의미를 강조하기 위해서 각각 '포이에시스'와 '프락시스로 옮긴다. 다만, 'praxis'의 경우 일반적으로 '실천'으로 옮겨져야 할 때가 있으므로 필요한 경우에는 특별한 표시를 달지 않고 '실천'으로 옮기기도 했다.

위해 이 개념을 문제로 삼아 볼 것이다. '생산양식'이 하나의 특수한 경제적 배치(configuration)[2]일 뿐만 아니라, 삶의 형태의 총체적 구성요소를, 사회적・인간적・윤리적 성좌를 의미하는 것으로 이해된다는 것을 전제로 해서 말이다. ('도덕적'이 아니라 '윤리적'이라고 말한 것에 주목하자. 이것은 공통의 실천, 용법, 관습들을 다루는 것이지 존재의무를 다루는 것이 아니기 때문이다.) 그러므로 나는 현대의 다중이 노동, 행위, 지성으로 세분된 인간 경험의 위기를 자신의 배경으로 삼고 있다고 주장하고 싶다. 다중은 무엇보다 스스로를 하나의 존재양식이라고 자처하며, 이런 존재양식 속에는 아주 최근까지도, (심지어 포드의 시대 동안에도) 명확하게 변별(distinct)되고 분리된 것처럼 보였던 영역들의 병치가, 또는 적어도 잡종화가 있다.

노동, 행위, 지성. 아리스토텔레스로 거슬러 올라가면서 한나 아렌트가 아주 열정적으로 재도입하여 특별한 유효성을 새롭게 부여한 이러한 삼분할은 명확하고 현실주의적이며 따라서 아무런 질문의 여지도 없어 보였다.[3] 그것은 상식[공통감각]의 영역에 굳게 뿌리내렸

---

2. [옮긴이] 영어 'configuration'은 푸코의 'dispositif'나 들뢰즈-가따리의 'agancement'과 거의 같은 말이다. 따라서 여기서는 이를 '배치'라고 옮기되 경우에 따라서는 '짜임새'로 옮기기도 한다. 단, 후자의 경우에는 영어를 병기해 두었다.
3. Arendt, 1958. [Arendt, *The Human Condition*; 한국어판: 한나 아렌트, 『인간의 조건』, 이진우・태정호 옮김, 한길사, 1996.]
   [옮긴이] 한나 아렌트의 'labor'와 'action'은 프랑스어로 각각 'travail', 'action'이며, 이탈리아어로는 'lavoro'와 'azione'이다. 이 책에서는 이를 각각 '노동', '행위'로 옮겼다. 따라서 자동적으로 'activity(activita)'를 '활동'으로 번역하고 'act'는 '행동'으로 옮긴다. 또 'behavior'는 '행태'로, 'conduct'는 '처신'으로 옮긴다. 하지만 아렌트 자신이 이를 『인간의 조건』을 비롯한 제반 저작에서 명확히 구별한 반면 비르노는 굳이 이러한 구별을 따르고 있지 않다는 점에서 'behavior'와 'conduct'를 때로는 '행동'이나 '행태'로 옮긴다.

다. 그러므로 삼분할은 고유하게 철학적인 사태가 아니라 폭넓게 공유된 도식과 관련된다. 자전적인 예를 하나 들어보겠다. 1960년대에 정치학에 관심을 갖고 연구를 시작했을 때 나는 이러한 구분이 자명하다고 생각했다. 내게 이러한 구분은 마치 직접적인 촉각적·시각적 지각과 마찬가지로 의심의 여지가 없어 보였다. 노동, 정치적 행위, 지적 성찰이 근본적으로 이질적인 원리들과 기준들에 의해 지탱되는 세 가지 영역을 구성했다는 것을 알기 위해 굳이 아리스토텔레스의 『니코마코스 윤리학』을 읽을 필요는 없을 것이다. 분명히 이러한 이질성은 상호교차를 배제하지 않는다. 말하자면 지적 성찰은 정치학에도 적용될 수 있으며, 거꾸로 정치적 행위는 종종, 그리고 기꺼이 생산의 영역 등과 관련된 주제를 양분으로 삼아 자라난다. 하지만 노동, 지성, 정치는 서로 여러 번 교차됨에도 불구하고 본질적으로는 변별적인 채로 남아 있었다. 이는 구조적인 이유 때문이다.

한편, 아렌트가 『인간의 조건』에서 세 가지 기본적인 인간의 활동으로서 'labor' 및 'action'과 함께 열거하고 있는 'work'(일, 작품)에 대응하는 이탈리아어는 'opera'이며, 프랑스어로는 'oeuvre'이다. 이 책의 본문에서는 원칙적으로 이를 '작품'이나 '최종 생산물', '최종 결과물' 등으로 옮길 것이다. 물론 이 책이 출간되기 전에 비르노가 발표한 글들이 수록되어 있는 이 책의 부록에서는, 특히 「부록 1」의 경우에는 'work'를 '작업'으로 옮긴다. 이렇게 하는 것은 나름의 이유가 있다. 본문에서 볼 수 있듯이, 비르노는 아렌트의 '노동'과 '작업'을 결합시키고 이를 정치적 행위의 대척점에 놓는다. 사실 '노동'과 '작업'이 사실 어떤 독립적인 대상을 산출하는 것과 관련되는 반면, '(정치적) 행위'에는 결코 완성품이라고 할 만한 것이 존재하지 않기 때문이다. 그런 점에서 비르노는 아렌트의 구분을 무너뜨린다고 할 수 있다. '노동' 개념이 '작업' 개념을 함축하고 있다는 식으로 만들면서 말이다. 본문에서는 이런 주장이 상당히 명확하게 밝혀지고 있는 반면 부록에서는 이런 얘기가 노동-작업의 관계에 관한 비르노의 논지가 상대적으로 명확하지 않으며, 심지어 아렌트의 주장을 그대로 받아들이고 있는 듯하기도 하다. 따라서 이런 사정을 감안하여 다르게 옮겼다.

노동은 자연과의 유기적인 교환이며 새로운 대상의 생산이자 반복 가능하며 예측가능한 과정이다. 다른 한편 순수 지성은 고독하고 비가시적인 본성을 지녔다. 즉 사상가의 성찰은 다른 이들의 시선을 벗어난다. 이론적 성찰은 외양들의 세계가 지닌 소리를 약하게 한다. 노동과는 달리 정치적 행위는 자연적 소재가 아니라 사회적 관계들에 개입한다. 그것은 가능한 것 및 예측불가능한 것과 관련되어 있다. 정치적 행위는 이것이 작동하는 맥락을 방해하는 것이 아니라 오히려 바로 그러한 맥락을 변양시키는 것을 궁극의 목적으로 삼는다. 지성과는 달리 정치적 행위는 공적이며, '다수'의 외부성, 우발성, 야단법석(bruissement)에 맡겨진다. 그것은 아렌트의 말을 사용하면, '타인의 눈에 노출됨'(exposition aux yeux des autres)을 포함한다.[4] 성지석 행위 개념은 대립을 통해 다른 두 개의 영역과 관련지어 볼 때 연역될 수 있다.

그러므로 1960년대에 들어서야 공적인 무대로 처음 진입한 세대의 상식[공통감각]에 여전히 깊게 침투해 있는 이런 아주 오래된 삼분할은, 정확히 말하면 오늘날 사라졌다. 다시 말해서 순수한 지적 활동, 정치적 행위, 노동을 가르던 경계선은 해체되었다. 나는 특히 소위 포스트-포드주의적 노동의 세계가 정치적 행위의 무수히 많은 전형적 특징들을 흡수했다고 주장할 것이다. 그리고 정치와 노동의 이러한 융합이 현대적 다중의 특징적인 생김새를 구성한다.

---

4. Arendt, 1958. [*Human Condition*, 5장 「행위」.]

1. 포이에시스와 프락시스의 병치

현대의 노동은 원래 정치의 경험을 나타냈던 많은 특성들을 무의식적으로 받아들였다. 말하자면 포이에시스가 프락시스의 무수한 모습을 받아들인 것이다. 이것이 내가 다루고 싶은 가장 일반적인 형태의 잡종화의 첫 번째 면모이다.

하지만 심지어 한나 아렌트도 노동과 정치를 가르던 경계선이 붕괴한 것을 비난했다는 점에 유의하자. (여기에서 '정치'란 정파적 삶을 가리키는 것이 아니라 새로운 어떤 것을 시작할 수 있는 유적인 인간 경험을, 우발성과 예측되지 않은 것 간의 친밀한 관계를, 타인의 눈에 노출됨을 가리킨다.) 아렌트에 따르면 정치가 노동을 모방하기 시작했다. 말하자면 20세기의 정치는 새로운 대상 — 국가, 정당, 역사 등 — 의 제작(fabrication)이 되었다는 것이다. 하지만 나는 아렌트가 믿는 것과는 정반대 방향으로 사태가 진행되었다고 생각한다. 말하자면 정치가 노동에 순응한 것이 아니라 오히려 노동이 정치적 행위의 전통적인 함의들을 획득한 것이다. 따라서 나의 논지는 아렌트의 논지와 관련지어 볼 때 대립적이고 대칭적이다. 내가 주장하고 싶은 것은 우리가 '타인의 눈에 노출됨'을, 타인의 현존과의 관계를, 새로운 과정의 시작을, 그리고 우발성, 예측되지 않은 것, 가능한 것과의 구성적인 친밀성을 발견하는 곳은 바로 현대적 노동이라는 것이다. 또한 세속적 전통을 따를 경우, 정치적 행위와 더 많은 관계가 있다고 생각되어 왔던 소질과 자질을 포스트-포드주의적 노동, 생산적 잉여노동, 종속노동[5]이 활용한다는 것이다.

덧붙이면 내가 보기에 이것은 정치의 위기를, 오늘날 정치의 실천을 둘러싸고 있는 오해를, 행위에 귀착된 불신을 설명한다. 사실 오늘날 정치적 행위는 불행하게도 노동이라는 경험의 불필요한 복제물처럼 보인다. 이것은 설령 기형적이고 전제적인 방식이라고 하더라도, 노동이라는 경험이 정치적 행위의 몇몇 구조적인 특징들을 포섭해 버렸기 때문이다. 엄격한 의미에서 정치의 영역은 노동시간을 이미 규정하는 절차들과 스타일을 모방한다. 하지만 다음을 염두에 두자. 정치는 이러한 절차와 스타일이 지닌 요소들 중에서 좀더 빈약하고 조잡하며 단순한 판본을 제공하면서 노동을 모방한다. 정치는 우리가 현재의 생산과정에서 경험한 것들보다 더 빈약한 소통의 망과 앎의 내용을 제공할 뿐이다. 결국 노동과 비교해 볼 때 그다지 복잡하지 않으면서도 노동과 아주 유사하기 때문에, 결과적으로는 거의 바람직하지 않은 것처럼 보이게 된다.

현대적 생산이 정치적 프락시스의 몇 가지 구조적 특징을 포함한다는 것은 포스트-포드주의적 다중이 오늘날 왜 탈정치화된 다중으로 보이게 되는지를 이해하는 데 도움을 준다. 정치 자체가 자율적

---

5. [옮긴이] 저자가 사용하는 '종속적 노동'은 'lavoro subordinato'(이탈리아어), 'travail subordonné'(프랑스어), 'subordinate labor'(영어)를 옮긴 말이다. 이탈리아에서 이 용어는 'lavoro sotto patrone'(고용노동)이나 'lavoro dipendente'(종속노동)과 같은 의미로 사용된다. 따라서 '종속노동'이란 잉여가치를 생산하는 생산적 노동으로 간주되는 것이 일반적이다. 하지만 이 책의 제2강과 제3강에서 보겠지만, 비르노는 이 용어에 보다 광의의 의미를 부여하고 있다. 말하자면 비르노에 따르면 하인 등은 뼈가 빠질 정도로 고된 노동, 종속적 노동, 비천한 노동을 행하지만 그렇다고 생산적인 노동을 하는 것은 아니다. 그러므로 생산적 노동은 종속적 노동인 것이기는 하지만, 그렇다고 모든 종속적 노동이 생산적인 것은 아니라고 본다. 결국 비르노는 맑스가 규정한 소위 '비생산적 노동'까지 모두 포괄하기 위해 이 용어를 사용한다.

인 존엄을 여전히 향유하기에는 임금노동으로서의 임금노동에 이미 너무 많은 정치가 있는 것이다.

2. 탁월한 기예에 관해 : 아리스토텔레스에서 글렌 굴드까지

지금까지는 공적 행위가 독특한 생김새를 지닐 수 있도록 보증했던 것이 노동과정에 포섭되었다고 하는 것은, 어쩌면 낡았음에도 불구하고 여전히 유효한 범주의 도움을 통해 명확하게 될 수 있다. 그 범주가 바로 탁월한 기예(*virtuosity*)[6]이다.

---

6. [옮긴이] 이 책에서 비르노의 논지 전개에서 핵심적인 단어로 기능하는 'virtuosity'는 보통 '탁월성'이나 '예술적 탁월성'으로 번역된다. 그러나 비르노가 의존하고 있는 아렌트 자신이 말하듯이, 'virtuosity'는 무엇보다 'virtu'와 명백한 연관관계를 지니고 있다. "행위에 고유하게 존재하는 것으로서의 자유는 어쩌면 마키아벨리의 'virtú' 개념, 즉 인간이 'fortuna'의 모습으로 자신 앞에 열리는 세계 기회에 답하는 탁월성(excellence)이다. 이것의 의미는 'virtuosity'에 의해 가장 잘 만들어지는데, 다시 말해서 우리가 (제작하는 창조적 예술과 구별된 것으로서의) 공연예술에 귀속시키는 탁월함(excellence)이다. 여기에서 성과물은 공연 자체에 있는 것이지, 활동을 실존하게 만들며 활동으로부터 독립적이게 되는 그러한 활동보다 오래가는 최종 결과물에 있는 것이 아니다. 마키아벨리의 'virtú'의 'virtuoso-ship'은, 마키아벨리가 그것을 거의 알지 못하긴 했지만, 그리스인이 플루트연주, 춤추기, 치료하기, 해상여행과 같은 그러한 은유를 항상 정치적인 활동을 다른 활동과 구별하기 위해서 사용했다는 사실을 어느 정도 상기시켜 준다. 즉, 그리스인들은 공연의 'virtuosity'가 결정적인 [역할을 하는 그러한 예술로부터 이러한 유비를 끌어냈던 것이다. 모든 행동이 'virtuosity'의 요소를 포함하고 있기 때문에, 그리고 'virtuosity'는 우리가 공연예술에 귀속시키는 탁월함(excellence)이기 때문에 정치는 종종 예술로 정의되곤 한다. 물론 이것은 정의가 아니라 은유이며, 우리가 국가나 정부를 예술작품으로, 집단적 걸작(masterpiece)으로 간주하는 공통적인 오류에 빠진다면 은유는 완전히 잘못된 것이다. 손에 쥘 수 있는 어떤 것을 산출하고 생산된 것이 자신의 실존을 소유하는 한에서 인간의 사유를 물화시키는 창조적 예술이라는 의미에서 정치는 정확히 예술의 대립물이다 […] 정치제도는 이것이 아무리 잘 고안되었든 나쁘게 고안되었든 간에, 계속 실존하기 위해서 행위하는 인간에 의존한다."(Hannah Arendt,

나는 잠시 동안 이 단어의 통상적인 의미를 받아들이면서 '탁월한 기예'를 공연 예술가의 특별한 능력이라는 의미로 사용한다. 거장(virtuoso)이란 예를 들면, 슈베르트의 곡을 인상적으로 연주하는 피아니스트, 노련한 무용가, 설득력 있는 웅변가, 결코 지루하게 하지 않는 교사, 매혹적인 설교를 하는 성직자이다. 거장의 활동을 구별하게 만드는 것, 다시 말해 공연 예술가의 활동을 정의하는 것이 무엇인지를 주의 깊게 생각해 보자. 첫째, 이들의 활동은 영속적인 작품 ─ '최종 생산물' ─ 으로 객관화(객체화)되지 않는다. 또는 이것은 공연보다 더 오래 살아남을 수 있는 대상으로 확정되지 않고서도 그 자체로 자신의 성과를 (즉 고유한 목표를) 발견한다. 둘째, 이들의 활동은 타인의 현존을 필요로 하는 활동이며, 청중이 현존할 때에만 실존하는 활동이다.

작품(oeuvre)이 없는 활동. 피아니스트나 무용가의 퍼포먼스는 퍼포먼스가 끝난 후에도 계속 존속될 수 있는 대상을, 또 퍼포먼스 자체와는 분리되어 식별될 수 있는 어떤 결정된 대상을 우리에게 남기지 않는다. 거장의 활동은 타인의 현존을 요청한다. 퍼포먼스7는 보

Between Past and Future : Eight exercise in political thought, New York: Viking Press, 1968, p. 153.) 이런 맥락에서 볼 때 'virtuosity'는 '유덕성', '탁월한 기예'나 'art'처럼 '기예'로 옮겨지는 것이 적합할 것이다. 단, 작품이라는 최종 결과물을 낳는 것이 아니라 공연 행위 그 자체를 뜻하는 것으로서 말이다. 한편, "인간적 미덕, 즉 선의 아름다움(kalon k'agathon)은 행위자의 내적 특성이나 의도로 평가되거나 행적의 결과에 의해 평가되지 않았다. 오히려 인간적 미덕은 행동하고 있는 동안 어떻게 보이는가, 즉 어떻게 수행하고 있는가에 따라 평가되었다. 미덕(virtue)은 우리가 표현하는 예술적 탁월성(virtuosity)이었다. 예술과 관련하여 인간의 행적은 마키아벨리의 표현을 사용하자면 그들의 '내재적 장점으로 빛나야' 했다."(한나 아렌트, 『정신의 삶 1-사유』, 홍원표 옮김, 푸른숲, 2004, 200쪽.)

여지거나 들려질 때에만 의미가 있다. 이 두 가지 성격이 상호 관련되어 있다는 것은 분명하다. 거장은 활동이 끝난 후에도 세계에서 유통될 수 있는 작품을, 대상을 생산하지 않기 때문에 청중의 현존을 필요로 한다. 특정한 외재적 생산물을 결여하고 있는 거장은 전적으로 증언자들에게 의존해야만 한다.

탁월한 기예라는 범주는 『니코마코스 윤리학』에서 논의된다. 또 이 범주는 근대사상의 여기저기에서 나타나며, 심지어 20세기에도 나타난다. 그것은 맑스의 정치경제학 비판에서도 작은 자리를 차지하고 있기도 하다. 아리스토텔레스는 『니코마코스 윤리학』에서 바로 탁월한 기예라는 개념을 사용해서 노동, 즉 포이에시스를 정치적 행위, 즉 프락시스와 구별한다. 행위와 분리될 수 있는 대상, 말하자면 작품의 생산이 있을 때 노동이 있다. 한편, 행위가 그 자체로 자신의 고유한 목적을 지닐 때 프락시스가 있다. 아리스토텔레스는 이렇게 쓴다. "제작은 그 자체가 아닌 다른 어떤 목적을 가지고 있는 데 반하여 행동은 그럴 수 없기 때문이다. 좋은 행동은 그 자체가 목적이다."[8] 분명히 아리스토텔레스의 관념을 반복하면서 한나 아렌트는 공

---

7. [옮긴이] '공연'은 영어로 'performance'이며 불어로는 'exécution'인데, 비르노 자신이 영어를 그대로 쓰고 있는 이와 같은 구절이 있기도 하지만, 'performance'를 단순히 '공연'이라고 옮기게 되면 비르노가 의미하고자 하는 바가 제대로 살려지지 않으므로 한정적인 의미로 사용된 것을 제외하고는 대부분 '퍼포먼스'로 옮긴다.
8. 『니코마코스 윤리학』, VI. [한국어판: 『니코마코스 윤리학』, 최명관 옮김, 서광사, 1984, 179쪽.]
[옮긴이] 위의 인용문은 영역본을 따라 옮겼다. 불역본은 해당하는 쪽수를 1140b로 표시하면서 다음에서 보듯이 이를 『니코마코스 윤리학』의 다른 구절로 대체하고 있을 뿐만 아니라 논리적 연결력이 떨어진다. "생산에 있어서 예술가는 항상 목적의 관점에서 행동하지만 생산은 절대적 의미에서의 목적이 아니라 상대적인 어떤 것이며, 결정된 사

연 예술가, 거장을 정치적 행위에 전념한 사람들과 비교한다. 그녀는 이렇게 쓴다. "공연 예술…l은 실제로 정치와 아주 강한 친화성을 지닌다. 공연 예술가들—무용가, 행위 예술가, 음악가 등등—은 자신들의 탁월한 기예를 보여줄 수 있는 청중을 필요로 한다. 이와 마찬가지로 행동하는 사람도 우선 나타나기에 앞서서 타인의 현존을 필요로 한다. 이 두 부류 모두 자신들의 '작업'[9]을 위해 공적으로 조직된 공간을 필요로 하며, 둘 모두 퍼포먼스 자체를 위해 타인에게 의존한다."[10]

모든 정치적 행위는 탁월한 기예를 지닌 활동이라고 말할 수 있을 것이다. 사실 모든 정치적 행위와 탁월한 기예는 우발성, '작품'의 부재를, 타인의 현존과의 즉각적이고 회피할 수 없는 관계를 공유한다. 다른 한편 모든 탁월한 기예는 고유하게 정치적이다. 글렌 굴드의 사례를 생각해 보자.[11] 이 위대한 피아니스트는 역설적으로, 공연예술가로서의 자신의 활동이 지닌 뚜렷한 특징을 싫어했다. 달리 말하면,

---

물의 생산이다. 반대로 [윤리적 행동인 동시에 정치적 행위로 이해된] 행위에서 우리는 절대적 의미에서의 목적을 가진다." 한편 『니코마코스 윤리학』의 한국어판에는 위의 문장이 다음과 같이 옮겨져 있다. "무엇을 제작하는 사람은 누구나 어떤 목적이 있어서 그것을 제작하기 때문이다. 그리고 제작된 것은 무조건적인 의미에서의 목적일 수는 없다. (그것은 다만 어떤 특수한 관계에 있어서의 목적이요, 또 특수한 작업의 목적일 따름이다.) 그러나 실천되어진 것은 무조건적인 의미에서의 목적이다."(『니코마코스 윤리학』, 최명관 옮김, 서광사, 1984, 175쪽.)

9. [옮긴이] 여기에서 보듯이 'work'는 '작업'과 '작품'이라는 두 개의 의미를 동시에 작동시킨다. 공연 예술가의 경우에는 '작품'으로, 행위하는 인간의 경우에는 '작업'으로 읽을 수 있다. 그렇다고 해서 전자의 경우 '작업'으로 읽힐 수 없다는 것은 아니다.

10. Arendt, *Between Past and Future*, p. 154.

11. Gould, 1984; Schneider, 1989. [Gould, *The Glenn Gould Reader*, 그리고 Schneider, *Glenn Glould*.]

그는 공개적인 연주회를 극히 혐오했다. 생애 내내 그는 자신의 직업에 스며들어 있는 '정치성'(politicité)에 맞서 싸웠다. 어떤 순간 굴드는 자신이 '활동적 삶'을 포기하길 원했다고, 즉 타인의 눈에 노출되는 것을 포기하고 싶었다고 선언했다. 활동적 삶은 전통적으로 정치를 지칭하는 이름이었음에 주의하자. 그는 자신의 탁월한 기예를 비-정치적인 것으로 만들기 위해서 공연 예술가로서의 자신의 활동을 가장 엄격한 의미에서의 노동, 즉 외재적인 생산물을 남기는 노동과 최대한 접근시키려고 노력했다. 바로 그 때문에 그는 녹음실에 틀어박혀 소위 '작품'을 위해 음반제작(말이 난 김에 하자면, 하여간 최고의 음반)에 총력을 기울였던 것이다.12 탁월한 기예에 깊이 뿌리박은 공적-정치적 차원을 피하기 위해서, 그는 자신의 위대한 공연이 (공연 자체와는 독립적으로) 명확히 규정된 대상을 생산했다는 식으로 꾸며야만 했다. 작품, 즉 자율적 생산물이 있는 곳에 노동이 있긴 하지만, 그곳엔 더 이상 탁월한 기예도 없고, 따라서 더 이상 정치도 없다.

심지어 맑스도 피아니스트, 웅변가, 무용가 등에 관해 말한다. 그는 가장 중요한 저작 중의 일부에서 이들에 관해 말한다. 『자본』 1권이 미간행된 6부에서,13 그리고 곧이어 거의 동일한 용어로 쓰이

---

12. [옮긴이] 글렌 굴드(Glenn Gould, 1932-1982)는 캐나다 태생의 피아니스트이자 작곡가로, 1961년 연주자로서 정상에 이른 32세의 나이로 무대를 떠나버렸다. 이후 죽을 때까지 그는 대중 앞에서 연주하기를 그만두고 녹음 스튜디오와 방송국에 처박혔는데, 이때 그는 '연주의 좋은 부분만을 샘플링하여 최고의 완성도를 가진 음악을 만들어 낼 수 있는 창조적 행위'라고 자신이 불렀던 것을 수행했다. 글렌 굴드에 관해서는 그의 공식 홈페이지 http://www.glenngould.com 을 보기 바란다.
13. [옮긴이] 『자본』의 미간행된 6부란 "Results of the Immediate Process of Production"을

『잉여가치론』에서 말이다. 맑스는 지적 노동의 두 가지 근본적인 유형들을 구별하면서 지적 노동을 분석한다. 우선 "생산자와 별도로 분리되어 존재하는 상품들로 귀결되는" 비물질적이거나 정신적인 활동이 있다. "[…] 책, 그림, 그리고 창조적 예술가의 특정한 노동과는 별개로 분리되어 존재하는 일반적인 예술의 대상."[14] 이것이 지적 노동의 첫 번째 유형이다. 다른 한편, 맑스는 우리가 '생산물이 생산하는 행위와 구별되지 않는' 모든 활동들을 고려해야만 한다고 쓴다.[15] — 그러한 활동은 어쩌면 그 활동보다 뛰어날 수도 있는 작품으로 객관화[객체화] 되지 않고서도 그 자체로 공유한 성과를 발견한다. 이것은 아리스토텔레스가 물질적 생산과 정치적 행위를 구별한 것과 똑같은 구별이다. 아리스토텔레스와 맑스의 유일한 차이는 이러한 심급에서 맑스가 정치적 행위에 관해 관심을 기울이지 않고 오히려 노동의 두 개의 상이한 형태들을 분석했다는 점이다. 맑스는 최종 결과물을 지닌 활동과 최종 결과물이 없는 활동 간의 구별을 포이에시스의 몇 가지 유형들에 적용한다. 맑스에 따르면, 지적 노동의 두 번째 유형('생산물이 생산행위와 구별되지 않는' 활동)은 거장의 퍼포먼스로 전환되는 모든 노동을 포함한다. 피아니스트, 집사, 무용가, 교사, 웅변가, 의사, 성직자 등.

따라서 작품을 생산하는 지적 노동이 무언가 특별한 문제를 던지

가리킨다. 이 글은 칼 마르크스, 「직접적 생산과정의 제결과」, 『경제학 노트』, 김호균 옮김, 이론과 실천, 1988, 48~194쪽에 실려 있다.
14. Karl Marx, 1933 부록. ["Results of the Immediate Process of Production", p. 1048; 한국어판: 116쪽.]
15. *Ibid*., p. 1048. [한국어판: 117쪽.]

는 것은 아니지만, 작품이 없는 노동(정확하게 말해서 탁월한 기예를 지닌 노동)은 맑스를 당황스러운 상황에 처하게 한다. 지적 노동의 첫 번째 유형은 '생산적 노동' 정의에 부합한다. 하지만 두 번째 유형의 경우에도 그럴까? 염두에 두어야 할 것은, 맑스에게 생산적 노동은 종속적 노동이나 피곤에 떨게 만드는 노동, 또는 비천한 노동이 아니라는 것이다. 말하자면 그에게는 잉여가치를 생산하는 노동만이 생산적 노동인 것이다. 물론 원칙적으로 거장의 퍼포먼스(공연)도 잉여가치를 생산할 수 있다. 무용가, 피아니스트 등의 활동은 자본주의의 법칙에 따라 조직되며, 따라서 이윤의 원천일 수 있다. 그러나 맑스는 공연 예술가의 활동과 하인의 직분 사이에서 강한 유사성이 있다는 것을 발견하고는 이 때문에 곤혹스러워 했다. 그 둘은 모두 보람 없고, 실망스러운 노동이지만 어쨌든 노동임에도 불구하고, 잉여가치를 생산하지 않으며, 그리하여 비생산적 노동 범주로 귀결된다. (가령, 예를 들면 집사의 인격적 서비스 같은) 하인의 노동은 어떠한 자본도 투여되지 않는 노동임에도 임금이 지불된다. 맑스에 따르면 '탁월한 기예를 지닌' 노동자들도 한편에서 보면, 즉 양적인 관점에서 보면 그다지 중요하지 않는 예외에 불과하지만, 다른 한편에서 보면 — 그리고 이것이 훨씬 더 중요한데 — 이들의 노동도 거의 항상 하인의/비-생산적 노동으로 거의 항상 수렴된다. 이러한 수렴은 이들의 활동이 독립적인 최종 결과물을 낳지 않는다는 사실에 의해서 인정된다. 자율적인 최종 생산물이 없는 곳에서는 일반적으로 생산적(잉여가치적) 노동을 접할 수 없다. 맑스는 사실상 다음의 등식, 말하자면 '최종-생산물이-없는-노동 = 인격적 용역'이라는 등식을 받아들인다. 결론적으로 말하자면, 맑스에게 탁월한 기예를 지닌 노동은 임금노동의 한 형태이지만, 그러나 동시에 그렇다고 생산적인 노동인 것은 아니다.16

요약해 보자. 탁월한 기예는 두 개의 선택지에 열려 있다. 탁월한 기예는 아리스토텔레스와 한나 아렌트가 주장하듯이 정치적 활동의 구조적 특성(최종 결과물의 부재, 타인의 현존에 노출됨, 우발성 등)을 은폐하거나, 아니면 맑스가 주장하듯이 '생산적 노동이 아닌 임금노동'의 특성을 띠거나 둘 중 하나인 것이다. 하지만 이러한 분기(分岐)는 생산적 노동이 공연 예술가의 특수한 성격을 총체적으로 전유하게 되면, 실효성을 잃으며 산산조각난다. 포스트-포드주의에서 잉여가치를 생산하는 사람은 피아니스트, 무용가 등처럼 ― 물론 구조적인 관점에서 볼 때 ― 행동하며, 이러한 이유 때문에 정치가처럼 행동한다. 현대적 생산과 맺는 관계를 통해 볼 때 한나 아렌트가 공연 예술가와 정치인의 활동에 관해 고찰한 것은 아주 정확해 보인다. 노동하기 위해서 우리는 '공적으로 조직된 공간'을 필요로 한다. 말하자면 포스트-포드주의에서 노동은 '공적으로 조직된 공간'을 필요로 하며, 이 노동은 (최종 생산물이 없는) 거장의 공연을 닮는다. 맑스가 '협력'(coopération)이라고 불렀던 것이 바로 이처럼 공적으로 조직된 공간이다. 그러므로 우리는 사회적 생산력의 특정한 발전 수준에서 노동 협력은 탁월한 기예의 퍼포먼스, 보다 정확하게는 정치적 행위의 총체와 닮아 있는 음성적 소통을 무의식적으로 받아들인

---

16. Marx, 1905 이하. [*Theories of Surplus-value*, pp. 410~411.]

다고 말할 수 있다.

직업으로서의 정치에 관한 막스 베버의 극히 유명한 언급을 기억하는가?[17] 베버는 정치가를 정의하는 일련의 성질들을 끌어냈다. 우리 자신의 영혼의 건강을 위험에 노출시키는 방법을 아는 것, 그리고 확신의 윤리와 책임의 윤리 간의 동등한 균형, 우리의 목표에 대한 헌신 등이 바로 그것이다. 우리는 이 텍스트를 토요타주의, 언어에 기반한 노동, 인지적 능력들의 생산적 동원 등과 관련지어 재독해해야만 한다. 베버의 에세이는 오늘날 물질적 생산을 위해 요청되고 있는 자질에 대해 우리에게 가르치고 있는 것이다.

3. 공연 예술가로서의 말하는 존재

우리들 각각은 항상 그래왔듯이 거장, 공연 예술가이다. 때로는 초라하고 서툴지언정, 우리는 모든 관점에서 볼 때 거장이다. 사실 탁월한 기예의 근본적인 모델, 즉 이 개념의 토대를 이루는 경험은 바로 말하는 존재의 활동이다. 이것은 지식이 풍부하고 박식한 화자(locuter)의 활동이 아니라 일체의 화자의 활동이다. 인간의 음성 언어는 단순한 도구나 도구적 신호의 총체가 아니다. (이것은 인간이 아닌 동물의 언어에 고유하게 존재하는 특징이다. 꿀벌이 식량의 획득을 조율하기(coordinate) 위해 사용하는 신호를 생각해 보면 된다.)

---

17. Weber, 1919. [Weber, *Politics as a Vocation*; 한국어판: 막스 베버, 『직업으로서의 학문』, 이상률 옮김, 문예출판사, 1994, 특히 61~154쪽 참조.]

오히려 인간의 음성 언어는 그 자체로 하나의 성과물이며, (필연적이 지는 않지만 적어도 원리상으로는) 언표적 공연[수행]으로부터 독립적인 '대상'을 생산하지도 않는다.

언어에는 '최종 결과물이 없다.' 모든 언표행위는 탁월한 기예의 퍼포먼스[수행]이다. 그리고 이것은 분명히 말해서, 언표행위 역시 타인의 현존과 (직·간접적으로) 연결되기 때문이다. 언어는 아렌트가 말했던 새로운 '공적으로 조직된 공간'을 전제하는 동시에 이를 제도화한다. 우리는 포이에시스(생산)와 프락시스(정치) 간의 본질적인 차이에 관한 『니코마코스 윤리학』에 있는 구절들을 소쉬르의 빠롤 개념,[18] 그리고 무엇보다도 언표행위에 관한 에밀 방브니스트의 분석[19]과 밀접하게 접근시키면서 재독해해야만 한다. (여기에서 '언표행위'는 언표의 내용, 즉 '말해진 것'의 내용을 의미하는 것이 아니라 빠롤 자체, 즉 말을 한다는 사실 자체를 의미하는 것으로 이해된다.) 이러한 방식으로 우리는 포이에시스가 프락시스와 맺는 변별적 특징이 운동성이나 비-음성적 소통이 음성 언어와 맺는 변별적 특징과 절대적으로 일치한다는 것을 입증했다.

몇 가지를 더 얘기해 보겠다. 피아니스트, 무용가, 배우와는 달리 말하는 존재만이 대본이나 악보(partition)가[20] 없어도 무언가를 행할

---

18. Saussure, *Course*. [한국어판: 페르디낭 드 소쉬르, 『일반언어학강의』, 최승언 옮김, 민음사, 1987.]
19. Benveniste, 1970. [한국어판: 에밀 벤베니스트, 『일반 언어학의 제문제 1·2』, 황경자 옮김, 민음사, 1992.]
20. [옮긴이] 프랑스어의 'partition'에 대응하는 영어는 'score'이며, 이는 모두 '악보'나 '음계' 등을 의미한다. '악보'나 '총보' 등으로 옮기면 자칫 음악공연만을 연상시킬 수 있다는 위험이 있기도 하지만, 접근의 용이성을 위해 '악보'로 옮긴다. 다만 이 때에도 무언가

수 있다. 화자의 탁월한 기예는 이중적이다. 그것은 퍼포먼스와 구별될 수 있는 최종 결과물을 생산하지 않는다. 또한 그것은 퍼포먼스를 통해서 현실화될 수 있는 최종 결과물을 자신의 배후에 가지고 있는 것도 아니다. 사실 빠롤의 행위는 아주 상세하게 이미 고정된 텍스트를 이용하는 것이 아니라 그저 랑그의 잠재성(*potentialité*)을, 또는 유적인 언어 능력만을 이용할 뿐이다. 말하는 사람의 탁월한 기예는 자기 내부에 가능태/현실태(puissance/acte)21 관계를 포함하기 때문에 다른 모든 형태의 탁월한 기예의 원형이자 정점이다. 반면 일상적이거나 파생적인 탁월한 기예는 거듭 되풀이해서 재생될 수 있는 결정된 행위를 전제한다. (말하자면 바하의 골트베르크 변주곡에서처럼). 하지만 이 점에 관해서는 나중에 언급하겠다.

지금은 현대의 생산이 자신 내부에 언어 경험 자체를 포함하고 있기 때문에, 현대의 생산이 '탁월한 기예'처럼 (따라서 정치적으로) 되었다고 말하는 것으로 충분하다. 사실이 이렇다면, 포스트-포드주의의 모체는 '소통에 의한 소통의 생산'이 이루어지는 것과 같은 산업 부문, 그러므로 문화산업에서도 발견될 수 있다.

참고를 하는 준거점 정도의 종합적 의미를 염두에 두어야 한다.
21. [옮긴이] 보통 'puissance'는 '역량', '역능' 등으로 옮겨진다. 그러나 이는 원래 아리스토텔레스의 '가능태'(dynamis)를 프랑스어로 옮길 때 채택하는 용어이다. 따라서 여기에서는 '가능태'로 이해하는 것이 바람직하다. 단, 이하에서 나타나듯이 'puissance'가 'dynamis'와 같이 쓰이면서도 '역량'의 의미를 갖는 것이 다반사이므로 그 경우에는 '역량'으로 옮겼다.

4. 문화산업: 예견과 범례

　탁월한 기예는 문화산업의 탄생과 함께 대중적 노동이 된다. 바로 여기에서 거장이 제 시간에 맞춰 활동하기 시작한다. 사실 문화산업의 영역 내부에서 최종 결과물이 없는 활동, 다시 말해서 자기 자신을 하나의 목적으로 삼고 있는 소통적 활동은 변별적이고 중심적이며 필연적인 요소이다. 하지만 정확히 이런 이유 때문에, 바로 이러한 문화산업 내부에서 임금노동의 구조는 정치활동의 구조와 일치하게 되는 것이다.

　소통이 소통을 수단으로 하여 생산되는 부문 내부에서, 소통의 기능과 역할은 '기교적'인 동시에 '정치적'이다. 저명한 이탈리아 작가인 루치아노 비안챠르디는 그의 가장 중요한 소설인 『쓰라린 인생』(*La vita agra*)에서 1950년대의 밀라노에서 일어난 문화산업의 흥망성쇠를 말한다.[22] 이 책의 가장 걸출한 어떤 대목에서 그는 문화산업을 전통산업 및 농업과 구별하게 만드는 것에 관해 효과적으로 묘사한다. 자신이 살았던 지역에서 일어난 노동자의 죽음에 대해 복수하고자 하는 의도로 그로세또(Grosseto)를 떠나 밀라노에 도착한 『쓰라린 인생』의 주인공은 이제 막 싹트기 시작한 문화산업과 관련된 일

---

22. [옮긴이] 루치아노 비안챠르디(Luciano Bianciardi)는 1922년 이탈리아 토스카나 주(州)의 크로센토에서 태어났다. 1971년 밀라노로 이주하여 여기에서 사망했다. 잡지의 편집자, 저널리스트, 번역자, 각색자이기도 했다. 주요 저작으로는 *Il lavoro culturale* (1957), *Da Quarto a Torino. Breve storia della spedizione dei Mille*(1960), *Aprire et fuoco*(1969) 등이 있으며, 여기서 인용하고 있는 소설은 1962년에 출판되었고 이를 원작으로 한 영화가 1966년에 개봉되기도 했다. 비안챠르디가 밀라노를 배경으로 삼은 것은 당시 밀라노가 이탈리아의 경제성장의 상징인 동시에, 1960년대의 이탈리아를 특징지었던 풍요로운 생활방식의 상징이었기 때문이다.

을 하게 된다. 하지만 얼마 되지 않아 그는 해고당한다. 다음은 지금 보더라도 의심할 바 없이 이론적 장점을 가지고 있는 구절이다. '[…] 그리고 그놈들은 내가 다리를 절뚝거리며 끈다고, 느리게 움직인다고, 쓸데없이 주변을 두리번거린다고, 바로 이런 점들을 들어 나를 해고했다. 하지만 작업을 할 때 우리는 땅을 힘껏 박차고 올랐다가 다시 땅바닥을 요란한 소리를 내며 두들겨야 하고, 몸을 놀려 활발하게 움직이고, 뛰어가며 먼지를, 가능하다면 먼지덩어리를 만들어 내어 그 속에 몸이 파묻히도록 해야만 한다. 그것은 농부나 노동자와 같지 않다. 농부는 천천히 움직인다. 농부의 노동이 계절과 관련되기 때문이다. 농부는 7월에 씨를 뿌려서 2월에 수확할 수가 없다. 노동자는 빠르게 움직인다. 설령 일관생산라인에서 노동을 하더라도, 일관생산라인에는 생산의 시간을 측정하는 것이 있으며, 만일 노동자가 그 리듬에 맞춰 움직이지 못하게 되면 고통을 받는다. […] 하지만 사실 농부는 1차 부문에 속하며 노동자는 2차 부문에 속한다. 전자는 아무 것도 없는 상태에서 무언가를 생산해 내며, 후자는 한 사물을 다른 사물로 변형시킨다. 노동자와 농민이 갖고 있는 가치평가의 기준은 이해하기 쉽다. 양적이기 때문이다. 공장의 경우는 시간당 얼마나 많이 생산하는가, 농부는 연간 수확량이 얼마나 되는가가 그 기준이다. 하지만 우리 직업에서는 사정이 다르다. 어떠한 양적인 가치평가 수단도 없다. 성직자, 언론인, 또는 공적인 관계에 있는 누군가의 숙련도를 어떻게 측정할 것인가? 이 사람들은 아무 것도 없는 것에서 무언가를 생산해 내지도, 임의의 것을 변형하지도 않는다. 이들은 1차 부문에 속하지도 2차 부문에 속하지도 않는다. 그들은 3

차 부문에 속한다고, 심지어는 4차 부문에 속한다고도 말할 수 있다. 이들은 생산의 도구도, 전달 벨트도 아니다. 이들은 윤활유이며, 순수한 바셀린에 불과할 뿐이다. 성직자, 언론인, 공적 관계에 있는 사람들을 어떻게 가치평가할 수 있는가? 신앙의 양, 획득하고자 하는 욕망의 양, 이러한 사람들이 불러일으키고자 애썼던 공감을 어떻게 계산할 수 있는가? 우리들에게는 가치평가의 기준이란 없다. 곤란을 피할 수 있는 능력이라든지, 더 높은 자리로 승진하려는 각자의 능력, 예를 들어 주교가 될 수 있는 각자의 능력 등을 제외한다면 말이다. 다시 말해서, 제3차나 제4차 부문의 직업을 선택한 사람들은 정치적 유형의 재능과 소질소질과 성향이 필요하다. 누구든지 알고 있듯이, 정치는 더 이상 잘 다스리는 것에 관한 학문이기를 그만 두었으며, 대신 권력을 정복하고 유지하기 위한 기예(arte)가 되었다. 그러므로 정치가의 가치는 이들이 타인을 위해 할 수 있는 선행에 의해 측정되는 것이 아니라 이들이 얼마나 빨리 최정상에 올라가느냐, 그리고 얼마나 거기에 머무르느냐 하는 시간에 의해서 측정된다. [...] 마찬가지로 제3차와 제4차 부문의 직업에서도, 척도의 역할을 할 수 있는 가시적인 생산이 없기 때문에 판단 기준도 역시 정치가에 대한 판단 기준과 똑같을 것이다.'[23]

비안챠르디의 분석이 여러 측면에서 볼 때 시대에 뒤떨어졌다는 것은 분명하다. 그의 분석이 문화산업의 임무를 주변적이고 색다른 예외인 양 제시하기 때문이다. 게다가 기껏해야 정치를 순수하고 단

---

23. Bianciardi, *La vita agra*, pp. 129~132. 강조는 비르노.

순한 권력의 남용으로 환원하는 것은, 적어도 피상적 분석이라고 할 수 있다. 이 점에도 불구하고 내가 방금 인용한 구절은 놀랄 만한 직관을 보여준다. 이러한 직관은 자기 나름의 방식으로 거장과 정치가의 유사성에 관한 아렌트의 테제를, 또한 독립적인 '최종 결과물'로 귀결되지 않았던 노동에 관한 맑스의 언급을 상기시켜 주고 다시 제기한다. 비안차르디는 문화산업 내부에서 출현하고 있는 노동의 '정치성'을 강조한다. 하지만 그는 이러한 정치적 성격을 우리가 이러한 장르의 산업에서는 활동 자체와는 분리된 최종 결과물을 생산하지 않는다는 사실과 연결시킨다. ─그리고 바로 이것이 중요하다. 외재적인 '최종 결과물'이 없는 곳에 정치적 활동이 놓여 있다. 내가 명확하게 하고 싶은 것은 바로 이것이다. (결국 오늘날 포스트-포드주의 시대의 산업 일반의 경우처럼) 생산과정의 마지막 단계에서 팔릴 수 있는 최종 생산물이 문화산업에 없는 것은 분명 아니다. 그러나 중요한 것은 우리가 대상의 물질적 생산을 위해 자동화된 기계시스템을 요구한다는 것이 핵심 요점이라고 하더라도, 이에 반해 산 노동의 실제 작업이 항상 언어적-기교적 공연(prestation)을 더욱더 닮는다는 것이다.

포드주의/테일러주의를 극복하는 데 있어서 문화산업이 행한 역할이 어떠한 효력을 발휘했는지를 생각해 보아야만 한다. 나는 문화산업이 포스트-포드주의적 생산 패러다임 전체를 아주 정밀하게 조정했다고 생각한다. 따라서 나는 문화산업의 활동양식들이 어떤 순간부터 범례가 되기 시작하여 이제는 만연하게 되었다고 믿는다. 문화산업 내부에서, 심지어 벤야민과 아도르노가 검토한 의고(擬古)적인 형태에서도, 우리는 나중에 포스트-포드주의 시대에 일반화되고 경전의 반열로까지 올라갔던 생산양식의 전조들이 있음을 일찍이 알 수 있다.

이 점을 좀더 잘 파악하기 위해서 잠시 동안 프랑크푸르트학파 사상가들이 수행한 커뮤니케이션 산업 비판으로 돌아가 보자. 거칠게 말하면 『계몽의 변증법』에서[24] 저자들은 '정신의 공장들'(출판, 영화, 라디오, 텔레비전 등) 역시 계열화와 세분화라는 포드주의적 기준에 순응한다고 주장한다. 그리고 이러한 영역들에서도 자동화된 공장들의 기념비적인 상징물인 전달벨트가 자기 존재를 주장하고 있는 것처럼 보인다. 자본주의는, 이것이 농업 및 제철과 관련해서 그랬듯이, 정신의 생산마저도 기계화하고 세분화할 수 있다는 것을 보여준다. ─ 바로 이것이 이들의 테제이다. 계열성, 각각의 직무의 무의미성(insignifiance de la fontion singulière), 감정과 감성의 계량경제학. 바로 이런 것들이 자본주의에서 계속하여 다시 출현하는 후렴구이다. [하지만 당연하게도 이러한 비판적 접근은, 노동과정의 포드주의적 조직화에 완전히 동화되는 것에 저항하는 몇 가지 측면들이 문화산업이라는 특수한 사례 속에서 지속된다는 점을 인정한다. 다시 말해서 문화산업 안에서는, 무정형적이며 프로그램되어 있지 않은 것에 열려 있는 공간, 예측되지 못한 것의 갑작스런 돌발에 열려 있으며 소통 및 이념화의 즉흥성에 열려 있는 어떤 공간을 유지할 필요가 있었다. 이것은 당연히 인간의 창조성을 촉진하기 위함이 아니라 기

---

24. Adorno and Horckheimer, pp. 120~167. [한국어판: 테오도르 아도르노 외, 『계몽의 변증법』, 김유동 옮김, 문학과지성사, 2001.]

업이 만족스런 수준의 생산성을 성취하기 위함이다. 하지만 프랑크푸르트학파에게 이러한 측면들은 그 어떤 영향력도 발휘하지 못하는 유산, 과거의 유물, 잔여물에 다름 아니었다. 이들에게 중요한 것은 문화산업의 일반적인 포드화였다. 이제 우리의 현재적 관점에서 볼 때, 우리는 프랑크푸르트학파가 주장한 (무정형, 예측되지 못함, '프로그램의 외부'에 합치하는 어떤 장소인) 이러한 유산이 사실은 미래에 대한 약속을 담고 있었다는 것을 쉽게 인식할 수 있다.

이것들은 유산이 아니라 조짐, 예견과 관련되어 있다. 소통 행위의 무정형적 측면, 편집위원회 회의에 특징적인 경쟁적 상호작용, 텔레비전 프로그램에 생기가 넘치게 하는 돌발적인 변화, 그리고 일반적으로 어떤 문턱을 넘어서면 고착화되는 것도 통제하는 것도 불가능하게 되어 버리는 모든 것이 지금의 포스트-포드주의 시대에는, 사회적 생산 영역 전체의 전형적인 특징이 되었다. 이것은 우리의 현대적 문화산업에 대해 사실일 뿐만 아니라 멜피에 있는 피아뜨 공장에 대해서도 사실이다. 비안챠르디가 (탁월한 기예를 지닌) 최종-결과물-없는-활동과 정치적 태도 사이의 연결망에 의해 조직된 노동을 주변부적인 궤도이탈(extravagance)이라고 논했다고 한다면, 오늘날 이것은 상례(rules)가 되었다. 탁월한 기예, 정치, 노동의 혼합은 모든 곳으로 확장되었다. 이제 물어야 할 것이 있다면, 오늘날 커뮤니케이션 산업이 실행하는 특별한 역할이 무엇인가 하는 것이다. 모든 산업 부문들이 커뮤니케이션 산업 모델에 의해서 자극을 받기 때문이다. 그렇다면 예전에 포스트-포드주의적 전환점을 예견했던 바로 그것의 기능이 이제 완전히 펼쳐진 것인가? 이에 답하기 위해서는 잠시 동안 '스펙타클'과 '스펙타클의 사회' 개념에 의존해야 한다.

5. 무대 위의 언어

나는 '스펙타클' 개념이 비록 그 자체로는 조금 애매하기는 하지만, 포스트-포드주의적 다중이 지닌 몇 가지 측면들을 해독하는 데 유용한 도구를 구성한다고 믿는다. (사실 이 때의 다중은 노동하기 위해서 일반적으로 '정치적' 성질에 의존하는 일군의 거장들이자 노동자들이다.)

1960년대에 상황주의자들이 만들어 낸 '스펙타클' 개념은 맑스주의적 논증의 골격에 낯설지 않은 개념, 고유하게 이론적인 개념이다. 기 드보르에 따르면[25] '스펙타클'은 상품이 되어 버린 인간의 소통이다. 스펙타클을 통해 전달된 것은 바로 소통할 수 있는 인간의 능력, 즉 음성 언어 자체이다. 우리가 앞으로 보겠지만, 핵심 쟁점은 소비사회에 대한 신랄한 탄식과는 무관하다. (이러한 탄식은 항상 약간은 의심스러운 것이다. 왜냐하면 우리는 파졸리니가 바로 이러한 탄식에 이르게 되었듯이, 저소비와 펠라그라병[26]의 극히 행복한 공존의 시대에 애착을 보이는 지경에까지 다다를 위험이 있기 때문이다.) 스펙타클로서의 인간의 소통은 다른 무엇보다 상품이며, 그 어떤 특

---

25. Debord, 1967. [한국어판: 기 드보르, 『스펙타클의 사회』, 이경숙 옮김, 현실문화연구, 1996.]
26. [옮긴이] 비타민B군, 특히 니코틴산아미드의 결핍으로 일어나는 전신성 질환. 병명은 이탈리아어 pelle(피부의)+agra(통증)에서 연유한다.

별한 질이나 특권도 갖추고 있지 않는 상품이다. 다른 한편 그것은 어떤 순간부터는, 모든 산업 부문에 관계하는 상품이다. 문제는 바로 거기에 있다.

무엇보다 한편으로, 스펙타클은 특정한 산업, 사실은 문화산업이라는 산업의 특정한 산물이다. 다른 한편 포스트-포드주의 시대에 인간의 소통은 생산적 협력 일반의 본질적 성분이기도 하다. 그러므로 인간의 소통은 지배적인 생산력이며, 이것이 고유하게 속해 있는 부문적인 영역을 넘어선 것이다. 그리하여 인간의 소통은 산업 전반과 직접적으로 관련된 것이자 포이에시스와 총체적으로 관련된 것이다. 우리는 스펙타클에서 사회의 가장 중요한 생산력, 말하자면 현대의 모든 노동과정이 필연적으로 의지해야만 하는 생산력이 분리되고 사물화된 형태로 드러나고 있음을 보게 된다. 언어 능력, 지식, 상상력 등등. 그러므로 스펙타클은 이중의 본성을 지녔다. 말하자면, 스펙타클은 특수한 산업의 특정한 산물인 동시에, 그 전체에 있어서는 생산양식의 정수(quintessence)이기도 하다. 드보르는 이렇게 쓴다. 스펙타클은 '체제의 합리성에 관한 일반적 설명[진술]'이다.[27] 스펙타클을 부여하는 것은 소위, 항상 인지적-소통적 능력 및 일반지성과 최대한 일치하는 것으로서의 사회의 생산력 그 자체이다.

어떤 측면에서 보면 스펙타클이 지닌 이중적 본성은 화폐가 지닌 이중적 본성을 떠올리게 한다. 알다시피 화폐는 그 무엇보다도 우선 상품으로서, 로마에 있는 국가의 조폐국에서 금속이나 지폐의 형태

---

27. Debord, *Ibid.*, 테제 15. [한국어판: 『스펙타클의 사회』, 15쪽에는 "보편적 진술"이라고 되어 있다.]

로서 제조된다. 하지만 화폐는 또한 두 번째 본성을 지녔다. 즉 화폐는 모든 다른 상품들의 등가물, 척도의 단위이다. 화폐는 특수한 동시에 보편적이다. 스펙타클도 이와 마찬가지이다. 그러나 이런 식의 비교는 분명 매력적이지만 그럼에도 불구하고 잘못된 것이다. 이미 결론 내렸듯이 생산과정의 결과를 측정하는 화폐와는 달리 스펙타클은 생성과정에(*in fieri*), 생산이 행해지는 과정에, 생산의 잠재력에, 생산과정에 관심을 갖는다. 드보르에 따르면 스펙타클은 여성과 남성이 무엇을 할 수 있는지를 드러낸다. 화폐가 그 자체로 상품의 가치를 반영하고 따라서 사회가 이미 생산한 것을 보여주는 반면, 스펙타클은 사회 전체가 존재할 수 있고 행할 수 있는 것을 별도의 형태로 드러낸다. 화폐가 종결된 최종 결과물을, 노동의 과거를 다시 지칭하는 (고전적인 맑스적 표현을 사용하면) '실질적 추상화'라고 한다면, 드보르에 따르면 이와 반대로 스펙타클은 노동(opération) 그 자체, 노동의 현재를 재현하는 '실질적 추상화'이다. 화폐가 교환의 최선두에 서 있다면, 스펙타클, 즉 상품이 된 인간의 소통은 생산적 협력의 최선두에 서 있다. 그러므로 우리는 스펙타클, 즉 상품이 되어 버린 인간의 소통적 능력이 이중적 본성을 가지고 있다고, 그러나 화폐가 지닌 이중적 본성과는 다른 이중적 본성을 가지고 있다고 결론내릴 수 있다. 그렇다면 이것들은 과연 얼마나 다른가?

나의 가설은 커뮤니케이션 산업(혹은 오히려 스펙타클, 또는 문화산업)이 다른 무엇보다 우선 자신의 특정한 기술, 자신의 특수한 절차, 고유한 장점 등을 가지고 있는 하나의 산업이라는 것이다. 그러나 다른 한편으로 커뮤니케이션 산업은 생산수단의 산업이라는 역할도 한다. 전통적으로 볼 때 생산수단의 산업이란 가장 다양한 생산 부문에서 사용할 목적으로 기계류와 다른 도구들을 생산하는 산업이다. 하지만 생산수단이 기계로 환원될 수 없는 상황에서, 그리고 산 노동으로부터 분리될 수 없는 언어적·인지적 능력들로 이루어져 있는 상황에서, 우리가 '생산수단'이라고 부르는 것이 소통의 기술과 절차로 구성되어 있다는 점은 극히 중요한 함의를 지니고 있다. 그렇다면 이제 이러한 기술과 절차들이 문화산업에서가 아니라면 어디에서 주조되겠는가? 문화산업은 현대 경제의 가장 전통적인 부문들에서조차 생산수단으로서 기능할 수밖에 없는 소통적 절차들을 생산한다(혁신하게 만들며 실험한다). 포스트-포드주의가 완전히 견고해진 다음에는 커뮤니케이션 산업이 바로 이러한 역할을 한다. 말하자면 문화산업이란 결국 커뮤니케이션 수단들의 산업인 것이다.

6. 노동에서의 탁월한 기예

고유하게 정치적 차원을 가지고 있는 탁월한 기예는 문화산업뿐 아니라 현대의 사회적 생산 전체를 특징짓는다. 포스트-포드주의적 노동 조직화에서는 지금 우리가 여기에서 다루는 특별하고 문제적인 사례인 최종 결과물이 없는 활동이 모든 임금노동의 원형이 된다고 말할 수 있을 것이다. (우리는 이 점과 관련해 맑스가 지닌 애매함을 떠올릴 필요가 있다.) 내가 앞에서 말했던 요점을 다시 반복해 보자. 이것은 자동차 계기판이 더 이상 생산되지 않는다는 것을 의미하는 것이 아니라, 전문적인 과제의 수가 아무리 증가한다고 하더라도 그 행위의 성과물이 행위 자체에 내부적이라는 것을 의미한다. (즉 행위의 성과물은 독립적인 반제품을 낳는 것에 있는 것이 아니다.)

맑스 자신이 『요강』에서 이러한 종류의 상황을 예측한 바 있다. 그는 여기에서 대규모의 자동화된 산업이 도래하고 자연과학이 생산과정에 강렬하고도 체계적으로 응용됨에 따라 노동 활동이 "주요 행위자가 아니라 직접적 생산과정의 편에 서게 된다"고 쓴다.[28] 노동 활동이 직접적 생산과정의 '편에' 서게 된다는 사실은, 노동이 더욱더 '감시 활동과 통제 활동'과 일치하게 된다는 것을 가리킨다고 맑스는 덧붙인다.[29] 다시 말해 공장 노동자나 사무직 노동자의 기능은 하나의 특수한 목표를 달성하는 것으로 이루어져 있는 것이 아니라, 사회적 협력을 변조(modulation)하고 강화시키는 것으로 이루어져 있다. 주제에서 약간 벗어나 보자. 맑스에게 복잡하고 미묘한 의미를 지닌 사회적 협력 개념은 두 가지 방식으로 사고될 수 있다. 첫째, '객관적인' 의미가 있다. 말하자면 서로 다른 것을 행하고 각기 특정한 것을 행하는 각 개인이 서로 관계를 맺게 되는 것은 기술자나 공장장에 의해서라는 것이다. 이렇게 함으로써 협력은 개별적 활동을 뛰어 넘으며, 따라서 각 개인의 기능은 그다지 중요하지 않다. 두 번째로 우리는 '주체적' 협력 개념도 고려해야만 한다. 그것은 개별 노동의 중요한 부분이 협력 자체를 발전시키고 세련되게 하며 강화하는 것으로 이루어져 있을 때 물질화된다. 포스트-포드주의에서 지배적인 것

---

28. Marx, 1939-1941. [*Grundrisse*, p. 705; 한국어판: 2권, 380쪽.]
29. *Ibid.*, p. 709.

은 바로 협력의 이 두 번째 의미이다. 나는 이 점을 다른 것과 비교함으로써 더 잘 설명해 보겠다. 항상 그렇듯이 자본주의적 기업이 지닌 한 가지 자원은 소위 '노동자의 정보를 도둑질하는 것'이었다. 다시 말해 노동자들이 더 적은 노력으로 노동을 행할 수 있고 그리하여 조금이라도 더 휴식을 취할 수 있는 방식을 발견했을 때, 기업의 위계질서는 뭔가 일어났다는 것을 알아차리고는 노동의 조직화를 변양(變樣)시키기 위해서 이처럼 아주 보잘것없는 성과마저도 이용했던 것이다. 공장 노동자나 사무직 노동자의 기능이 노동의 조직화를 향상시킬 수 있는 수단, 요령, 해결책을 찾는 것으로 되는 순간에 어떤 중요한 변화가 발생한다고 나는 생각한다. 이 경우 노동자의 지식[정보]은 은밀히 사용되는 것이 아니라 노골적으로 필요해진다. 다시 말해서 노동자의 지식[정보]이 노동자의 임무 중 하나가 되는 것이다. 확실히 이와 똑같은 유형의 변화가 협력과 관련해서도 일어난다. 사실 기술자가 노동자의 작업을 조율하던 상황과 노동자들에게 새로운 협력 절차들을 발명하여 생산하도록 요구하는 상황은 똑같은 것이 아니다. [이 후자의 경우] 협력적 행위, 언어적 상호작용은 배경으로 남아 있는 것이 아니라 바로 그 전경으로 나서게 된다.

'주체적' 협력이 주요 생산력으로 될 때 노동 활동은 언어적·소통적 성격을 명확하게 보여주는데, 이 때의 활동은 타인의 눈에 노출됨을 내포한다. 그리하여 노동의 독백적인(monologique) 성격은 소멸한다. 타인과의 관계는 부가적인 요소가 아니라 중심적이고 기초적인 요소이다. 노동이 즉각적 생산과정의 편으로 나아갈 때, 생산적 협력은 생산을 구성하는 하나의 요소에 불과한 것이 아니라 '공적으로 조직된 공간'이게 된다. 노동과정에 단단히 뿌리박은 이러한 '공적으로 조직된 공간'은 전통적으로 정치적이었던 태도들을 결집시킨다. (넓은 의미에서) 정치는 생산력, 기능, '도구 상자'가 된다. 포스트-포드주의를 알리는 모토는, 비꼬듯이 말하자면, '정치를 최우선으로!'라고 할 수 있다. '총체적 질'에 관한 담론은 결국 행동에 대한 선호(le goût pour l'action), 가능한 것 및 예측불가능한 것에 대면할 수 있는 능력, 새로운 어떤 것을 시작할 수 있는 능력 등을 생산의 자유재량(disposition)에 내맡기자는 것이 아니라면 대체 어떤 것을 의미하겠는가?

고용노동이 행동에 대한 선호, 관계의 능력, 타인의 눈에 노출됨—앞의 세대가 정당 안에서 경험했던 모든 것—을 포함할 때, 우리는 인간이라는 동물을 [다른 것들과] 구별시켜 주는 몇 가지 특징이, 무엇보다도 이들이 언어를 소유한다는 사실이 자본주의적 생산 내부에 포함된다고 말할 수 있다. 현존하는 생산양식에 바로 그 인간발생(*anthropogenesis*)이 포함되는 것은 극적인 사건이다. 이것은 '기술시대'에 관한 하이데거식 잡담과는 다른 어떤 것이다.… 이러한 사건은 자본주의의 경제적·사회적 형성체의 이율배반을 완화하는 것이 아니라 반대로 이를 격화시킨다. 타인의 현존에 대해 자신이 맺는 고유한 관계를 알지 못하는 사람, 다시 말해 자신이 고유하게 지닌 소통 능력을, 자신이 언어를 소유하고 있다는 사실을 알지 못하는 사람, 그저 임금노동으로 환원될 뿐인 사람만큼 가난한 자는 없다.

7. 악보로서의 지성[30]

포스트-포드주의적 노동 전체가 (잉여가치의) 생산적 노동이라고 한다면 이는 그것이 정치-거장 양식과 관련되어 있기 때문이며, 따라서 제기되어야만 하는 물음은 다음과 같다. 노동자-거장이 공연하는 악보(score)는 무엇인가? 이들의 언어적-소통적 퍼포먼스(수행)의 시나리오는 무엇인가?

피아니스트는 쇼팽의 왈츠를 연주하고, 배우는 초기 대본에 어느 정도는 충실하며, 웅변가는 최소한 자기만이라도 참고할 수 있는 몇 개의 쪽지를 가지고 있다. 모든 공연 예술가들은 악보에 의존한다. 하지만 탁월한 기예가 사회적 노동 전체에 고유하게 있는 것일 때, 악보는 과연 어떤 것인가? 내 관점에서는 포스트-포드주의 시대에 다중이 공연하는 악보는 지성이라고, 즉 유적 인간 능력으로서의 지성이라는 점을 나는 결코 주저하지 않고 말하겠다. 맑스의 용어를 따르면 근대적 거장의 악보는 일반지성, 즉 사회의 일반적 지성이며, 사회적 생산의 중심축이 된 추상적 사유이다. 따라서 우리는 세미나 첫째 날 우리가 고찰했던 주제(일반지성, 공적 지성, '공통의 장소' 등)로 돌아가게 된다.

맑스에게 일반지성은 사회적 생산성이 지금까지 의손한 과학, 인식 일반, 지식을 의미했다. 탁월한 기예는 일반지성을 변조하고 분절하며 변화시키는 것으로 이루어져 있다. 노동의 정치화(또는 지금까지 정치적 행위에 속해 왔던 것의 노동 영역으로의 포섭)는 사유가

---
30. [옮긴이] score에 관해서는 이 책의 94쪽, 각주 20을 참고.

부의 생산의 일차적인 원천이 되는 바로 그때 생겨난다. 사유가 생산과정으로 진입할 때, 사유는 더 이상 보이지 않는 활동이기를 그치며, 외부적이거나 '공적인' 어떤 것으로 된다. 그러므로 우리는 이렇게 하고 나서야, 즉 노동활동은 언어적 지성을 자신의 무게중심으로 가질 때에, 과거에는 정치적 행위에 속하는 것처럼 보였던 많은 특성들을 자신의 것으로 흡수할 수 있다고 말할 수 있게 된다.

지금까지 우리는 노동과 정치의 병치에 관해 논의했다. 하지만 이제 인간 경험의 세 번째 영역, 즉 지성이 작동하게 된다. 노동자·거장에 의해 항상 중단되지 않고 거듭 수행되는 것은 '악보'이다. 나는 주요한 생산력으로서의 지성이 공적으로 될 때에 다양한 영역들(순수 사유, 정치적 삶, 그리고 노동)의 잡종화가 시작된다고 생각한다. 그런 이후에만 노동은 탁월한 기예의 (혹은 소통적인) 외양을 지닐 수 있으며, 따라서 '정치적인' 색깔을 띠게 된다.

맑스는 두 가지 경우에서, 사유에 외부적인 성격을, 즉 공적인 본성을 부여한다. 첫째는 그가 철학적 관점에서 볼 때에는 아주 멋들어진 표현인 '실질적 추상화'라는 말을 사용할 때이다. 그 다음은 그가 '일반지성'에 관해 말할 때이다. 예를 들어 화폐는 실질적 추상화이다. 사실 화폐 속에서 인간 사유의 가장 중요한 원리 중의 하나가 구현되며 실질적으로 되는데, 그것은 바로 등가라는 관념이다. 그 자체로는 더할 나위 없이 추상적일 수 있는 이 등가라는 관념은 화폐 속에서 구체적인 실존을 획득하게 되고, 심지어 지갑 안에서 짤랑거리는 소리를 내게 되기도 한다. 사유는 사물이 된다. 바로 여기에 실질적 추상화가 존재한다. 정확히 살펴보면 일반지성 개념은 실질적 추상화 개념을 미리 발전시킨 것에 다름 아니다. 일반지성이라는 용어를 가지고 맑스는 어떤 단계를 가리키고 있는데, 이 단계는 이미 몇 가지 사실들(예를 들어 돈)이 사유로서의 가치나 지위를 가진 것과 같은 단계가 아니라 오히려 우리들의 사유가 물질적 사실들의 가치를 직접적으로 갖게 되는 그러한 단계이다. 실질적 추상화의 경우 경험적 사실(예를 들어 등가물의 교환)이 순수 사유의 사변적 구조를 보여주는 것이라고 한다면, 일반지성의 경우 이 관계는 전복된다. 따라서 사실의 전형적인 파급 효과를 가지고 있는 것으로서 제시되는 것은 바로 우리의 사유이다. 일반지성은 정신의 추상화가 직접적으로, 그리고 그 자체로 실질적 추상화이게 되는 바로 그런 단계이다.

하지만 바로 이 지점에서 문제가 발생한다. 아니, 이렇게 말해도 된다면 우리에겐 바로 이곳이 맑스의 정식화에서 다소 불만스러운 부분이다. 난점은 맑스가 '일반적 지성'을 객관적인 과학적 능력으로, 기계 시스템으로 인식한다는 사실에서 생겨난다. 이러한 측면들이 분명 문제이긴 하지만, 그러나 이것이 전부는 아니다. 일반적 지성이 기계 시스템으로 구현되는 (혹은 오히려 철로 주조되는31) 것으로 보는 관점 대신, 산 노동의 속성으로서 존재하는 것에 관해 생각해야만 한다. 오늘날 일반지성은 무엇보다도 소통으로, 살아 있는 주체의 추상화로, 자가반영으로 제시된다. 이를 경제적 발전의 논리에 따라

---

31. [옮긴이] 불역본에는 s'inférer로 되어 있으나 inférer는 추론하다는 뜻으로 앞에 se가 붙어서 재귀용법으로 사용될 수 없다. 이 단어는 철을 뜻하는 fer에 동사형 어간과 어미가 붙어서 새로 만들어진 단어로, 영역본에서는 이를 cast in iron으로 옮기고 있다.

일반지성의 일부가 고정자본으로 공고화되는 것이라고 주장하는 것이 아니라, 인식론적 패러다임, 대화법적인 퍼포먼스, 언어 놀이의 형태를 띤 채 소통적 상호작용 안에서 실행될 수밖에 없는 것이라고 주장하는 것은 정당해 보인다. 말하자면 공적 지성은 협력, 산 노동의 공동 행위(l'agir ensemble), 제반 개인들의 소통 능력과 하나를 이룬다.

『자본』 제1권 7장에서 맑스는 이렇게 쓴다. "지금까지 우리가 그것의 단순하고 추상적인 계기 속에서 분석해 온 노동 과정(은) 사용가치의 생산을 목적으로 삼는 활동이다. […] 우리는 노동자를 다른 노동자들과의 관계에서 설명할 필요가 없었던 것이다. 한편에는 인간과 그의 노동을, 다른 한편에는 자연과 그 소재를 — 이것만으로도 충분했다."[32] 이 장에서 맑스는 노동과정을 인간과 자연 간의 유기적 교환의 자연적 과정으로 서술하며, 따라서 역사적·사회적 관계에 주목하지 않고 추상적이고 일반적인 용어로 서술한다. 그럼에도 불구하고 우리는, 바로 이러한 일반적인 (거의 인간학적인) 면에 머무르

---

32. Marx, 1987 [『자본』 1권, 290쪽; 『자본론(I - 상)』, 김수행 옮김, 비봉출판사, 1991 개역판, 233~234쪽)
한국어판에 따르면 이 구절은 다음과 같이 옮겨질 수 있다. "{우리가 지금까지 그것의 단순하고 추상적인 요소들에 대해 설명해 온 노동과정은 사용가치를 생산하기 위한 합목적적 활동이}며, 인간의 욕망을 충족시키기 위한 자연물의 취득이며, 인간과 자연 사이의 신진대사의 일반적 조건이며, 인간생활의 영원한 자연적 조건이다. 따라서 그것은 인간생활의 어떠한 형태로부터도 독립되어 있을 뿐만 아니라 오히려 인간생활의 모든 사회적 형태에 공통된 것이다. 그러므로 우리는 노동자를 다른 노동자들과의 관계에서 설명할 필요가 없었던 것이다. 한편에는 인간과 그의 노동, 다른 편에는 자연과 그 소재 — 이것만으로 충분하였다."(인용부호 안의 [ ] 표시 중 앞의 것은 김수행의 표기이며 뒤의 것은 옮긴이의 표기이다.)

고 있을 때 과연 노동개념으로부터 상호작용적 측면을, 즉 우리가 다른 노동자들과 맺는 관계를 삭제하는 것이 과연 가능한가를 물어야 한다. 소통의 수행이 노동활동의 단단한 핵심을 구성하고 있는 한, 이를 삭제하는 것은 확실히 가능하지 않다. 그러므로 노동자가 다른 노동자와 맺는 관계를 처음부터 제시하지 않고서는, 또는 우리가 탁월한 기예라는 범주를 또다시 차용해 말하고 싶다면 '공적인' 것과 맺는 관계를 처음부터 제시하지 않고서는 노동과정을 개괄하는 것은 불가능하다.

협력 개념은 그 자체로 완전히 인간 존재의 소통 능력(성향)으로 이루어져 있다. 이런 정식화가 꼭 들어맞는 것은, 특히 협력이 노동활동의 특수한 '생산물'로 ― 즉 협력하는 사람들에 의해 시작되었고 적합하고 정밀하게 맞춰진 무엇인가로 ― 되어 있는 경우이다. 일반지성은 탁월한 기예를 지닌 행위(즉 넓은 의미에서 정치적 행위)를 요구한다. 이는 탁월한 기예를 지닌 행위 중에서 가장 중요한 부분이 기계 시스템으로 역행하지 않고 산 노동의 직접적 활동 속에서, 인간의 언어적 협력 속에서 표방되기 때문이다.

지성, 순수한 사유 능력, 언어를 소유한 존재라는 단순한 사실. 반복하건대, 여기에 항상 그리고 또다시 포스트-포드주의적 거장들이 연주하는 '악보'가 있다. (오늘 강의와 앞에서 했던 강의에 접근방법의 차이가 있다는 것에 주목해야만 한다. 오늘 우리가 거장의 '악보', 즉 지성이라고 부르고 있는 것을 우리는 앞에서 우리를 위험으로부터 몸을 지키기 위한 기본적인 자원으로서, 즉 세계적 맥락 속에서 존재하는 미결정적 위험에 대한 방어로 간주했다. 이 두 측면을 동시에 고려하는 것이 좋다. 즉 현대의 다중은 자신의 삶의 형태 및 언어적 놀이와 더불어, '공적 지성'의 이러한 두 가지 의미의 교차로에 서 있다.) 나는 내가 전에 중요하다고 했던 지점으로 다시 돌아가 그것을 여기에서 강조하고 싶다. 엄격한 의미에서 거장(예를 들어 피아니스트, 무용가)은 잘 정의된 악보를, 즉 최종 결과물 ─ 이 말의 가장 적합하고 엄격한 의미에서 ─ 을 이용한다. 반면 자신의 고유한 언어 능력을 '실행'할 때 포스트-포드주의적인 거장은 결정된 최종 결과물을 당연한 것으로 받아들이지 않는다. 일반지성은 인류에 의해 획득된 인식의 총체를 뜻하는 것이 아니라 오히려 사고의 능력을 뜻한다. 즉 그것의 무수하게 특수한 실현이 아니라 역량(potentialité)[33] 자체를 의미한다. '일반지성'은 지성일반에 다름 아니다. 여기에서 우리가 이미 검토했던 '말하는 사람'의 예는 다시 한번 적절해진다. 자신의 고유한 언어 능력이라는 무한한 잠재력을 그저 '악보'로서 가지고 있을 뿐인 화자(모든 화자)는 결정된 빠롤(발화)의 행위를 분절한다. 따라서 언어 능력은 결정된 시나리오와 반대되며, 이러저러한 특수한 성격을 지닌 최종 결과물의 대립물이다. 포스트-포드주의적 다중의 탁월한 기예는 말하는 사람의 탁월한 기예와 완전히 똑같다. 말하자면 대본이 없는 탁월한 기예는 순수하고 단순한 가능태(*dynamis*)와 일치하는, 순수하고 단순한 역량에 일치하는 대본이라는 전제에

---

33. [옮긴이] 이탈리아어 'potenza'는 '역량'을 의미하는 동시에 '가능태', '잠재력' 등으로 옮겨질 수 있다. 따라서 이 책에서는 이것의 프랑스어 번역어인 'potentialité'도 주로 '역량'으로 옮겼으나 맥락에 따라서는 '가능태'나 '잠재력'으로 옮기기도 했으며, 후자의 경우에는 원어를 병기했다.

토대를 둔 탁월한 기예이다.

거장의 공연이 '악보'와 맺는 관계를 규제하는 것은 자본주의적 기업의 규범이라는 사실을 덧붙여야 한다. 인간이라는 동물이 지닌 가장 유적인 소통과 인지 능력을 작동하게 하는 것(그리고 이득을 얻게 하는 것)은 역사적 지표, 역사적으로 결정된 형태를 갖는다. 오늘날 일반지성은 임금노동의 영속화로, 위계적인 체계로, 잉여가치 생산의 정점으로 표방된다.

8. 국가 이성과 엑소더스

바로 이 지점에서 우리는 노동, (정치적) 행위, 지성의 잡종화가 지닌 몇 가지 결과를 요약할 수 있다. 생산의 면만이 아니라 공적 영역(국가, 행정기구들)의 면에서 일어나는 결과들을 말이다.

지성은 노동과 통일되자마자 공적이게 된다. 하지만 우리는 일단 지성이 임금노동과 통일되면, 지성이 지닌 전형적인 공적 측면 또한 억제되고 왜곡된다는 것을 알아야만 한다. 이러한 공공성은 그 역할에 있어서 생산력으로서 거듭 불러내어지지만, 엄밀한 의미에서 볼 때 공적인 영역으로서의, 정치적 행위의 가능한 근원으로서의, 상이한 구성(constitutionel) 원리로서의 이러한 공공성의 역할은 끊임없이 말살당해 왔다.

일반지성은 노동에만 특정하게 관련된 협력보다 그 폭이 훨씬 넓은 사회적 협력의 기반이다. 말하자면 일반지성은 더 넓은 동시에,

지극히 이질적이기도 하다. 바로 이 지점에서 우리는 이미 앞에서 다루었던 주제를 다시 발견한다. 생산과정의 연결이 직무의 기술적·위계적 분할(division)에 토대를 두고 있는 반면, 일반지성을 중심으로 한 공동 행동은 '정신생활에 공통된 분유로부터, 즉 소통적·인지적 능력들의 예비적인 공유로부터 나온다. 하지만 지성의 초과 협력은 자본주의적 생산의 강제를 무력화시키는 것이 아니라 자본주의적 생산의 가장 중요한 자원을 구성한다. 그것의 이질성은 목소리도 없고 가시적이지도 않다. 이처럼 지성의 두드러짐(apparition)이 노동의 기술적 전제조건이 되기 때문에, (지성의 두드러짐이 초래하는) 노동 외부에서의 협력 행위는 다시 공장체제를 특징짓는 기준과 위계로 포섭된다.

  이 역설적 상황은 중요한 두 가지 결과들을 초래한다. 첫 번째 결과는 정치권력의 본성과 형태에 속한다. 노동 역시 공공성을 생산력으로서 요구하기 때문에 지성의 특유한 공공성은 자신의 참된 표현을 잃게 된다. 그 때문에 지성의 이러한 공공성은 국가 영역 안에서 행정장치의 비대한 성장을 통해 간접적으로 드러나게 된다. '국가성'(statualità)의 핵심은 이제 더 이상 의회-정치 체계가 아니라 바로 행정이다. 이렇게 된 이유는 행정이 일반지성의 권위주의적인 응결을, 지식과 통제 간의 융합지점을, 초과 협력의 전도된 이미지를 재현하기 때문이다. 사실 우리는 여러 해 동안 '정치체' 내부에서 관료제가 점점 더 결정적인 비중을 차지하게 되었음을, 법보다 시행령이 우선하게 되었음을 목격해 왔다. 하지만 여기에서 나는 새로운 문턱(threshold)을 밝혀두고 싶다. 간단히 말해 우리는 국가의 합리화라는 잘 알려진 과정과 대면하고 있는 것이 아니라, 오히려 이와는 반대로 우리는 지성의 국가화(*statizzazione*)가 도래했음을 인정해야만 한다. 이제서야 '국가이성'이라는 낡은 표현이 처음으로 비-은유적 의미성을 획득하게 된다. 홉스가 절대권력의 정당화 원리를 각 개인의 자연권이 주권자라는 인격으로 양도되는 것에서 찾았다면, 오늘날 이와는 반대로 우리는 지성이 국가 행정으로 양도되는 것에 관해서, 혹은 오히려 공적 성격이 국가 행정으로 즉각적이고 환원불가능하게 양도되는 것에 관해서 말해야만 한다.

두 번째 결과는 포스트-포드주의 체제의 실질적인 참된 본성과 관련된다. 지성에 의해서 열려진 '공적으로 조직된 공간'은 노동 협력으로 환원되기 때문에, 다시 말해 위계적 관계들의 빽빽한 그물망으로 끊임없이 항구적으로 환원되기 때문에, 모든 구체적인 생산 작업에 있어서 '타인의 현존'의 결정적인 기능은 인격적 의존의 형태를 띤다. 다른 말로 하면, 탁월한 기예를 지닌 활동은 보편적 하인의 노동처럼 보인다. 맑스가 언급했던 피아니스트와 하인의 친화성은 모든 임금노동이 '공연 예술가'와 공통적인 어떤 것을 가지고 있는 시대에서 예상하지도 못했던 보증서를 발견한다. 그러므로 탁월한 기예를 지닌 활동이 잉여가치를 생산하는 노동이라는 것을 제외하면, 이런 노동은 하인의 노동이라는 외양을 띤다. '생산물이 생산 행위로부터 분리될 수 없을' 때, 이러한 행위는 이를 수행한 사람의 인격을, 그리고 무엇보다도 특히 그 인격과 이를 명령한 사람 ― 혹은 그것이 향하고 있는 상대방 ― 의 인격과 맺는 관계를 문제 삼게 된다. 공통적인 것, 즉 지성과 언어를 작동하게 하는 것은 한편으로는 과제의 비인격적인[비인칭적인] 기술적 분리를 허구로 만들지만, 다른 한편으로는 그러한 공동체를 공적 영역으로 (즉 정치적 공동체로) 전환하지 않으며 오히려 예속 상태의 집요한 인격화를 유발한다.

중요한 물음은 다음과 같이 제기된다. 오늘날 통일된 것, 다시 말해 지성(일반지성)과 (임금)노동을 분리하는 것이 가능한가? 그리고 오늘날 분리된 것, 말하자면 지성과 정치적 행위를 통일하는 것은 가능한가? 지성/노동의 '고대적 동맹'에서 지성/정치적 행위의 '새로운 동맹'으로 나아가는 것은 가능한가?

정치적 행위를 현재적 마비상태로부터 구출해 내는 것은 임금노동의 외부에서 임금노동에 반대하여 지성의 공적 성격을 발전시키는 것과 다르지 않다. 그렇지만 이것은 두 구별되는 측면을 드러내는 바, 그 둘 사이에는 가장 엄격한 의미의 보충성(complémentarié)이 존속한다. 한편으로 일반지성은 상품생산 및 임금노동의 생산에 결부되어 있는 연결고리를 절단했을 때에만 자율적인 공적 영역으로 확실히 드러난다. 다른 한편 자본주의적 생산관계의 전복은 바로 이 지점에서 비-국가적인 공적 영역의 제도화와 더불어, 일반지성을 중심축으로 삼는 정치적 공동체의 제도화와 더불어 표방될 수 있다. 포스트-포드주의적 경험의 두드러진 특질(하인의 탁월한 기예, 언어 능력의 가치화[가치증대], '타인의 현존'과 맺는 확실한 관계 등)은 서로 갈등하는 자들 사이에서 일어나는 눈에는 눈과 같은 복수의 법칙처럼, 근본적으로 새로운 형태의 민주주의를 공준으로 내세운다.

비-국가적인 공적 영역은 다중의 존재양식에 부합하는 공적 영역이다. 이것은 언어/사유의 '공적 성격'을, 거장을 위한 악보의 모습을 한 지성의 외부적이고 눈에 띠며 공유된 성격을 최대한 이용한다. 우리가 세미나 첫째 날 이미 고찰했듯이 이것은 국가 주권에 의해 창설된 것과 관련해서 보면, 혹은 홉스를 인용할 경우에는 '정치체의 통일에 의해' 창설된 것과 관련해서 보면 지극히 이질적인 '공적 성격'을 띠고 있다. 오늘날 탁월한 생산적 원천으로 표방되는 이러한 '공적 성격'은 구성(constitutionnel) 원리가 될 수 있지만, 사실은 공적 영역이 될 수도 있다.

어떻게 탁월한 기예는 하인의 탁월한 기예가 아닐 수 있을까? 가설상 ('다중의 공화제'를 더 이상 국가가 경영하지 않는 공통의 사태들의 영역이라고 이해할 때) 하인의 탁월한 기예에서 '공화주의적' 탁월한 기예로 어떻게 나아갈 수 있는가? 원리상 일반지성에 토대를 둔 정치적 행위를 어떻게 인식할 수 있는가? 우리는 이 지형을 조심스럽게 걸어가야만 한다. 우리가 행할 수 있는 모든 것은 여전히 견고한 경험적인 체험을 결여하고 있는 어떤 것의 논리적 형태를 지적하는 것이다. 나는 두 개의 핵심 용어를 제안한다. 시민 불복종과 엑소더스가 그것이다.

어쩌면 '시민 불복종'은 다중의 정치적 행위의 근본적인 형태를 대표하지만, 다만 이렇게 말할 수 있는 것은 '시민 불복종'이 속해 있던 자유주의적 전통으로부터 다중이 해방되었다고 가정할 때이다. 이것은 다른 근본적인 규범들, 예를 들어 헌법과 정합적이지 않거나 모순적으로 보인다고 해서 특정한 법을 무시하는 문제가 아니다. 사실 그렇게 보이는 경우에 [특정한 법에 대한 반항은 국가의 명령에 대한 더욱 심층적인 충성을 입증할 뿐이기 때문이다. 우리가 여기에서 관심을 갖고 있는 근본적인 불복종은 이와는 반대로, 국가의 통제 능력 자체를 의심하는 것이다. 이를 더 잘 이해하기 위해서 이 문제를 한걸음 물러나서 살펴보자.

홉스에 따르면, '정치체'의 제도화와 더불어, 우리는 심지어 우리가 명령을 받을 것이라고 알기도 전에 복종을 할 수밖에 없다. "제반 시민법은 복종의 의무에 의해 효력을 발휘하게 되며, 따라서 복종의 의무가 제반 시민법에 선행한다."[34] 민중들은 거역해서는 안 돼!라고 아주 명확하게 명령하는 특수한 법이 발견되지 않는 것은 바로 이 때문이다. 국가 명령의 무조건적 수용이 미리 전제되지 않는다면, ('당신은 거역해서는 안 돼'라고 명백히 말하는 것을 포함하여) 구체적인 입법적 배치물(disposition législative)은 결코 어떠한 정당성도 지니지 못할 것이다. 홉스는 최초의 복종의 연결고리가 '자연법'에서, 즉 자가-보존과 안위에 관한 공통의 관심에서 도출된다고 주장한다. 여전히 그는 아주 재빨리 이렇게 덧붙인다. '자연법', 즉 주권자의 모든 질서를 준수하도록 강제하는 최고-법(la loi supérieure)은 결국 '우리가 자연상태에 남겨져 있을 때에만, 따라서 국가가 이미 제도화되었을 때에만' 법이 된다. 그러므로 실질적인 역설이 모습을 드러낸다. 복종의 의무는 국가의 존재 원인이자 결과이며, 자신의 기반을 구성하기 위해서 이러한 의무에 의존하는 바로 그 국가에 의해서 지지되며, '지고의 제국'의 형성에 선행하는 동시에 이러한 형성에 뒤이어 나온다.

---

34. Hobbes, 1642, XIV, 21.

그러므로 다중이 자신의 표적으로 삼고 있는 것은 기초적인 복종 또는 아무런 내용도 없는 복종이다. 다시 말해서 맹종과 '위반'의 음울한 변증법이 바로 이러한 복종을 토대로 삼을 때에야 발전될 수 있는 것으로서의 복종인 것이다. 의료서비스의 해체나 이민유입의 저지 등에 관한 특정 규정에 반대하면서 다중은 모든 명령적 규정행위의 감추어진 전제조건으로까지 거슬러 올라가 그것의 유효성을 뒤엎으려고 시도한다. 또한 급진적 불복종은 제반 시민법을 위반하는 것으로는 만족하지 않고 제반 시민법이 지닌 유효성의 기반 자체에 의문을 제기하기 때문에, 급진적 불복종은 '제반 시민법에 선행한다.'

이제 두 번째의 핵심어로 나아가 보자. 그것은 바로 엑소더스이다.[35] 시민 불복종의 온상은 바로 사회적 갈등이다. 그러나 그것은 유일하게 그리고 본질적으로 시위(protestation)를 통해 드러나는 것이 아니라, 오히려 그리고 특히 탈퇴(défection)를 통해 드러난다. (앨버트 O. 히르쉬만이 설명하듯이,[36] 목소리로서가 아니라 탈출(exit)로서.)

탈주, 엑소더스는 결코 수동적이지 않다. 망명은 갈등이 발생하는 조건을 움직일 수 없는 지평으로 전제하기보다 이러한 조건을 변양시킨다. 그것은 어떤 문제가 발생되는 맥락을 변양시키는 것이지 미리 설정된 선택지 중에서 어느 하나를 고름으로써 문제에 대처하는

---

35. [옮긴이] 이 책에서 강조되어 사용되는 'exodus'는 음을 그대로 차용하여 '엑소더스'라고 옮겼다. 한편, 이와 비슷한 뉘앙스를 가지고 이 책에서 사용되고 있는 용어들의 번역어는 다음과 같다. escape=도주, flight=탈주, defection=탈퇴/도망, desertion=도피, exit=탈출/출구/퇴장, exil=망명.
36. Hirschman, 1970. [Hirschman, *Exit*.]

것이 아니다. 간단히 말해서, 탈출은 놀이의 규칙을 변경시키고 적의 나침반을 망가뜨리는 불손한 개입으로 이루어져 있다. 우리는 세미나의 첫째 날에 이 주제에 관해서 아주 강력한 어조로 말했던 것을 기억하면서, 19세기 중반 미국 노동자들이 행했던 탈주, 즉 공장체제로부터의 대규모 탈주에 관해 생각해 볼 필요가 있다. 헐값에 토지를 차지하기 위해 '경계'(frontière)를 넘어 가면서, 이들은 자신들이 고유하게 지니고 있던 출발 조건을 뒤집을 수 있는 기회를 잡았다. 1970년대 후반의 이탈리아에서도 비슷한 것이 발생했는데, 이 당시 청년 노동-역량은 모든 예측과는 반대로 거대 기업에서의 정규직보다는 임시직과 시간직을 더 선호했다. 비록 아주 짧게 지속되기는 했지만, 일자리(emploi)의 유연성은 산업적 훈육의 쇠퇴를 촉발하고 또 몇 가지 수준의 자가-결정을 허용하면서 정치적 자원으로서 기능했다.

엑소더스, 혹은 탈퇴(défection)는 '잃을 것이라곤 우리 자신의 쇠사슬밖에는 없다'라는 정식화 안에 포함되어 있는 절규의 대척점이다. 이것은 잠재적인 부에, 가능성들의 충만함에, 간단히 말해서 제3의 가능성이 존재할 수 있다(tertium datur)[37]는 원리에 의존한다. 하지만 현대의 다중에게, 저항이라는 선택지를 희생하면서까지 탈주라는 선택권을 행사하라고 유도하는 이러한 잠재적 풍부함이란 대체 어떤

---

37. [옮긴이] 원래 이 용어는 마치 관용구처럼 'tertium no datur'으로 사용된다. 이것은 '제3의 해결책이란 없다', '제3의 길을 제시하지 않는다' 등의 의미를 가지며, 나아가 '양자택일을 해야 한다'는 의미를 갖기도 한다. 따라서 이것의 부정어인 'tertium datur'는 '제3의 해결책을 찾는다' 등으로 옮길 수 있다.

것일까? 분명히 문제로 되는 것은 공간적인 '경계'가 아니라 일반지성의 공적 성격 안에 포함되어 있는 지식의 잉여, 소통의 잉여, 탁월한 기예의 공통적 행위이다. 탈퇴는 이러한 잉여를 자율적이고 긍정적이며 가장 고귀하게 표현하며, 이러한 잉여가 국가 행정 권력으로 '양도'되는 것을 훼방하거나 이러한 잉여가 자본주의적 기업의 생산적 원천으로서 배치(configuration)되는 것을 방해한다.

불복종, 엑소더스. 하지만 분명한 것은 이것이 다중의 정치적인 탁월한 기예, 즉 비-하인적인 탁월한 기예가 무엇일 수 있는지에 대해 그저 암시만 할 뿐이라는 것이다.

제3강

주체성으로서의 다중

어쩌면 다중 개념은, 양자역학이 초래한 문제와 역설에 대해 사용하자고 프랑스의 위대한 인식론자인 가스통 바슐라르가 제안했던 것과 똑같은 방식으로 다뤄질 수도 있을 것이다. 말하자면 바슐라르는 양자역학이 문법상의 주어로 이해되어야만 하며, 양자역학을 적실하게 사유하기 위해서는 이 양자역학 속에 있는 이질적인 철학적 '술어들[속성들]'을 이용할 수 있어야만 한다고 주장했다.[1] 다시 말해서 어떤 때에는 칸트의 개념이 유용하며, 다른 때에는 게슈탈트 심리학의 영감을 받은 개념이나 심지어 스콜라적 논리가 지닌 약산은 미묘한 관념이 유용하다는 것이다. 이것은 우리가 다루고 있는 사례에도 역시 마찬가지이다. 우리는 다양한 영역과 다양한 저자들에서 유래된 개념들을 가지고 다중을 탐구해야만 한다.

---

1. Bachelard, 1940.

우리가 앞의 이틀 동안의 세미나에서 행했던 것이 바로 이런 식의 탐구이다. 우리는 세미나 첫째 날에 공포-방어의 변증법을 경유하여 '다수'의 존재양식이라는 주제에 접근했다. 우리가 홉스, 칸트, 하이데거, 아리스토텔레스(토포이 코이노이 *topoi koinoi*, 즉 '공통의 장소'), 맑스와 프로이트의 핵심어들을 사용했다는 것을 기억할 것이다. 다른 한편 세미나 둘째 날에는 포이에시스와 프락시스, 노동과 정치적 행위의 병치에 관해 논의함으로써 현대적 다중에 관한 탐구를 계속해 왔다. 이 점에서 볼 때 우리가 이용한 '술어들'은 한나 아렌트, 글렌 굴드, 소설가인 루치아노 비안챠르디, 소쉬르, 기 드보르, 그리고 또다시 맑스, 히르쉬만 등등으로부터 끌어온 것이었다. 이제 우리는 (이와는 다른 관점에서 출발해 다중의 문제를 조명해 줄 것이라고 내가 바라마지 않는) 또 다른 개념군들을 검토할 것이다. 그러한 상이한 각도는 바로 주체성의 형태로부터 나온다.

우리가 '다중'이라는 문법적 주어에 귀속시킬 수 있는 술어들은 다음과 같다. 1) 개체화 원리, 즉 단독자를 단독성으로 만들고 개체를 개체성으로 만드는 것에 관해 주목하는 오래된 철학적 물음. 2) 푸코의 '삶-정치' 개념. 3) 오늘날 '다수'의 삶의 형태를 정의하는 감정적 어조, 또는 기분(*Stimmungen*)[2]인 편의주의와 냉소주의. (하지만 감정적 어조는 일시적인 심리학적 파문이 아니라 우리 자신의 세계-내-존재와 맺는 특징적 관계라는 점을 염두에 두자.) 4) 마지막으로 아우

---

[2] [옮긴이] 비르노가 사용하는 '기분'(Stimmung)은 다분히 하이데거적인 의미가 강하다. 기분에 관해서는 『존재와 시간』, 이기상 옮김, 136~137쪽과 이기상·구연상, 『「존재와 시간」 용어해설』, 까치, 1998, 47~48쪽을 보라.

구스티누스와 파스칼이 분석했고 하이데거의 『존재와 시간』에서 철학적인 주제의 반열로까지 격상된 두 개의 현상들인 잡담과 호기심.

1. 개체화 원리

다중은 다음을 의미한다. 즉 지속적인 사회적·정치적 실존 형태로서의, 민중의 강제적인 통일과 대립된 것으로서의 다수성(pluralité)—문자 그대로 말해서 다수의-존재. 그러므로 다중은 개별자들(individuals)의 연결망으로 이루어져 있다. 즉 다수는 무수한 단독성으로 이루어져 있다.

결정적인 것은 이러한 단독성을 출발점이 아니라 도착 지점으로 여기는 것이다. 즉 유아론적 원자가 아니라 개체화 과정의 최종 결과로 여기는 것이다. 정확히 말하자면, 단독성이란 점진적인 분화(différenciation)의 복잡한 결과이기 때문에, '다수'는 이면의 종합을 유도하지 않는다. 다중의 개체적인 것은 그것을 넘어서면 아무 것도 없는 과정의 최종 항이다. 다른 모든 것은 (일자에서 다자로의 이행은) 이미 발생했기 때문이다.

우리가 개체화 과정이나 원리에 관해서 말할 때, 특히 염두에 누어야만 하는 것은 개체화 자체에 선행하는 바의 것이다. 이것은 무엇보다도 우선 전-개체적 실재성, 즉 공통적이고 보편적이며 미분화된 어떤 것과 관계된다. 단독성을 생산하는 과정의 첫마디(incipit)는 바-개체적인 것, 전(前)-개체적인 것이다. 단독성은 자신의 대립물에 뿌리를 두고 있으며, 자신의 대척점으로부터 생겨난다. 다중 개념은 자유주의 사상과 어떤 것을 공유하는 것처럼 보인다. 다중이 개체성을 귀중하게 생각하기 때문이다. 그러나 동시에 다중은 자유주의 사상과 근본적으로 거리를 두고 있는데, 이는 다중이 보편자, 유적인 것, 전-개체적인 것으로부터 생겨나는 개체화 과정의 최종 결과이기 때문이다. 겉으로는 근접해 보이는 것이 전복되면서 오히려 가장 거리를 두게 된다.

그렇다면, 개체화의 기반에 놓여 있는 전-개체적 실재성은 무엇으로 구성되어 있는가? 라고 물어보자. 이에 대해 제시할 수 있는 답은 무수히 많으며 모두 정당하다.

무엇보다 전-개체적인 것은 유(genre)3의 생물학적 토대 — 감각기관, 운동기능 장치, 지각 능력들 — 이다. 이 점과 관련해서 메를로-뽕띠는 아주 흥미로운 것을 주장한다. "나는 나의 탄생이나 죽음을 의식하지 않는 것과 마찬가지로, 나의 감각의 참다운 주체라는 것을 의식하지 않는다."4 그리고 뒷부분에서 그는 이렇게 쓴다. "봄, 들음, 만짐은 각 분야에서 […] 나의 인격적[인칭적] 삶보다 앞에 있으며, 또 이것에 낯선 채 남아 있다."5 지각은 1인칭 단수 대명사로 쓰일 수 없다. 느끼고 보고 만지는 것은 개체적인 '나'(je)가 아니다. 그것은

---

3. [옮긴이] 이 책의 불역본과 영역본에는 'espéce'로 되어 있으나 이 책 전체의 맥락에서 볼 때 이는 '유'(genre)를 뜻하는 것으로 보아야 한다.
4. Merleau-Ponty, 1945, p. 249. [*Phenomenology*, p. 215; 한국어판: 메를로-퐁티, 『지각의 현상학』, 류의근 옮김, 문학과 지성사, 2002, 329쪽.]
5. Idem, p. 399. [*Ibid.*, p. 347; 한국어판: "즉 봄, 들음, 만짐을 나의 개인적 삶에 선행하여 무관하게 남아 있는 그들의 장들과 더불어 통합하는 것을 알고 있다." 위의 책, 520쪽.]

유(類) 자체이다. 우리는 감각에 대해 익명의 대명사 '사람들'(on)을 할당한다.6 즉 사람들은 보고, 사람들은 만지고, 사람들은 듣는다. 감각에 각인된 전-개체적 본성은 결코 단독화될 수 없는 유적이고 생물학적인 기본재산(donation)이다.

둘째로 랑그7, 즉 몇몇 공동체의 모든 화자들에 의해 공유된 역사적-자연적 랑그는 전-개별적이다. 랑그는 모두에게 속하는 동시에 아무에게도 속하지 않는다. 또한 언어의 경우에는 개체적인 '나'가 있는 것이 아니라 '사람들'이 있다. 다시 말해서, 사람들이 말한다. 빠롤의 사용은 무엇보다 간-정신적(*inter-psychic*), 사회적, 공적이다. '사적인' 언어란 존재하지 않는다. — 어떠한 개체적인 경우에도, 심지어 신생아의 경우에도 말이다. 이런 관점에서 볼 때, 우리는 '공적 지성' 혹은 일반지성 개념을 충분하게 파악할 수 있다. 하지만 랑그는 감각적 지각과는 달리 전-개체적인 영역으로, 개체화 과정은 이 영역에 뿌리를 두고 있다. 존재발생(ontogenesis), 즉 살아 있는 단독적 존재의 성장 국면은 공적이거나 간-정신적 경험으로서의 언어로부터 단독화하고 내-정신적(intra-psychic) 경험으로서의 언어로의 이행이라

---

6. [옮긴이] 이 책에서 '사람들'로 옮긴 것은 'on'으로 통상 '우리'로 옮겨질 수 있으나 프랑스어에는 '우리'로 옮겨질 수 있는 인칭대명사 'nous'가 있으므로 이와 구별하기 위해 '사람들'로 바꾼다. 한편 이는 하이데거적인 의미에서의 '우리', 즉 '세인'(das Mann)을 가리키는 동시에 비르노 자신이 말하듯이 이를 하이데거에 '반하여' 사용하고 있다.
7. [옮긴이] 영역본에는 랑그와 **빠롤**, 언어를 구별하지 않고 있으며, 위의 단어를 언어, 즉 'language'라고 하고 있으나 불역본에서는 'langue' 즉 '랑그'로 표기하고 있다. 그러나 문맥상 사적인 언어란 없는 것이라는 점에서 '빠롤'과 대비하여 언어가 아니라 '랑그'로 표기하는 것이 적합하다. 한편, 이하의 글에서는 'lange'와 'language'가 때에 따라서는 같은 의미로 사용되기도 한다. 그런 경우 '랑그[언어]'로 표기했다.

는 사실로 이루어져 있다. 내가 보기에 이러한 과정은 빠롤의 행위가 결정된 랑그에 배타적으로 의존하지 않는다는 것을 아이가 이해할 때 생겨난다. (이것은 많은 점에서 양수 liquide amniotique나 익명의 동물학적 환경 zooligique anonyme과 닮아 있다.) 오히려 그것은 말을 한다는 유적인 능력과, 사물을 말할 수 있는 미결정적 역량과 관련되어 있다. (이것은 이러저러한 역사적-자연적 언어로 요약되지 않는다.) 말할 수 있는 능력(또는 역량)과 빠롤이라는 특수한 행위가 맺는 관계에 관한 점진적인 명료화.[8] 바로 이것이 화자의 개체화를 불러일으킨다는 점에서 역사적-자연적 언어의 전-개체적 성격을 넘어설 수 있게 해준다. 사실 랑그는 모든 이에게 속하는 동시에 아무에게도 속하지 않는 반면, 순수하고 단순한 말할 수 있는 역량(pouvoir-dire)으로부터 특수하고 우발적인 언표행위로의 이행은 '정말 내 자신에게 속한'(vraiment à moi) 것의 공간을 결정한다. 그러나 이것은 복잡한 문제이고, 나는 여기서 이에 대해 단지 암시적으로 언급할 수 있을 뿐이다. 결론을 내보자. 우리는 지각적인 전-개체성이 개체화 행위를 낳지 않고서도 그 자체로 남아 있을 수 있는 반면, 다른 한편으로 언어적 전-개체성은 개체화된 단독성을 형성하는 토대나 환경이라고 말할 수 있다.

셋째, 오늘날 지배적인 생산관계는 전-개체적인 것이다. 그러므로 우리는 또한 전-개체적인 실재성을 접하는데, 이것은 완전히 역사적이다. 선진자본주의에서 노동과정은 인류의 가장 보편적인 재능들

---

8. [옮긴이] 여기서 말하고 있는 '행위'(atto)와 '역량'(potenza)의 관계는 '현실태(atto)/가능태(potenza)'라는 대당개념에 입각해서 사고되어야만 한다.

―지각, 언어, 기억, 정서― 을 동원한다. 이것들이 포스트-포드주의 시대에서 행하고 있는 제반 역할과 기능은 맑스가 『1844년 경제학-철학 수고』에서 논의했던 *Gattungswesen*이나 '유적 존재'와 거의 대부분 일치한다.[9] 생산력의 총체는 전-개체적인 것이다. 이것은 공통의 행위와 같은 사회적 협력으로서, 포이에시스적, '정치적', 인지적, 감정적 관계의 총체이다. 그것은 일반지성, 즉 일반적이고 객관적이며 외부적인 지성이다. 현대의 다중은 개체화된 개체, 즉 결국 이러한 전-개체적 실재성을 가지고 있는 그런 개체들로 이루어져 있다. (우리는 자연스럽게 여기에 익명의 감각적 지각과 모든 이의 것이자 그 누구의 것도 아닌 랑그를 덧붙일 수 있다.)

이중의 모습을 지닌 주체(*Un sujet amphibie*). 프랑스 철학자이자 질 들뢰즈의 절친한 친구인 질베르 시몽동이 쓴 중요한 텍스트가 (DeriveApprodi 출판사에 의해서) 이탈리아에서 발간될 채비를 하고 있다. 책 제목은 『정신적 개체화와 집단적 개체화』(*L'individuation psychique et collective*)인데, 이 책에서 시몽동은 개체화 원리와 관련하여 우리가 바로 뒤에서 문법상의 주어인 다중에 적용하게 될 여타의 개념적 '술어들'을 제공한다.

시몽동의 두 가지 테제는 다중의 시대에 주체성에 관해 말하려고 하는 사람에게 특히 긴요하다. 첫 번째 테제는 개체화는 결코 완결되지 않는다고, 즉 전-개체적인 것은 결코 단독성으로 완전히 전환되지 않는다고 말한다. 결국 시몽동에 따르면, 주체는 전-개체적 요소들과

---

9. Marx, 1932.

개체화된 국면들의 항구적인 혼합(mélange, 뒤섞임)으로 이루어져 있다. 게다가 우리는 주체란 이러한 뒤섞임이디라고 말할 수도 있다. 시몽동에 따르면 주체를 그 구성요소 중의 하나인 단독화된 것과 동일시하는 것은 심각한 잘못이다. 오히려 단독화된 것은 합성물이다. 다시 말해 '나'이지만 그러나 또한 '사람들'이기도 하다. 결코 재생산될 수 없는 독특함(unicité)이기도 하지만 그러나 또한 익명의 보편성이기도 한 것이다.

개체화된 '나'는 유(類)의 생물학적 토대(감각적 지각 등), 모국어의 공적이거나 간-정신적인 성격, 생산적 협력 및 일반지성과 공존하지만, 우리는 이러한 공존(cohabitation)이 항상 평화로운 것은 아니며, 그와는 정반대로 다양한 종류의 위기를 발생시킨다는 점을 여기에 덧붙여야만 한다. 주체는 전쟁터이다. 전-개체적 측면이 개체화에 의문을 제기하는 것처럼 보이는 경우는 그리 드물지 않다. 즉 개체화는 자신이 불안정한 결과이며, 항상 되돌릴 수 있는 결과라는 점을 드러낸다. 이와는 정반대로, 엄청난 열정을 가지고 우리 경험의 모든 전-개체적 면모를 자기 자신으로 축소하려고 노력하는 것처럼 보이는 것은 엄격하게 말해서 바로 '나'이다. 두 경우 모두에는, 두려움·패닉, 불안(angst), 다양한 종류의 병리학적 현상들이 넘쳐난다. '나'가 더 이상 세계를 가지고 있지 않거나 세계가 더 이상 '나'를 가지고 있지 않거나 이 둘 중 하나다. 이러한 것들은 좀 더 제한된 형태에서 나타나기는 하지만 그럼에도 불구하고 결코 완전히 부재하지는 않는 동요(oscillation)의 두 극단들이다. 시몽동에 따르면 이러한 동요의 두 가지 증거, 즉 정서와 정념이 존재한다는 것은 분명하다. 전-개체적인 것과 개체화된 것의 관계는 사실 정서에 의해 매개된다.

여담 한 가지. 주체의 전-개체적 측면과 단독화된 측면들 사이의 항상 조화롭지만은 않은 뒤섞임은 '다수'의 단독성과 일반지성 간의 관계에 가깝게 접근한다. 제1강에서 우리는 일반지성이 공적 영역으로 전환되지 않고 비인격적이고 전제적인 권력의 억압을 실행할 때 '일반지성'이 취할 수 있는 끔찍한 생김새를 충분히 강조했었다. 이 경우에 전-개체적인 것은 모든 것을 빨아들여 위태롭게 만든다. 20세기의 비판사상 — 무엇보다도 프랑크푸르트학파 — 은 개체가 보편적인 생산력으로부터 분리되었기 때문에 불행이 싹튼다고 주장했다. 그리고 그들은 개체를 차갑고 어두운 우리에 갇혀 있는 것으로 제시하는 한편, 이 개체로부터 멀리 떨어진 곳에서 사회의 (그리고 유類의) 익명적 역량이 빛을 발하고 있다고 주장했다. 이것은 완전히 오류투성이의 관념이다. 불행과 불안은 개체적 실존과 전-개체적 역량의 분리로부터 도출되는 것이 아니라 그것들이 아주 긴밀하게 뒤섞이는 것으로부터 — 이러한 뒤섞임이 불협화음, 병리적인 동요, 위기로 표방될 때 — 도출된다.

이제 시몽동 테제의 두 번째로 넘어가 보자. 그것은 집단적인 것, 집단의 경험, 집단의 삶이, 우리가 일반적으로 믿고 있듯이, 단독적인 개인[개체]의 두드러진 특질이 감소하거나 소멸하는 영역이 아니라 정반대로, 새롭고 보다 근본적인 개체화의 영토라는 것이다. 집단에 참여함으로써 주체는 자신의 가장 특수한 개별적 특질에 굴복하는 것이 아니라 적어도 부분적으로는, 모든 개인[개체]들이 자신 내부에서 실행하는 전-개체적 실재성의 일부를 개체화할 수 있는 기회를 갖게 된다. 시몽동에 따르면 집단 속에서야 우리는 우리의 고유한 단독성을 가다듬으려고 노력하게 되며, 그리고 또한 그러한 단독성을 그 정점으로까지 끌어올리려고 시도하게 된다. 확실히 고립된 주체 내부에서가 아니라 오로지 집단 안에서만 지각, 언어, 생산력은 개체화된 경험으로서 배치될 수 있다.

이 테제는 '민중'과 '다중'의 대립을 더 잘 이해할 수 있게 해준다. 다중에게 집단은 구심적이거나 혼융적(fusionnel)이지 않다. 그것은 '일반의지'가 형성되고 국가의 통일이 예시되는 장소가 아니다. 다중의 집단적 경험은 개체화의 과정을 더디게 하는 것이 아니라 가속화하기 때문에, 그러한 경험으로부터 우리가 동질적인 특질을 추출할 수 있다는 관념은 원리상 배제된다. 즉 우리가 주권자에게 무언가를 '위임'하거나 '양도'할 수 있다는 것은 배제된다. 부차적인 또는 2등급의 개체화로 간주된 다중의 집단은 비-대의제적 민주주의의 가능성을 정립한다. 이와는 반대로, 우리는 '비-대의제적 민주주의'를 역사적·사회적 전(前)-개체화의 개체화로 정의할 수 있다. 즉 과학, 지식, 생산적 협력, 일반지성. '다수'는 국가라는 통일체를 갈망하지 않고서도 '다수'로서 지속한다. 1) 개체화된 단독성으로서의 다수는 전-개체적인 것의 상이한 유형들에 각인되어 있는 통일/보편성을 이미 자신의 배경으로 삼고 있기 때문이다. 2) 집단적 행위 속에서 다수는 개체화의 과정을 강조하고 더 나아가게 하기 때문이다.

사회적 개인.[10] 『요강』의 「기계에 관한 단상」[11]에서 맑스는, 내가 보기에는 현대적 다중의 주체성을 파악하는 데 중심적인 개념을 정립했다. 곧바로 말하자면, 이것은 전-개체적 실재성과 단독성의 혼합에 관한 시몽동의 테제와 객관적으로 연결된 개념이다. 그것은 '사회적 개인' 개념과 관련된다. 맑스가 일반지성, 공적 지성에 관해 논하고 있는 바로 그 구절에서 이 표현을 사용한 것은 우연이 아닌 듯하다. 개인이 사회적인 것은 일반지성이 개인의 내부에서 제시되기 때문이다. 혹은 같은 말이지만, 『1844년 경제학-철학 수고』의 맑스로 다시 한번 돌아가면, 개인이 사회적인 것은 개인이 항상 '나'라는 단독자, 즉 *Gattungsgwesen*, '유적 존재', 호모 사피엔스 사피엔스라는 유(類)의 자질과 능력들의 총체적 측면에서 명백하게 표현되기 때문이다.

'사회적 개인'이라는 용어는 모순어법, 즉 대립된 것의 통일이다. 우리가 그 의미를 해독하는 데 있어서 시몽동의 장점을 취할 수 없다고 한다면, 이 용어는 마치 선정적이고 비일관된 일종의 헤겔식 겉멋을 닮은 것처럼 보일 수 있다. '사회적인 것'은 전-개체적인 것으로 번역되어야 하며, '개인'은 개체화 과정의 궁극적인 결과로서 간주되어야만 한다. '전-개체적'이라는 용어가 감각적 지각, 랑그언에, 생산력을 의미해야만 하기 때문에, 우리는 '사회적 개인'이 (자신의 상이한 지층들이나 구성적 요소들을 지닌) 고유한 존재발생, 고유한 형성을 명백하게 보여주는 개체라고 말할 수 있다.

---

10. [옮긴이] 여기에서는 통상적인 번역어를 따라 'l'individu social'은 '사회적 개인'으로 번역한다. 그러나 'l'individu'의 경우에는 '개체화'에 관한 논의를 전개하고 있다는 점에서 어휘의 일관성을 위해 주로 '개체'로 옮기되 맥락에 따라 '개인'으로 옮긴다. 따라서 '개체'와 '개인'은 같은 말의 번역어라는 점에 유의했으면 한다.
11. Marx, 1939-1941 post. [한국어판:『요강』, 705쪽.]

다수의-존재, 개체화 원리에 관한 고대적인 물음, '사회적 개인'이라는 맑스적 개념, 각각의 주체 내부에서 전-개체적 요소들(언어, 사회 협력 등)과 개체화된 요소들의 동거에 관한 시몽동의 테제를 하나로 묶는 일종의 어휘상의 연결고리가 있다. 나는 '사회적 개인'의 총체를 다중이라고 부르자고 제안한다. 이때 사태가 근본적으로 바뀌는 까닭은 맑스와 마찬가지로, 그러나 대부분의 맑스주의와는 반대로, 유(類)를 구성하는 각각의 단독적 요소의 실존 자체에 최고의 중요성과 최고의 가치를 부여하기 때문이라고 할 수 있다. 그것은 역설적으로 보일 수 있으나, 나는 맑스의 이론이 오늘날 개체에 관한 현실주의적이고 복잡한 이론으로서, 엄격한 개체주의로서, 따라서 개체화 이론으로서 이해될 수 있다고 (혹은 이해되어야만 한다고) 생각한다.

2. 애매한 개념 : 삶-정치

푸코는 18세기 말과 19세기 초 사이에 '인구'(population) 개념에서 일어난 변화에 관해 1970년대에 콜레주 드 프랑스에서 강의하는 과정에서 '삶-정치'라는 용어를 도입했다.[12] 푸코의 생각에 따르면, 이 시기 동안에 삶, 삶 자체, 단순한 생물학적 과정으로서의 삶이 지배되고 정치적으로 관리되기 시작했다. 최근 몇 년 동안 '삶-정치' 개념이 유행하게 되었다. 이것은 아주 빈번하고도 거의 모든 맥락에서

---

12. Foucault, 1989. [Foucault를 보라.]

사용되어지고 있다. 우리는 이러한 이 용어를 자동적이고 무반성적으로 사용하는 것을 피해야만 한다. 그러므로 이렇게 물어보자. 삶이 어떻게 그리고 왜 공적인 무대의 중심으로 솟구쳐 올라왔는가, 국가가 어떻게 그리고 왜 삶을 규제하고 지배하게 되었는가라고 물어보자.

내가 보기에 '삶-정치'라는 용어의 합리적인 핵심을 파악하기 위해서는 다른 개념으로부터, 즉 철학적인 각도에서 보았을 때 상대적으로 훨씬 더 복잡한 개념으로부터 출발해야만 한다. 그것은 바로 노동-역량(*labor-power*) 개념이다. 이것은 사회과학의 모든 곳에서 논의되었던 개념이다. 하지만 이 개념이 지닌 강한 역설적인 성격은 무시되었다. 전문적 철학자들이 이것에 진지하게 관심을 쏟았더라면 이들은 그것에 훨씬 더 많은 노력과 관심을 할애해야만 했을 것이다. '노동력'은 무엇을 의미하는가? 그것은 생산할 수 있는 역량(puissance)[13]을 의미한다. 역량은 다시 말해서, 능력(faculté), 재능(capacité), 가능태(*dynamis*)이다. 유적이고 미결정된 역량. 이 때의 역량은 특정한 종류의 노동행위만을 가리키는 것이 아니라, 또 이러저러한 종류의 노동을 가리키는 것이 아니라 모든 형태의 노동을 가리킨다. 자동차 문을 제조하는 것은 물론이고 배를 수확하는 것, '공동회선' 망을 이용해 전화교환원들이 자기들끼리 떠는 수다, 전문가의 교정 작업 등등을 가리키는 것이다. 노동-역량은 "물질적 형태(corporéité)에서 존재하는 그러한 정신적이고 물리적인 능력의 총합, 즉 살아 있는 인격

---

13. [옮긴이] 여기에서 '역량'으로 옮기고 있는 'puissance'는 '가능태'로 옮겨질 수 있으며, 따라서 이하에서 '역량'은 '가능태', '잠재력' 등으로 이해하는 것이 적합하다.

성, 인간 존재의 총합"이다.14 모든이라는 말에 주의해야 한다. 노동-역량에 관해 말할 때 우리는 은연중에 모든 종류의 능력을 지시한다. 즉 언어 능력, 기억, 운동성(motricité) 등. 그저 오늘날의 세계에서만, 즉 포스트-포드주의의 시대에서만 노동-역량의 실재성은 개념의 가장 높은 지점에 완전히 도달하게 된다. 다시 말해서 오늘날의 세계에서만 노동-역량 개념은 물리적이고 기계적인 속성의 총체로 환원되지 않는다. (그람시의 시대에서는 그렇지 않았다.) 대신 오늘날 그것은 자신 내부에, 그리고 매우 당연하게도 '정신생활'을 포함한다.

하지만 여기에서 요점으로 나아가 보자. 자본주의적 생산관계는 노동-역량과 실질적 노동(travail effectif)의 차이에 토대를 둔다. 반복하건대 노동-역량은 순수한 역량이며, 이것에 상응하는 행위와는 뚜렷이 구별된다. 맑스는 이렇게 쓴다. "우리가 소화 능력에 관해 말할 때 우리가 소화에 관해서 말하지 않듯이, 우리가 노동 능력에 관해 말할 때, 우리는 노동에 관해 말하는 것이 아니다."15 하지만 그것은 상품의 극히 구체적인 특권을 찬양하는 역량과 관련되어 있다. 역량[가능태]은 비-현재적인, 비-실재적인 어떤 것이다. 하지만 노동-역량의 경우에, 이 비-현재적인 어떤 것은 수요와 공급의 법칙에 종속된다.16 자본가들은 생산할 수 있는 능력 자체('물질적 형태 안에 존재하는 모든 물리적이고 지적인 재능의 총합')를 구매하며, 한 두 개의 한정된 현물을 구매하는 것이 아니다. 구매와 판매가 성사된 후에야

---

14. [*Capital*, Vol. 1, p. 270.]
15. [*Ibid.*]
16. Virno, 1999 참조. [Virno, *Il ricordo*, pp. 121~123.]

자본가들은 자신들이 소유한 상품을 원하는 대로 사용할 수 있다. "노동-역량의 구매자는 노동-역량의 판매자로 하여금 노동하게 함으로써 노동-역량을 소비한다. 반면 노동-역량의 판매자는 노동함으로써 이전에는 그저 잠재적(potentia)이었을 뿐인 것이 현실성으로 된다."[17] [노동자에게] 현실적으로 지불된 노동은 자본가가 타인의 노동역량을 확실하게 하기 위해서 이전에 지불했던 돈만을 자본가에게 상환한다고 끝나는 것이 아니다. 노동자들이 현실적으로 지불받은 노동은 추가적인 시간 동안에도 계속 된다. 바로 여기에서 잉여가치의 발생을 찾아볼 수 있으며, 바로 여기에서 자본주의적 축적의 비밀이 발견된다.

노동-역량은 철학사상의 근본적인 범주를 (문자 그대로) 구현한다. 특히 역량, 가능태(dynamis). 그리고 내가 말한 바의 '잠재적'(potentiel)은 현실적(actuel)이지 않은 것을, 현재적(présent)이지 않은 것을 의미한다. 그러므로 현재적이지 (혹은 실재적 réel 이지) 않은 것은 자본주의 안에서는 예외적으로 중요한 상품이 된다. 이러한 역량, 즉 가능태(dynamis), 비-현존은 추상적인 개념으로 머물러 있는 것이 아니라 실천적이고 경험론적이고 사회경제적인 개념으로 보인다. 자본가와 노동자 간 교환의 핵심에 놓여 있는 것은, 이 교환이 아직 실행되지 않았을 때에는, 능력 자체이다. 구매-판매의 대상은 실재적인 실체(현실적으로 실행된 노동의 수행)가 아니며, 그 대상 자체는 본질적으로 자율적인 공간적-시간적 실존(유적인 노동 능력)을 갖고 있

---

17. Marx, 1867. [한국어판: 『자본』 1권, 283쪽.]

지 않다.

노동-역량의 (즉 모든 다른 상품들처럼 사고 팔 수 있는 비실재적인 어떤 것의) 역설적인 성격이 삶-정치의 전제이다. 이를 이해하기 위해서는 또 다른 논증 단계를 밟아 나가야만 한다. 『요강』에서 맑스는 이렇게 쓴다. "노동자가 [자본가와의 교환 속에서] 제공해야만 하는 사용가치는 생산물로 물질화되는 것이 아니라, 자신의 외부에 존재하는 것이 아니라, 실재적으로 존재하는 것이 아니라, 단지 가능의 질서[가능태] 안에서만, 다시 말해서 그의 능력으로서만 존재한다."[18] 결정적인 점에 주목해야만 한다. 즉 단지 가능성으로서만 존재하는 어떤 것을 판매하는 곳에서, 이 어떤 것은 판매자의 살아 있는 인격과 분리될 수 없다. 노동자의 살아 있는 신체는, 그 자체로는 아무런 독립적인 실존도 갖고 있지 않는 노동-역량의 근본토대(substrat)이다. '삶', 즉 순수하고 단순한 비오스(*bios*)는 이것이 가능태의, 순수한 역량의 임시거처인 한에서 특별한 중요성을 획득한다.

자본가는 단지 간접적인 이유 때문에 노동자의 삶에, 노동자의 신체에 흥미를 보인다. 이러한 삶, 이러한 신체는 능력, 역량, 가능태를 포함하고 있는 것을 재현한다. 살아 있는 신체가 통치의 대상이 되는 것은 이것이 지닌 고유한 가치 때문이 아니라 정말로 중요한 유일한 것 — 극히 다양한 인간 능력(말할 수 있는 능력, 사고능력, 기

---

18. Marx, 1939-1941 post. [한국어판: 『요강』, 267쪽. 강조는 비르노.]
　　[옮긴이] "노동자가 자본가에게 공급해야 할 사용가치, 요컨대 그가 타인을 위해서 공급할 사용가치는, 생산물에 물질화되어 있지 않고 노동자 밖에서는 일체 존재하지 않으며, 요컨대 실재적이 아니라 가능성에 있어서만, 그의 능력으로만 존재한다."(칼 맑스, 『정치경제학 비판 요강 I』, 김호균 옮김, 백의, 2000, 266쪽).

억능력, 행위능력 등등)의 총합으로서의 노동-역량—의 근본 토대이기 때문이다. 삶은 정치의 한가운데에 자리하지만, 쟁점은 비물질적인 (그리고 그 자체로는 비-현재적인) 노동-역량이다. 이런 이유 때문에, 그리고 오로지 이런 이유 때문에, '삶-정치'에 관해 말하는 것이 정당하다. 국가 행정 기구들의 관심사인 살아 있는 신체는 아직 실현되지 않은 잠재성의 물체적인(tangible) 기호이며, 아직 객관화되지 않은 노동의 시뮬라크르이다. 혹은 맑스가 아주 멋들어지게 정식화해서 말하듯이, '주체성으로서의 노동'의 시뮬라크르이다. 모든 다른 상품들처럼 사고 팔 수 있는 노동의 역량은, 아직 객관화되지 않은 노동, 즉 '주체성으로서의 노동'이다. 그러므로 우리는 이렇게 말할 수 있다. 즉 화폐가 교환가치의 보편적 표상—혹은 생산물의 교환가능성 자체의 표상—이라고 한다면, 삶은 생산할 수 있는 역량, 비가시적인 가능태를 대신한다.

푸코가 삶-정치라고 규정한 그러한 지식과 권력의 장치(dispositif)의 비신화학적 기원은 의심할 여지 없이 노동-역량의 존재양식으로까지 소급될 수 있다. 역량을 역량으로 (사실 그 자체로 사고 팔 수 있는 것으로) 생각하는 것, 또 역량을 노동자의 직접적인 육체적 실존과 분리되지 않는 것으로 생각하는 것이 지닌 실천적 중요성이 바로 삶-정치의 실질적인 기반이다. 푸코는 삶에 관해서 열광적으로 주목하는 것이 억압적 의도의 결과라고, 말하자면 노동생산성의 수준을 증가시키기 위해서 신체를 훈육하고자 하는 의도의 결과라고 주장하는 (이단적 정신의학자인) 빌헬름 라이히와 같은 자유주의적 철학자들을 조롱한다. 푸코의 지적은 완전히 올바른 것이었지만, 겨냥

하는 바가 조금은 평이한 것은 아니었나 싶다. 사실, 삶의 통치(gouvernement)는 충동의 억제로부터 완전히 무제한적인 방종에 이르기까지, 물샐 틈 없는 금지로부터 공공연히 표방된 관용에 이르기까지, 빈민을 위한 게토로부터 케인즈식의 고임금에 이르기까지, 고도의 보안시설이 된 감옥으로부터 복지국가에 이르기까지 극히 다양하며 바로 이런 식으로 분절된다. 이렇게 말하는 것은 근본적인 물음을 제기한다. 왜 우리는 삶 자체에 관심을 보이며, 왜 우리는 그것을 통치하려고 하는 것인가? 이에 대한 답변은 아주 명확하다. 삶이 상품의 정합성이라는 모습을 띠는 능력의 근본토대로서, 즉 노동-역량으로서 기능하기 때문이다. 그것은 현실적인 노동생산성에 관한 물음이 아니라 노동할 수 있는 역량의 교환가능성에 관한 물음이다. 노동-역량이 사고 팔릴 수 있다는 단순한 사실 때문에, 노동-역량은 자신과 분리될 수 없는 저장고, 다시 말해서 살아 있는 신체를 문제 삼도록 만든다. 나아가 그것은 이러한 저장고가 무수히 많으며 분화된 통치전략의 대상이라는 점을 완전히 드러낸다.

그러므로 우리는 삶-정치가 자신 안에, 즉 자신의 특수한 분절로서, 노동-역량의 관리를 포함한다고 믿어서는 안 된다. 반대로 삶-정치는 역량을 역량으로서 사고 팔 수 있다는 것으로 이루어져 있는 그처럼 중요한—역사적인 동시에 철학적인—사실의 단순한 효과, 반사물, 혹은 하나의 분절일 뿐이다. 삶-정치는 인간 실존의 잠재적 차원에 속하는 것이 전면에 나서는 곳이라면 어디에서나, 직접적인 경험 속에서라면 어디에서나 존재한다. 즉 말해진 말이 아니라 말할 수 있는 능력 자체; 현실적으로 수행된 노동이 아니라 유적 생산능력. 실존의 잠재적 차원은 노동-역량의 모습하에서만 유일하게, 그리고 배타적으로 눈에 띄게 된다. 내가 말했듯이, 바로 이러한 모습으로 인간이라는 동물의 모든 상이한 능력이나 역량이 요약된다. 잘 생각해 보면, '노동-역량은 특정한 능력을 지칭하는 것이 아니라 인간이 생산의 실천에 몰두하는 한에서 인간 능력의 총체를 가리킨다. '노동-역량은 고유명사가 아니라 보통명사이다.

3. 다중의 감정적 어조

이제 나는 현대의 다중이 처하게 되는 감정적 상황에 관해 신속하게 말하고 싶다. 분명히 말해서 내가 '감정적 상황'이라는 표현으로 가리키고자 하는 것은 심리학적인 성향이 아니다. 오히려 이 표현은 존재방식과 느낌의 방식이 아주 널리 편재해 있기에 이것이 결국 경험의 가장 다양한 맥락들(노동, 여가, 느낌, 정치 등등)에 공통적이게 된다는 것이다. 감정적 상황은 편재되어 있을 뿐 아니라 항상 양가적이다. 다시 말해서 그것은 갈등의 형태만이 아니라 동의의 형태로도 표현되며, 체념의 특성만이 아니라 중대한 불안감(l'inquiétide critique)이라는 특성도 가지고 있다. 다른 방식으로 말해 보자. 감성석 상왕에는 서로 대립하는 듯한 다양한 편차(déclinaisons)가 있으며, 게다가 더욱 이러한 모든 편차에 대해서 중립적인 핵심이 있다. 이러한 중립적인 핵심은 근본적인 존재방식을 가리킨다. 오늘날 다중의 감정적 상황이 '나쁜 감정' ― 편의주의, 냉소주의, 사회적 통합(순응주의], 견해의 끊임없는 변화(abjuration toujours recommencéé), 명랑한 체념(résignation hilare) — 에 의해 표방된다는 것은 의심할 여지가 없다. 하지만 이러한 '나쁜 감정'에서 출발해서 중립적인 핵심으로, 즉 원리상 오늘날 그처럼 편재하는 것과는 아주 상이한 방향전환을 생기게 할 수 있는 근본적 존재방식으로 거슬러 올라가야만 한다. 이해하기 어려운 것은 우리가 소위 해독제라는 것을 지금 당장은 독처럼 보이는 것에서만 뽑아낼 수 있다는 사실이다.

포스트-포드주의적 다중의 감정적 상황은 생산과 윤리성, '구조'와 '상부구조', 노동과정의 대혼란과 감정, 테크놀로지와 감정적 어조, 물질적 발전과 문화 등의 즉각적인 일치에 의해서 규정된다. 잠시 멈춰서 이러한 일치를 고찰해 보자. 오늘날 종속노동자들에게 요구되는 주요한 자질은 무엇인가? 이동성에 대한 익숙함, 극히 돌출적인 전환에 대처할 수 있는 능력, 능수능란하게 매사에 적응할 수 있는 능력, 어떤 규칙군들에서 다른 규칙군들로 나아가는 이행에 있어서의 유연함, 평범하면서도 다면적인 언어적 상호작용의 소질, 제한된 선택지 사이에서 무언가 갈피를 잡는 것에 대한 익숙함 등이 바로 그것이다. 이러한 자질은 산업적 규범화(mise)의 산물이 아니라 오히려 노동의 외부에 자신의 무게중심을 갖고 있는 사회화의 결과이다. 현실적으로 요구되고 그에 따라 제공된 '전문가주의'[프로정신]는 우리가 일자리를 갖기 전의 단계나 뭔가 불확실한 단계에서 오래 머무는 동안에 획득한 능력들로 이루어져 있다. 다시 말해서, 일자리를 기다리는 가운데, 유적인 사회적 재능들 그리고 지속적인 습관들을 갖지 않는 습관들이 발전되며, 이것들은 일단 우리가 일자리를 찾게 되면, 진정한 '노동의 도구들'이 될 것이다.

포스트-포드주의적 기업은 이처럼 습관을 갖지 않는 습관을, 이처럼 변화무쌍함과 가변성에 길들여 있는 것을 아주 잘 활용하고 이로부터 이익을 꾀한다. 하지만 결정적인 것은 본질적으로 노동의 외부에서 일어나는 사회화이다. (나는 세계, 타자, 그리고 우리 자신과 맺는 관계를 지칭하기 위해서 사회화라는 용어를 사용한다.) 사회화는 본질적으로 노동 외적인 것이다. 바로 이것이 벤야민이 대도시의 충격이라고 말했던 것이다. ― 언어 놀이의 확산, 규칙과 기술의 끊임없는 변화는 후일 '전문가적인'[프로적인] 소질과 자질로 되는 그런 모든 소질과 자질을 단련시키기 위한 김나지움[학습장]을 구성한다. 더 꼼꼼히 살펴보면, 포스트-포드주의 시대에서는 직무내용 설명서상의 '공식적 직무'와 결합되는 노동 외부의 사회화는 하이데거와 짐멜로부터 출발하여 지난 세기의 위대한 철학자들과 사회학자들이 허무주의의 뚜렷한 특질이라고 인식했던 경험과 감정으로 이루어져 있다. 허무주의는 ― 우리가 의존할 수 있는 회귀적 구조와 방어적 관행들로 이루어져 있는 ― 그 어떤 견고한 기반도 더 이상 향유하지 못하는 관행이다. 20세기에 허무주의는 생산의 합리화 과정과 국가의 합리화 과정에 상응하는 대척점으로 보였다. 다시 말해서 한편으로는 노동이, 다른 한편으로는 대도시 삶의 불안정성과 가변성이 있다. 오늘날에는 이와 반대로 허무주의(습관을 갖지 않는 습관 등)는 생산으로 진입했으며, 직업상의 전문적인 자질이 되었고, 작동되었다.[19] 대도시 삶의 형태가 지닌 우발적인 불안정성을 알고 있는 사람들만이 시간을 딱 맞추는(*just in time*) 공장 속에서 행동하는 방법을

알고 있다.[20]

이런 식으로 '근대화' 과정을 재현하기 위해 대부분의 사회학적 전통과 철학적 전통이 사용했던 모델은, 지금은 완전히 산산조각 났다고 덧붙이는 것은 거의 쓸모없는 일이다. 그러한 모델에 따르면, (기술적, 감정적, 윤리적) 혁신은 반복적인 관습이 만연해 있던 전통 사회들을 뒤흔들어 놓았다. 괴테가 『파우스트』에서 그렸던 평화로운 농부 필로멘(Philémen)과 바우키스(Baucis)는 근대적인 기업가에 의해서 뿌리를 상실하게 되었다. 하지만 오늘날 이런 것들은 전혀 들어맞지 않는다. 우리는 이제 더 이상 '근대화'에 관해서, 말하자면 뿌리를 상실함, 우발성, 익명성 등의 성격을 띠는 무대에 점점 더 가속화된 주기로 혁신(이노베이션)이 개입하는 그런 '근대화'에 관해서 말할 수는 없다. 핵심 요점은 근대화 모델이 자신의 결과라고 나열하고 있는 모든 요소들 ─ 예측의 불확실성, 상황(position)의 비예측성, 깨지기 쉬운 정체성, 언제나 변동하는 가치들 ─ 로부터 생산의 현재적인 격변이 무언가 이득을 취한다는 것이며, 이런 요소들에서 자신의 최고로 소중한 자원을 발견한다는 것이다. '진일보한' 테크놀로지는 이전에 존재하던 '친숙성'을 분해해 버리는 것과 같은 '낯선 느낌'(dépay-sement)을 불러일으키지 않으며, 오히려 가장 근본적인 종류의 '낯선 느낌'의 경험 자체를 직업상의 이력으로 환원해 버린다. 따라서 이전에는 기술적-생산적 역량의 그늘에 가려져 있었던 허무

---

19. [옮긴이] 이 말은 중의적인 의미를 담고 있는 것으로 이해되어야 한다. 하나는 '작동되었다'는 것이며 다른 하나는 '노동 속에서 작동하게 되었다'이다.
20. [옮긴이] 영문은 저자의 것.

주의가 이제는 그러한 역량의 근본적인 구성성분으로 되며, 그리하여 노동시장에서 가장 소중하게 여겨지는 성질이 된다.

바로 이것을 배경으로 하여 그다지 모범적이라고는 할 수 없는 두 개의 주요한 감정적 어조인 편의주의와 냉소주의가 펼쳐지는 것이다. 이러한 '나쁜 감정'을 엄격하게 검토하여 이로부터 하나의 존재양식을 끌어내 보자. 이러한 존재양식 자체는 꼭 불리한 형태로 표현되는 것은 아니다.

편의주의. 편의주의(opportunism)는 예기치 못한 전환, 지각의 충격, 영구적인 혁신, 만성적인 불안정에 의해서 특징지어지는 '노동 외부의 사회화'에 뿌리를 두고 있다. 편의주의자는 항상 호환 가능한 가능성들의 흐름에 직면하고 있는 자이며, 하나에서 다른 하나로 재빨리 나아가기 위해서 가장 가까이에 있는 가능성에 복종하는 자이기도 하며, 그러한 가능성들을 최대한 활용하는 자인 것이다. 이것은 편의주의에 관한 구조적이고, 간결하며 비-도덕론적인 정의이다. 여기에서 문제가 되는 것은 지나가는 호기에 대한 날카로운 감수성, 만화경처럼 다채로운 기회에 대한 친숙성, 가능한 것 자체와의 친밀한 관계이다. 포스트-포드주의적 생산양식에서 편의주의는 이론의 여지가 없이 기술적인 중요성을 획득한다. 그것은 실천이 더 이상 단일한 [통일된] 노선을 따라 조직되지 못하지만 미결정의 높은 수준을 제시한다는 사실에 대한 현대적 다중의 인지적이고 행태적인 반응이다. 이제, 추상적이고 호환 가능한 기회들을 능수능란하게 이용할 수 있는 이런 능력이야말로 포스트-포드주의적 생산의 몇몇 부문—이런 부문들에서 노동 과정은 단일한 특수 목적에 의해서가 아니라 한꺼

번에 특정화될 수 있는 등가적인 가능성들의 부류(class)에 의해서 규제된다—에서 전문가의 자질을 구성한다. 정보처리 기계는 일의적인 목적에 도달하기 위한 수단이라기보다는 연속적이고 '편의주의적인' 처리(élaboration)를 위한 전제이다. 구체적인 노동 과정이 침묵하는 '도구적 행위'와 더 이상 동일시될 수 없고 오히려 일반화된 '소통 행위'에 의해 널리 퍼질 때마다 편의주의는 필수불가결한 자원으로서의 가치를 얻는다. 혹은 세미나의 둘째 날 잠깐 언급되었던 주제로 다시 돌아가면, 노동이 그 자체에 있어서 정치적 행위의 두드러진 특질들을 포함할 때마다, 편의주의는 필수불가결한 자원으로서의 가치를 얻는다. 결국 정치가가 지닌 한 가지 재능이 아니라면 무엇이 편의주의이겠는가?

냉소주의. 냉소주의는 또한 삶의 형태 및 언어 놀이의 만성적인 불안정성과 연계되어 있다. 이러한 만성적 불안정성은 행위의 장을 인위적으로 구조화하는 노골적인 규칙들을 여가시간은 물론이고 노동할 때에도 전면에 내세우게 한다. 정확히 말해서, 다중의 감정적 상황은 특수한 맥락에 생기를 불어 넣는 규칙들에 대한 '다수'의 극단적인 근접성에 의해 규정된다. 현대의 냉소주의의 토대에는 남성과 여성이 '사실'보다 훨씬 더 자주, 그리고 구체적인 사건들을 경험하는 것보다 훨씬 전에, 무엇보다도 우선 규칙을 경험한다는 사실이 놓여있다. 하지만 규칙에 관한 직접적 경험은 규칙들이 그저 관례에 지나지 않는다는 점과 근거가 없다는 점을 인식하는 것을 의미하기도 한다. 그러므로 우리는 선(先)-규정된 '놀이'에 참가하여 그 '놀이'에 진정으로 충실하게 참여하면서 완전히 몸을 담그는 것이 아니라 오히려 모든 명백함과 모든 확실성을 잃어버린 채, 직접적인 자기-긍정의 장소에 불과한 것으로 되어 버린 개개의 '놀이' 속에서 우리 자신을 어렴풋이 보게 된다. ― 우리들은 관례성 및 가변성이 지각되었던 것과 똑같은 제반 규칙들을 환상에 의해서가 아니라 오히려 완벽한 순간적인 충실성에 의해서 이용하는 것이지만, 그것만으로도 더 한층 자기-긍정은 야만적이며 거만한 것, 즉 간단히 말해서 냉소적인 것으로 된다.

나는 일반지성과 현대의 냉소주의 사이에는 아주 강한 관계가 있다고 믿는다. 혹은 더 낫게 말하자면 이렇다. 즉 나는 냉소주의가 일반지성에 반응(반작용)할 수 있는 가능한 방식들 중의 하나라고 생각한다. (확실히 유일한 방식은 아니다. 바로 여기에서 감정적 상황의 양가성이라는 주제가 되돌아온다.) 이러한 연결관계를 좀더 명확하게 설명해 보자. 일반지성은 주요한 생산력으로 전환된 사회적 지식이며, 그것은 사회적 소통과 삶의 형태에 생기를 불어넣는 인지적 패러다임의 총체, 인위적 언어의 총체, 개념적 성좌의 총체이다. 일반지성은 등가의 원리에 완전히 기초를 두고 있는 근대성의 전형적인 '실질적 추상화'와 구별된다. 무엇보다 화폐야말로 '실질적 추상화'로, 이것은 노동, 생산물, 주체의 통약가능성을 재현한다. 그러므로 일반지성은 등가의 원리와는 무관하다. 사회적 지식의 모델은 측정 단위들이 아니라, 행위의 이질적인 가능성들의 전제조건을 구성한다. 기술-과학적 코드와 패러다임은 '직접적인 생산력'으로, 또는 구축의 원리들로 제시된다. 이것들은 결코 그 어떤 것의 등가물도 아니지만, 모든 유형의 행위에 대한 전제조건으로서의 역할을 한다.

사회적 관계에 질서를 부여하는 것은 등가물의 교환이 아니라 추상적 지식이라는 사실은 냉소의 현대적 모습에 반영된다. 왜 그런가? 등가의 원리는 보편적이고 투명한 언어적 소통을 위한 토대였을 뿐 아니라 심지어 이와는 모순되는 듯이 보이는, 아무 제한 없는 상호인정이라고 하는 이상을 지지했던 평등주의적 이데올로기들을 위한 토대이기도 했기 때문이다. 이와 반대로 사회적 실천의 논리적으로 명백한 전제조건으로서의 일반지성은 등가를 위한 어떤 측정단위도 제공하지 않는다. 냉소가 작동하는 특수한 맥락 속에서 냉소는 몇몇 인식론적 전제들은 물론이고 실재적인 등기의 동시적인 부재에 의해서 지배적인 역할을 한다. 냉소는 동등한 대화적 소통에 대한 갈망을 마치 예방이라도 하는 듯이 억누른다. 출발부터 냉소는 프락시스의 상호-주체적 기반에 대한 일체의 탐구를 비난하며, 마찬가지로 도덕적 가치평가의 공유된 기준을 요구하는 것도 비난한다. 상품교환과 그토록 밀접하게 관련된 등가 원리의 몰락은 냉소의 행태 속에서, 평등의 심급을 아무런 고통 없이 포기하는 것처럼 보인다. 냉소는 최종적으로는 자가-긍정을 위계성과 불평등의 증식(및 유연화)에 내맡기는 것이 되지만, 이런 증식을 불러일으키는 것은 생산 속에서 갑자기 출현한 지식의 중심성이다.

편의주의와 냉소주의. 이것들은 의심의 여지가 없이 '나쁜 감정들'이다. 그럼에도 불구하고 이것들은 다중의 모든 갈등이나 시위가 잠시 동안은 약간 불쾌한 양상으로 표현되는 것(앞에서 언급했던 '중립적 핵심')과 똑같은 존재방식에 뿌리를 두고 있다고 가정할 수 있을 것이다. 현대의 감정적 상황의 중립적 핵심은 그 각각이 서로 대립하고 있는 형태로 드러나지만, 어쨌든간에 그것이 가능한 것인 한에서는 가능한 것과의 친숙성으로 이루어져 있으며, 또한 행위의 다양한 맥락을 구조화하는 관례적인 제반 규칙들과의 극도의 근접성으로 이루어져 있다. 현실적으로는 편의주의와 냉소주의를 도출하는 이러한 친밀성과 이러한 근접성은 어쨌든 다중의 사라지지 않는 변별적(distinctif) 기호를 이룬다.

4. 잡담과 호기심

마지막으로, 나쁜 평판 때문에 잘 알려지긴 했으나, 마르틴 하이데거가 철학적 주제의 반열에 올려놓은 일상생활의 두 현상을 다루는 것으로 오늘 세미나를 마치고자 한다. 우선 잡담[21]이란 다시 말해서 어떠한 견고한 구조도 가지고 있지 않은 담론이며, 그저 피상적으로 건드려지기만 할 뿐 내용에 대해서는 무관심한 담론이며, 쉽게 확산되는 담론이다. 다음으로 호기심은 새로운 것으로서의 새로운 것에 대한 만족할 줄 모르는 탐욕이다. 앞으로 보겠지만 우리가 때로 하이데거 자신에 반하여 하이데거의 말들을 사용한다고 했을 때, 내가 보기에 이것들은 '다중'이라는 문법적 주어에 고유하게 존재하는 두 개의 상이한 술어들이다. '잡담'을 논하면서 나는 다중과 음성언어의 관계가 지닌 진일보한 면모에 초점을 맞추고 싶다. 말하자면 '호기심'

---

21. [옮긴이] 영어의 'idle talk'와 프랑스어의 'bavardage'는 하이데거의 'Gerede'를 옮긴 말이다.

은 다중의 어떤 인식론적 미덕과 관련되어 있다. (두말할 나위 없이, 여기서 문제시되고 있는 인식론은 자발주의적이고 경박한 인식론이다.)

잡담과 호기심은 하이데거의 『존재와 시간』에서 분석되었다.[22] 이 책에서 이것들은 '비본래적 삶'의 전형적인 표현으로 판단된다. 이때 '비본래적인 삶'이란 모든 느낌과 모든 이해에의 순응주의적 평균화에 의해 특징지어진다. 논란의 여지가 없이, '비본래적 삶'에서는 비인칭 대명사 '사람들'이 지배한다. 즉 이것 또는 저것을 사람들이 말하고, 사람들이 행하고, 사람들이 믿는다. 시몽동의 말에 따르면 모든 개체화를 저지하면서 무대의 전면에 나서는 것은 바로 전-개체적인 것이다. 이러한 '사람들'은 익명이며 편재한다. 그것은 확증을 보증하는 확실성들을 길러내며, 우리가 이미 공유한 의견들을 항상 확산시킨다. 그것은 미디어 소통의 얼굴 없는 주체이다. 이러한 '사람들'이 잡담을 일삼으며, 아무런 저지도 받지 않는 호기심을 선동하는 것이다.

이렇게 잡담을 하고 호기심이 많은 '사람들'은 인간 실존의 뚜렷한 특질인 세계-내-존재를 감춘다. 다음을 조심하자. 세계에 속한다는 것은 세계와 아무런 관계도 맺지 않고 세계를 관조한다는 의미가 아니다. 오히려 이러한 속함은 오히려 실천적인 참여(engagement pragmatique)를 함축한다. 내 삶의 맥락과 맺는 관계는 우선 인지와 재현으로 이루어져 있는 것이 아니라 적응적인 실천으로, 방어책의 탐구

---

22. Heidegger, 1927, § 35와 36.

로, 실천적 정향으로, 나를 둘러싼 대상들에 대한 조작적 개입으로 이루어져 있다. 하이데거에게 있어 본래적 삶은 노동에서 적합한 표현을 발견하는 것처럼 보인다. 세계는 무엇보다도 우선 세계-일터(monde-chantier), 생산수단과 목표의 총체, 노동세계로의 진입을 위한 일반적인 준비의 무대이다. 하이데거에 따르면, 세계와 맺은 이러한 근본적인 관계는 잡담과 호기심에 의해 왜곡된다. 잡담을 하거나 호기심에 사로잡혀 일을 하지 않는 자는 결정된 책무(devoir)를 수행하는 것으로부터 일탈하며, 모든 진지한 '자신에 대한 배려'를 중지한다. 익명의 존재라는 것과 더불어 이러한 '사람들'은 또한 아무 일도 하지 않는다. 세계-일터는 세계-스펙타클로 변형된다.

이렇게 물어보자. 잡담과 호기심이 노동의 바깥으로 추방되어 오락과 여가시간에만 한정되어 있다는 것은 사실인가? 우리가 지금까지의 세미나에서 논의되었던 것에 근거하면, 오히려 이러한 성향은 현대적인 생산―소통 행위가 지배하며 다양한 연속적 변혁 사이에서 요령있게 행동할 수 있는 능력이 최대의 가치를 갖는 생산―에 있어서 중심적인 회전축이 되었다고 생각해야만 하는 것은 아닐까?

잡담에 관한 논의에서 시작해 보자. 잡담은 사회적 소통에서 지배적인 역할을 하며, 모든 언결괸계니 모든 전제조건으로부터 독립되어 그 역할을 하며, 그리하여 잡담이 완전한 자율을―이 때의 자율은 이미 정립된 목표로부터의 자율이자, 제한된 직무로부터의 자율이며, 실재를 충실하게 재생산하라는 의무로부터의 자율이다―지니고 있다는 것에서부터 시작해 보자. 확실히 잡담 속에서는 사물과 말 사이의 지시적 일치가 결여되어 있다. 담론은 외부적인 정당화―

담론이 관심을 두는 사건에 토대를 둔 정당화―를 더 이상 필요로 하지 않는다. 본질적으로 담론은 자기 자신으로 이루어져 있는 사건으로 구성되어 있는데, 이 때의 사건은 뭔가가 일어났다는 사실에 의해서만 정당화되는 사건이다. 하이데거는 이렇게 쓴다. "평균적인 이해가능성은 언어가 자기를 밖으로 표현할 때 말해진 언어 안에 이미 들어 있다. 담론은 [⋯] 말해진 담론의 바로 그 명제에 대한 근원적인 이해 속에 위치지어지지 않고 이미 단지 이야기된 것 그 자체만을 들을 뿐이다."23 그리고 계속해서 이렇게 쓴다. "잡담은 사물을 파악하려는 예비적인 전유 없이도 모든 것을 파악할 수 있는 가능성이다."24

잡담은 지시론적(référentialiste) 패러다임에 손상을 가한다. 이러한 패러다임의 위기는 대중매체에서 기원한다. 일단 비-언어적 세계와의 일대일 상응이라는 압력으로부터 자유롭게 되면 언표는 스스로

---

23. Heidegger, 1927, § 35. [*Being and Time*, p. 212.]
 [옮긴이] 한국어판: 이기상―"평균적인 이해가능성은 [말이] 자기를 밖으로 말할 때 말해진 언어 안에 이미 들어 있다. [⋯] 듣는 이는 말의 '그것에 대해서'를 근원적으로 이해하려는 존재에 참여하지 않아도 된다. 사람들은 이야기되고 있는 존재자를 그리 잘 이해하지 못한 채, 이미 단지 이야기된 것 그 자체만을 들을 뿐이다."(『존재와 시간』, 이기상 옮김, 까치, 1998, 231쪽). 소광희―"평균적 이해 가능성은, [말이] 자기를 언표할 때 언표되는 언어 속에 이미 놓여 있으나, [⋯] 듣는 자는 '말의 대상'[화젯거리]에 대해 근원적으로 이해하는 존재에까지 이르지는 못한다. 사람들은 언급되는 존재자는 이해하지 못하는 채, '이야기되고 있는 것, 그것만을 듣는다."(『존재와 시간』, 소광희 옮김, 경문사, 1995, 244쪽).
24. *Ibid.*, p. 213.
 [옮긴이] 한국어판: 이기상―"잡담은 사실을 앞서 먼저 자기 것으로 만들지 않고도 모든 것을 이해할 수 있는 가능성이다."(232쪽); 소광희―"빈 말은 사상을 선행적으로 자기 것으로 하지 않고도 만사를 이해하는 가능성이다."(245쪽).

발생되면서 무한정 증식될 수 있다. 잡담은 어떠한 기반도 갖고 있지 않다. 그리고 이러한 기반의 결여가 일상적 상호작용의 불안정하고 때로는 공허한 성격을 설명한다. 그럼에도 불구하고 이러한 기반의 결여는 모든 순간 새로운 담론의 창안과 실험을 가능케 한다. 존재하는 것을 성찰하고 이를 확산하는 것 이상으로 소통은 사물들의 상태를, 전대미문의 경험을, 새로운 사실들을 생산한다. 나는 잡담이 배경음을 닮았다고 말하고 싶다. (달리는 오토바이나 드릴처럼 특수한 현상들과 연결되어 있는 소음과는 반대로) 그 자체로는 무의미하지만, 잡담은 명백한 변이, 전대미문의 변조, 예측되지 못한 분절을 끌어낼 수 있는 골간구조를 제공한다.

내가 보기에 잡담이 우리가 이미 말했던 포스트-포드주의적 탁월한 기예의 일차 소재를 이루고 있다. 기억하고 있겠지만, 탁월한 기예를 지닌 거장은 생산 행위 자체와 구별될 수 없으며 심지어 분리될 수도 없는 어떤 것을 생산하는 사람들이다. 특히 무엇보다도 단순한 화자야말로 탁월한 기예를 지닌 거장이다. 그러나 이제 나는 이러한 정의에 비-지시적 화자를 덧붙이고 싶다. 다시 말해서 말을 하고 있는 동안에 화자는 사물의 이러저러한 상태를 반영하는 것이 아니라 비로 자신의 빠롤에 의해서 새로운 사태를 결정한다. 하이데거에 따르면, 잡담에 몰두하는 사람들. 이러한 잡담은 수행적이다. 즉 말이 사실, 사건, 사물의 상태를 결정하는 것이다.[25] 혹은 이렇게 말하고 싶다면, 바로 잡담 속에서 우리는 퍼포먼스의 토대를 인식할 수 있

---

25. Austin, 1962. [Austin, *How to Do Things with Words*.]

다. 그러나 '나는 내기를 한다', '나는 맹세한다', 혹은 '나는 이 여자를 아내로 삼는다'가 아니라, 무엇보다도 우선 '나는 말한다'이다. '나는 말한다'라는 주장에서, 나는 그것을 말하면서 어떤 것을 행한다. 게다가 나는 내가 그것을 하고 있는 동안에 내가 무엇인가를 행한다고 선언한다.

하이데거의 추측과는 반대로, 잡담은 빈곤하고 비난받을 경험이 아니다. 오히려 잡담은 노동 및 사회적 생산과 직접 관계된다. 30년 전에, 많은 공장에는 다음과 같은 명령조의 벽보가 붙어 있었다. '조용! 근무 중임'. 일을 하고 있던 사람들은 누구나 조용히 있었다. 우리는 공장이나 사무실을 벗어날 때에야 비로소 '잡담'을 시작할 수 있었다. 포스트-포드주의의 근본적 새로움은 그것이 언어를 노동 안에 위치시켰다는 것이다. 따라서 오늘날에는 지금까지 작업장에 내붙었던 게시물과는 달리 다음과 같은 벽보를 붙이는 것이 가능할 수도 있다. "여기는 작업장입니다. 말하세요!"

노동자가 필요한 것은 표준적인 구문이 아니라 오히려 가장 다양한 가능성들에 직면할 수 있을 정도로 (하지만 일정한 양의 편의주의를 가지고) 유연한 정보소통의 행위였다. 언어철학의 용어를 사용하자면 나는, 동원된 것이 빠롤이 아니라 랑그라고, 즉 언어의 특정한 적용이 아니라 언어의 바로 그 능력이라고 말하고 싶다. 모든 종류의 언표를 분절할 수 있는 유적인 역량인 이러한 능력은 바로 컴퓨터상의 잡담에서 경험적인 중요성을 갖는다. 사실 중요한 것은 '뭔가가 말해진다는 것'이 아니라 순수하고 단순한 '말할 수 있는 능력'(pouvoir-dire)이다.

이제 호기심으로 옮겨가 보자. 호기심이라는 주제 역시 자신의 주어로 익명의 '사람들'을, '비본래적 삶'의 논란의 여지가 없는 주인공을 가지고 있다. 그리고 하이데거에게는 호기심도 역시 노동 과정의 외부에서 발생한다. '봄'(voir)이라는 것은 노동 과정에서 특수한 직무의 완수라는 목적을 부여받은 것이지만, 자유시간에 보는 것은 기복이 심하고 유동적이며 따라서 두리번거리기 쉬운 것이 된다.

하이데거는 이렇게 쓴다. "배려는 수행을 중단하고 휴식을 취한다는 의미에서 쉬게 되는 것일 수 있다. 혹은 일을 끝마침으로써 쉬게 된다는 것일 수 있다. 하지만 휴식 속에서 배려가 사라지는 것은 아니다. 다시 말해서 둘러봄이 자유로워져 더 이상 작업세계에 얽매이지 않게 된다는 것이다."[26] 작업[작품] 세계로부터의 해방은 '둘러봄'이 모든 사물, 사실, 사건을 자양분으로 하여 자라난다는 것을 의미하며, 이것들은 스펙타클과 같은 것으로 환원된다.

하이데거는 『고백록』 제10권에서 호기심에 관해 존경스러운 분석을 행한 아우구스티누스를 인용한다. 아우구스티누스에 따르면 호기심이 많은 사람은 색다르고 심지어 끔찍한 스펙타클을 목격하기를

---

26 Heidegger, 1927, § 36. [*Ibid.*, p. 217.]
 [옮긴이] 이기상 — "배려는 실행을 중단하고 쉰다는 의미에서나, 또는 일을 마쳐서 쉬게 될 수 있다. 그러나 이러한 휴식 속에서 배려가 사라지는 것은 아니다. 둘러봄이 자유로워져 더 이상 작업세계에 얽매이지 않는다."(이기상 옮김, 235쪽); 소광희 — "배려(concern)는 실행을 중단하고 쉰다는 의미에서나, 또는 일을 끝낸 것으로서 중지될 수도 있다. 휴식 중에는 배려가 사라져버리는 것이 아니라, 배시(circumspection)가 해방되어 작업세계에 구속되지 않는다."(소광희 옮김, 249쪽). 한편, 하이데거 용어의 번역어는 다음과 같다. '배려'를 뜻하는 'Sorge'는 영어로는 'concern' 또는 'care', 프랑스어로는 'préoccupation'이며, '둘러봄'을 뜻하는 'Umsicht'는 영어로는 'circumspection', 프랑스어로는 'vision'이다.

갈망하면서(*concupiscentia oculorum*), 즉 봄(sight)의 탐욕27에 몰두하는 사람이다. "쾌락은 아름답고 선율적이며 향기롭고 맛있고 부드러운 대상을 추구하지만, 호기심은 새로운 경험을 추구하면서 이런 것들과 정반대되는 것들을 찾는데, [⋯] 실험과 지식을 위한 열정 때문에 찾는다. 우리를 떨게 만드는 찢긴 시체를 볼 때 무슨 쾌락이 거기 있겠는가? 그렇지만 사람들은 송장이 어디 있다고 하면 곧 뛰어가 보고는 징그러워하고 무서워한다. 그들은 꿈에 볼까 두려워하는 것을 마치 생시에 누가 보라고 강요나 한 듯이, 그렇게 행동하는 것이다."28 아우구스티누스와 하이데거는 모두 호기심을 지식에 대한 타락하고 도착적인 사랑의 형태로 간주했다. 결국 앎에 대한 정념(*passion épistémique*)이라는 것이다. 그것은 비오스 테오레티코스(*bios theoretikos*)29에 대한, 순수 인식에만 몰두하는 관조적 삶에 대한 평민들의 패러디이다. 철학자나 호기심이 많은 사람은 실천적인

---

27. [옮긴이] 'concupiscentia oculorum', 즉 'the greed of sight'를 이기상은 '눈의 탐욕'(235쪽)으로, 소광희는 '눈의 욕망'(248~249쪽)으로 옮긴다. 한편, 아우구스티누스의 『고백록』의 한국어판에서는 '안목의 정욕'으로 옮겨져 있다. (아우구스티누스, 『고백록』, 김기찬 옮김, 현대지성사, 2000, 286쪽 참조.)
28. 『고백록』, 10권, 35장.
[옮긴이] 이 번역은 김기찬(287쪽)과 김병호(집문당, 1998, 256쪽)의 번역을 참고하였다.
29. [옮긴이] 아리스토텔레스에게서 따온 단어인 'théorétique'는 '사색적', '사변적'으로 옮겨질 수 있는 형용사로서, 비슷하게 보이는 단어인 'théorique'(이론적)와는 구별되어야 한다. '사변적'은 인식과 행위, 이론과 실천과 같은 근대적인 대립과 관련된 것이 아니라, 앎 자체를 그 목적으로 하는 인식의 양식을 지칭한다. 이런 의미에서 수학, 자연학 혹은 부동의 동자를 다루는 신학 등이 '사변적' 앎 혹은 지식이라고 불린다. 물론 여기에서 가장 최고의 자리는 마지막 신학이 차지한다. (이에 대해서는 『형이상학』, E, 1을 보라.) '사변적'은 이외에도 활동적 삶을 지칭하기 위해서도 함께 사용된다. (이에 대해서는 『정치가』, VII, 3, 1325b14 이하를 보라.)

이해관계를 가지고 있지 않다. 이들은 배움 자체를 목표로 삼으며, 어떠한 외부적인 동기도 없이 둘러본다. 하지만 호기심 속에서 감각(sens)은 사유가 지니고 있는 특권을 사유로부터 부당하게 찬탈한다. 모든 현상들을 관찰하고 탐구하고 가치평가하는 것은 정신이라는 은유적인 눈이 아니라 신체의 눈인 것이다. 미학적인 테오리아(*théorie*)는 보는 사람의 '경험과 지식에 관한 갈망'으로 변형된다.

하이데거의 판단은 아주 결정적이다. 즉 호기심에는 근본적인 거리두기(éloignement)가 감추어진 채 남아 있으며, 호기심이 많은 사람은 "세계의 스펙타클에 이끌리도록 그저 자신을 가만히 내버려 둔다. 그것은 세계-내-존재로서의 자기 자신으로부터 벗어나려고 애쓰는 존재양식이다."[30] 나는 하이데거의 판단을 발터 벤야민의 입장과 비교하고 싶다. 「기술 재생산 시대의 예술작품」[31]에서 벤야민은 '사람들', 대중사회의 존재방식, 요약하자면 '비본래적인 삶'에 관한 진단을 제안한다. 물론 그는 상이한 술어를 사용하며, 하이데거와는 아주 상이한 결론에 도달한다. 하이데거가 위협이라고 생각하고 있는 것을 벤야민은 약속이라고, 혹은 적어도 중요한 기회라고 이해한다. 대중매체에 의해 실현된, 예술과 모든 경험의 기술적 재생산은 보편적

---

30. Heidegger, 1927, § 36. [*Being and Time*, p. 216.]
 [옮긴이] 이기상—"자신을 오로지 세계의 겉모양에만 이끌리도록 내버려두는데, 이것은 세계-내-존재로서의 자기 자신에서부터 벗어나려고 애쓰는 존재양식이다."(236쪽); 소광희—"현존재는 다만 세계의 외견에만 이끌리게 된다. 이것은 현존재가 세계-내-존재로서의 자기 자신으로부터 벗어나려는 하나의 존재양식이다."(250쪽).
31. Benjamin, *Illuminations*, pp. 217~225.
 [옮긴이] 한국어판: 발터 벤야민, 「기술복제시대의 예술작품」, 『발터 벤야민의 문예이론』, 반성완 편역, 민음사, 1983, 197~231쪽).

이고 잡식성을 띤 호기심을 가장 적합하게 만족시킬 수 있는 도구에 다름 아니다. 하지만 하이데거가 감각을 통한 '경험과 지식에 관한 갈망', '봄의 탐욕' 등을 격하했던 것과는 반대로 벤야민은 오히려 이것들을 찬양한다. 이를 좀더 자세히 살펴보자.

(하이데거의) 호기심과 (벤야민의) 기술적 재생산은 모두 거리를 없애려고 하며, 모든 것을 손이 미치는 범위 안에 (혹은 더 좋게 말해서 보이는 거리 안에) 놓으려고 애쓴다. 하지만 가까움[32]을 향한 이러한 성향은 두 저자에게는 반대되는 의미를 가정한다. 하이데거의 경우, 일을 열심히 할 뿐 자기에 대한 배려가 부재할 때 아주 먼 곳에 있는 타자가 접근해 오는 것이 주는 유일한 결과는 퍼스펙티브(perspective)가 송두리째 파기되는 것이다. 즉 시선(regard)은 더 이상 '전경'과 '배경'을 구별하지 않는다. (하이데거에 따르면, 호기심이 많은 사람들에게 일어나듯이) 모든 사물이 아무 차이도 없이 근접해 있음[가까움으로 수렴될 때, 관찰자가 제반 사물을 관찰하는 데 필요한 안정적인 중심은 소실된다. 호기심은 중력을 벗어나 (현상들에 뿌리를 두고 있지 않는) 제반 현상들의 바로 위를 저공선회하면서 하늘을 날아다니는 양탄자와도 같다. 반대로 벤야민은 대중매체식 호기심과 관련해서 이렇게 말한다. "사물들을 공간적으로, 그리고 인간적으로 '더욱 가깝게' 하려고 하는 오늘날 대중의 욕망은, 사물의 재생산을 수용함으로써 모든 현상들(phénomène)의 일회성(unicité,

---

32. [옮긴이] 하이데거의 'nähe' 또는 'nah'는 영어로는 'closeness'로, 불어로는 'proximité'로 옮겨진다. 이에 관해서는 『존재와 시간』의 §22를 보라. 이기상 옮김, 145~147쪽, 소광희 옮김, 149~152쪽.

통일성)을 극복하려는 경향만큼이나 열성적이다."33 벤야민에게 세계와의 관계에 관한 접근방법으로서의 호기심은 인간의 지각 능력을 확장시키고 풍부하게 한다. 대중매체라는 매개를 통해 행해진, 호기심이 많은 사람의 유동적인 둘러봄[비젼]은 주어진 스펙타클을 수동적으로 받아들이는 것에 제한되지 않으며, 반대로 그것은 매번 지켜봐야 할 것, 전경으로 나서야만 마땅한 것과 배경으로 있어야만 마땅한 것을 새롭게 결정한다. 미디어는 알려졌던 것이 알려지지 않았다는 듯이 여기도록 만들기 위해서, 다시 말해서 일상적 경험의 가장 진부하고 반복적인 측면들 속에서 '자유의 엄청나고 예기치 않은 여지'를 어렴풋하게나마 느끼게 하기 위해서 감각들을 훈련시킨다. 하지만 동시에 미디어는 반대의 과제를 위해서도 감각들을 훈련시킨다. 즉 알려지지 않은 것이 마치 알려졌다는 듯이 여기게 하기 위해서, 예기치 않은 것과 놀라운 것과 친숙해지기 위해서, 견고한 습관들의 부재와 친숙해지기 위해서.

또 다른 유의미한 유비를 검토해 보자. 하이데거만이 아니라 벤야민이 보기에도 호기심이 있는 사람은 늘 주의가 산만하다. 이들은 모든 것을 지켜보고 배우고 경험하려고 하지만, 집중을 하지 못한다. 하지만 이 경우에도, 두 사람의 판단은 분리된다. 하이데거에게 있어 호기심의 상관항인 주의의 산만함34은, 총체적인 뿌리 뽑힘의, 총

---

33. Benjamin, 1936, III, p. 278. [*Illuminations*, p. 223.]
   [옮긴이] 한국어판: "사물을 공간적으로 또 인간적으로 보다 자신에게 가까이 끌어오고자 하는 것은 현대의 대중이 바라마지 않는 열렬한 욕구이다. 또 이와 마찬가지로 현대의 대중은 복제를 통하여 모든 사물의 일회적 성격을 극복하려는 성향을 가지고 있다."(「기술복제시대의 예술작품」, 204쪽.)

체적인 비본래성의 분명한 증명이다. 주의가 산만한 사람은 항상 상이하지만 그러나 동등하고 호환 가능한 가능성들을 추구하는 사람이다. (이렇게 말하고 싶다면, 이 말의 일차적인 의미에서 편의주의자이다.) 반대로 벤야민은 주의의 산만함 자체를 기술적으로 구축된 인위적인 경험을 겪을 수 있는 가장 효과적인 방식이라고 보면서 이것을 격찬한다. 그는 이렇게 쓴다. "주의의 산만함을 이용하여 [⋯] 예술은 우리의 통각(aperception)이 어느 정도까지 새로운 과제를 이룩할 수 있는가를 은밀히 검증할 수 있게 되었다. [⋯] 영화는 문화적 가치를 숭배하게 만들지만, [다시 말해서 일회적인 것으로 간주되는 한에서의 예술작품을 숭배하게 만들지만, 그것은 영화가 관객에게 [앞에서 말했듯이 배경에 속하는 것과 전경에 속하는 것을 결정하는 법을 아는 것인] 비평적 태도를 갖게 하기 때문이 아니라, 영화에 있어서는 이러한 비평적 태도가 주의력을 동반하지 않기 때문이라고 할 수 있다. 영화관의 공중 혹은 이렇게 말하고 싶다면 공중인 한에서의 다중은 심사관이지만 정신이 산만한 심사관인 것이다."35

주의의 산만함이 지적인 배움(apprentissage)에 장애물이 된다는

---

34. [옮긴이] 명사형인 'Zerstreuung'이나 동사형인 'zerstreuen'을 옮긴 말로, 영어와 프랑스어로는 똑같이 'distraction'으로 옮겨진다. 하이데거에게서 이 말의 쓰임새를 살펴보기 위해서는 이기상 옮김, 180, 458, 509쪽 등을 보라.
35. Benjamin, 1936, III, pp. 312~313. [*Ibid.*, pp. 240~241; 꺽쇠 안의 언급은 비르노의 것.] [옮긴이] 한국어판: "정신이 산만해진 사람은 (⋯) 정신분산적 오락을 통해서 지각이 당면하고 있는 새로운 과제가 어느 정도 해결될 수 있는가를 통제할 수 있게 되었다. (⋯) 영화는, 관중으로 하여금 비단 비평적 태도를 갖게 함으로써만이 아니라 그와 아울러 이러한 영화관에서의 관중의 비평적 태도가 주의력을 포함하지 않음으로 (⋯) 관중은 시험관과 같은 역할을 하지만, 그러나 그는 정신이 산만한 시험관인 것이다." 반성완 편역, 228~229쪽.

것은 두말할 필요가 없다. 하지만 감각적인 배움이 문제로 된다면 많은 것이 급격하게 변화한다. 이러한 배움은 어떤 의미에서는 주의의 산만함이 절대적으로 선호하고 발전시키는 것이다. 그것은 어떤 수준의 분산과 변덕을 요구한다. 따라서 미디어식의 호기심은 기술적으로 재생산될 수 있는 인공물에 관한 감각적 배움이며, 지적인 생산물에 관한 즉각적인 지각이자, 과학적 패러다임에 관한 신체적인 (corporel) 비전이다. 감각 — 혹은 더 적절하게 말해서 '봄의 탐욕' — 은 추상적 실재성을, 다시 말해서 기술로 물질화된 개념들을 성공적으로 전유한다. 이때 감각은 주의력 있게 나아가는 것이 아니라 주의의 산만함을 과시하듯이 풍성하게 보여준다.

그러므로 (멍하게 얼이 빠져 있는) 호기심과 (비-지시적인) 잡담은 현대적 다중의 속성들이다. 당연히 양면가치가 탑재되어 있는 속성들, 그러나 피할 수 없는 속성들이다.

제4강

다중과 포스트-포드주의적 자본주의에 관한 열 가지 테제

　나는 정치철학과 윤리학, 인식론, 언어철학에서 끌어낸 범주에 기초를 두고 소위 포스트-포드주의라 불리는 현대적 생산의 본성을 그리려고 노력했다. 이렇게 한 것은 직업적인 나쁜 습관(coquetterie) 때문이 아니라 현대적 생산양식을 더욱 명확히 서술하기 위해서는, 이러한 분석 장비(instrumentation)가 지닌 폭넓은 관점이 필요하다고 확신했기 때문이다. 윤리-언어적인 개념적 성좌에 기대지 않는다면, 우리는 포스트-포드주의를 결코 이해할 수 없다. 게다가 특히 명확한 것은 사실의 문제가 포이에시스와 언어, 생산과 소통 간의 점진적인 동일화로 구성된다는 것이다.
　내가 '다중' 개념을 사용한 것은 우리 시대를 특징짓는 삶의 형태와 언어 놀이들을 통일된 용어로 명명하기 위해서이다. '민중' 개념과는 정반대인 이 개념은 내가 지적하고자 했던 단절, 전이(déplacement), 혁신의 총체에 의해 정의된다. 이중 몇 가지를 특별한 순서 없이 나열해 보자. 일상적인 조건으로서 경험된 이방인의 삶(비오스 제니코스, bios xenikos); '특정한' 담론에 비해 '공통의 장소'가 지닌 우월함; 사회적 생산의 기둥인 동시에 위기로부터 몸을 지키기 위한 장치이기도 한 지성의 공공성; 최종 결과물이 없는 활동(즉 탁월한 기예); 개체화 원리의 중심성; 가능한 것으로서의 가능한 것과 맺는 관계(편의주의); 언어의 비-지시적 측면의 비대한 발전(잡담). 다중 속에서 우리는 인간이라는 동물의 존재론적 조건—생물학적인 빈곤함, 그 실존의 무한정하거나 잠재력 있는 성격, 결정된 환경의 부재, 분화된 본능의 결여에 대한 '보상'으로서의 언어적 지성—에 관해 완전히 역사적이고 현상적이며 경험적인 전개를 본다. 그것은 뿌리가 표면으로 솟아오른 것처럼 마침내 적나라한 시선에 자신을 드러낸다. 항상 사실이었던 것이 바로 지금에서야 자신의 장막을 걷어낸다. 다중은 바로 다음과 같다. 즉 다중은 근본적인 생물학적 배치(configuration)로, 이것은 역사적으로 결정된 존재방식이 되며, 또한 자신을 현상적으로 드러내는 존재론이다. 우리는 또한 포스트-포드주의적인 다중이 역사적·경험적 수준에서는—말하자면, 인간이라는 동물의 발생 자체이며, 인간이 지닌 변별적 특징인—인간발생 그 자체를 범상치 않은 것으로 만든다고 말할 수도 있다. 다중은 바로 이러한 발생을 집약하고, 이를 요약한다. 생각해 보면, 오히려 이러한 추상적 고찰은, 현대 자본주의의 주요한 생산적 자원이 바로 인류의 언어적-관계적 능력들에, 인간을 특징짓는 소통과 인식 능력(가능태,

역량)의 총체에 놓여 있다고 말하는 또 다른 방식이다.

세미나는 이제 끝났다. 우리는 (좋든 형편없든 간에) 말할 수 있었던 것을 최대한 말하고자 했다. 이제 '다중'이라는 대륙을 일주한 끝에 우리는 중요한 몇 가지 측면들을 주장하면 된다. 끝을 향해 나가면서 나는 다중과 포스트-포드주의적 자본주의에 관한 열 개의 진술을 제시하고 싶다. 편의상 이러한 진술들을 테제라고 부르겠다. 테제는 결코 고갈되지 않기에 계속 나열될 수 있을 것이며, 포스트-포드주의에 관한 다른 가능한 분석이나 정의를 배척하지도 않을 것이다. 나는 이런 테제가 그저 논리적으로 명백한 모습을 띠고 참된 테제가 갖고 있는 정확성을 지니게 되길 바랄 뿐이다. 이러한 테제 중의 몇 가지는 어쩌면 서로 겹치는 부분이 있을 것이며, 따라서 하나의 단일한 '테제'로 수렴되는 것도 가능할 것이다. 게다가 배열의 순서(séquence)도 자의적일 수 있어서, '테제 x'로 제시된 것이 '테제 y'로 제시된다고 하더라도 각각의 테제가 지닌 특성은 결코 잃지 않을 것이다. (그리고 반대로 제시된다고 하더라도 역시 마찬가지다.) 마지막으로 명확히 해두어야 할 것은, 나의 경우에는 내가 정당하게 (혹은 신중하게) 행할 수 있는 것을 훨씬 넘어서 내가 좀더 명확하게 또는 좀더 애매하게 어떤 시테를 긍정하거나 부정하는 경우가 종종 있다는 점이다. 경우에 따라서 나는 내가 생각한 것 이상의 것을 말하는 경우도 있다.[1]

---

1. [옮긴이] 제4강에서 열거하고 있는 테제에 관해서는 이원영 편역, 『이딸리아 자율주의 정치철학 I』, 갈무리, 1997에 실린 「당신은 반혁명을 기억하는가?」를 참조하기 바란다. Paolo Virno, "Do You Remember Counterrevolution?", *Radical Thought in Italy — A*

테제 1

> 이탈리아에서 포스트-포드주의(와 더불어 다중)는 일반적으로
> '1977년 운동'으로 지칭되는 사회적 투쟁과 함께 출현했다.

이탈리아에서 포스트-포드주의는 일정하게 교육을 받은, 불안정하며 이동적인 노동-역량의 봉기와 더불어 생겨났다. 이들은 노동의 윤리를 증오했으며, 역사적 좌파의 전통 및 문화에 대해 (경우에 따라서는 정면으로) 대립했으며, 일관생산라인 공장 노동자들의 관습 및 이들의 모든 삶의 방식에 대해 명확한 단절을 표시했다. 이탈리아에서 포스트-포드주의는 주변부적인 지위에 있는 것처럼 보임에도 불구하고 이제 막 새로운 자본주의적 발전 주기의 진정한 중심축으로 되기 시작했던 사회적 등장인물들을 중심으로 한 갈등으로부터 생겨났다. 그 밖의 다른 경우에는, 이후 잉여 가치 생산의 주축을 구성하게 될 노동-역량 층의 투쟁성이 생산 양식의 근본적 변화에 선행하는 일이 벌어졌다. 이에 관해서는 이미 농토에서 쫓겨나 바야흐로 최초의 매뉴팩처에 진입했었던 18세기의 영국 부랑자들이 위험시되었던 것을 생각하는 것으로 충분하다. 혹은 1910년대 미국의 비숙련 노동자들의 투쟁에 관해 생각하는 것으로 충분하다. ─ 이들의 투쟁은 포드주의적 변형과 테일러주의적 변형, 즉 노동으로부터 비숙련을 체계적으로 제거한 것에 정확히 토대를 둔 변형보다 앞서 있었다. 생산 조직의 모든 격렬한 변신(métamophose)은 출발부터 사태들(새

Potential Politics, edited by Paolo Virno and Michael Hardt, University of Minnesota Press, 1996.

로운 테크놀로지, 상이한 투자 배당 등)간의 관계를 사회적 관계로 변형하라고 거의 강제하였기에 '시초적 축적'이 지닌 재앙을 불러들일 수밖에 없는 운명이었다. 바로 이러한 미묘한 간극 속에서, 때로는, 나중에는 사태들의 반박할 수 없는 과정이 될 주체적 측면이 드러나게 되었다.

이탈리아 자본주의의 최고걸작은 무엇보다도 근본적 갈등이라는 외양 속에서 표방되었던 그러한 행동들을 생산적 자원으로 변형시켰다는 데에 있다. '1977년 운동'의 집단적 성향(공장으로부터의 엑소더스, 고정된 일자리에 대한 무관심, 배움과 소통 네트워크와의 친밀성)을 전문가주의[프로정신라는 더욱 새로워진 개념(편의주의, 잡담, 탁월한 기예 등)으로 전환시킨 것, 바로 이것이 이탈리아 반혁명의 가장 귀중한 결과이다. (여기서 '반-혁명'은 이전의 사태의 회복을 의미하는 것이 아니라 문자 그대로 말해서 거꾸로의 혁명, 즉 생산성과 정치적 지배를 다시 작동시키기 위해서 경제와 제도를 과감하게 혁신한 것을 의미한다.)

'1977년 운동'은 마치 주변부적 존재와 기생충적 존재들의 운동이라는 특성을 띠고 있다는 식으로 불행하게 취급되었다. 그러나 이것을 주변부적 존재와 기생충적 존재들의 운동이었다고 규정한 것은 이렇게 비난을 퍼부은 사람들이 채택했던 관점이었을 뿐이다. 사실 이런 비난을 퍼부은 사람들은 소비재를 만드는 공장에서의 안정된 일자리만이 '중심적'이고 '생산적'이었다고 계속 생각하면서 자신들을 포드주의적 패러다임과 완전히 동일시한 사람들이었다. 즉 그들은 그때 이미 쇠퇴의 길에 접어들었던 발전 주기와 자신들을 동일화하고 있었던 것이다. 잘 보면 '1977년 운동'이 포스트-포드주의적 다중의 몇 가지 특징을 이미 예견했다는 것을 잘 알 수 있다. 이들이 분노하고 거칠게 굴긴 했지만, 이 운동이 지닌 탁월한 기예는 그다지 하인의 것 같지 않았다.

테제 2

포스트-포드주의는 맑스의 「기계에 관한 단상」의 경험적인 실현이다.

맑스는 이렇게 쓴다. "현재의 부가 기초하고 있는 타인 노동시간의 절도는 새로이 발전된, 대공업 자체에 의해 창출된 이 새로운 기초 〔기계의 자동화된 체계 — 비르노〕에 비하면 보잘것없는 기반으로서 나타난다. 직접적인 형태의 노동이 부의 위대한 원천이기를 중지하자마자 노동시간이 부의 척도이기를, 따라서 교환가치가 사용가치의 척도이기를 중지하고 (중지해야 한다)."[2] 내가 인용한 『요강』에 있는 「기계에 관한 단상」에서 맑스는 거의 맑스주의적이지 않은 테제를 지지한다. 즉 추상적 지식 — 무엇보다도 우선 과학적 지식이지만, 그러나 그것이 전부는 아닌 — 은 주요한 생산력에 다름 아닌 것으로 되어가면서 단편적이고 반복적인 노동을 잔여적인 지위로 내쫓는다. 우리는 맑스가 아주 시사적인 이미지를 예로 들면서, 사회적인 생산의 진원지를 이루면서도 삶의 모든 경계를 미리 정하는 인식의 총체

---

2. Marx, 1939-1941 post. [괄호 안은 니콜라스의 영어판. 영어판 : *Grundrisse*, p. 705; 한국어판: 칼 맑스, 『정치경제학 비판 요강 II』, 김호균 옮김, 백의, 2000, 381쪽]

를 가리키려고 했다는 점을 알 수 있다. 일반지성, 일반적 지성이 바로 그것이다. 지식의 경향적 우월성은 노동 시간을 '보잘것없는 기반'으로 만들어 버린다. 하지만 맑스가 근대적 생산관계의 핵심으로 간주했던 소위 '가치법칙'(이것에 따르면 생산물의 가치는 그것을 위해 소비되었던 노동시간의 양에 의해서 결정된다)은 자본주의의 발전 자체에 의해 산산이 깨지고 논박된다.

바로 이 지점에서 맑스는 지배적인 생산관계를 넘어서는 것에 관한 가설을 제안하는데, 잘 알려져 있듯이, 이 가설은 그의 다른 저작에서 제시된 좀더 유명한 가설들과는 아주 다르다. 「단상」에서 자본주의의 위기는 개인이 제공한 노동시간에 실제로 기반을 두고 있는 생산양식에 태생적으로 존재하는 불균형(disproportion)의 탓으로 더 이상 귀속되지 않는다. (그러므로 그것은 더 이상 가치법칙의 완전한 힘, 예를 들어 이윤율 저하와 연결되어 있는 불균형으로 귀속되지 않는다.) 대신 과학을 직접적이고 독점적인 지렛대로 사용하는 생산과정과, 생산물로 구현된 노동의 양에 여전히 대응하는 부의 측정 단위 사이의 고통스런 모순이 전면에 나서게 된다. 맑스에 따르면 이러한 연결부위(étau)가 점차 벌어지게 된다는 것은 '교환가치에 토대를 둔 생산이 몰락하며'[3] 따라서 코뮤니즘으로 나아간다는 것을 뜻한다.

하지만 포스트-포드주의 시대는 맑스가 서술한 경향이 완전히 사실적으로 실현되었음을 아주 명백하게 보여주지만, 그렇다고 해도 이러한 실현과 쌍을 이루었을지도 모르는 해방적인 결과는 전혀 동

---

3. *Grundrisse*, p. 705.

반되지 않았다. 지식이 수행하는 역할과 노동시간이 지닌 중요성의 점차적인 감소, 바로 이것들의 불균형은 위기의 온상이 아니었으며 오히려 안정된 새로운 지배형태를 발생시켰다. 항상 그렇듯이 생산 개념 자체의 근본적인 변신이 이미 고용노동의 영역 속에 새겨져 있었던 셈이다. 「단상」은 이미 존재하고 있는 것의 극복에 대한 암시를 넘어 사회학자들을 위한 도구상자가 되어 있다. 말하자면 「단상」은 우리의 바로 눈앞에 놓여 있는 어떤 경험적 현실(realité)을 그려내고 있는 것이다. 즉 포스트-포드주의적 구조의 경험적 현실을 말이다.

테제 3

> 다중은 그 자체로 노동사회의 위기를 반영한다.

노동사회의 위기는, 오늘날의 세계에서 전례가 없을 정도로 곳곳에 파고들고 있는 노동시간의 감소와 직선적으로 일치하는 것은 분명히 아니다. '노동의 종말'에 관한 고르[4]와 리프킨[5]의 입장은 잘못되었다. 이들은 이러한 종류의 모든 오해를 발생시켰다. 그리고 설상가상으로, 이들은 이들이 제기한 바로 그 문제에 우리가 초점을 맞추는 것마저도 방해했다.

노동사회의 위기는 사회적 부가 개인에 의해 실행되는 노동보다는 과학에 의해, 일반지성에 의해 생산된다는 (테제 2에서 도출된) 사실

---

4. Gorz, *Reclaiming Work*.
5. Rifkin, *The End of Work*. [제레미 리프킨, 『노동의 종말』, 이영호 옮김, 민음사, 1996]

에 있다. 지배노동[6]은 삶의 아주 하찮은 일부로 축소되어 실제로는 거의 무시할 수 있는 듯이 보인다. 과학, 정보, 지식 일반, 협력이 생산의 중핵으로 제시된다. 바로 이것들이 중요한 것이며 노동시간은 더 이상 중요하지 않다. 그럼에도 불구하고 노동시간은 여전히 사회적 발전과 사회적 부의 중심요인으로서의 가치를 발휘한다. 그러므로 노동사회의 지양(dépassement)은 모순된 과정, 즉 격렬한 이율배반으로 가득 차 있을 뿐 아니라 장단이 맞지 않는 역설로 가득 차 있는 극장이 되는 것이다. 노동시간은 여전히 효력을 발휘하는(en vigueur) 측정 단위이지만, 더 이상 참된(vrai) 측정 단위는 아니다. 두 측면 중 어느 하나를 무시하게 되면, 다시 말해서 노동시간이 여전히 유효하다는 사실만을 강조하거나 노동시간이 더 이상은 참된 측정 단위가 아니라는 사실만을 강조하게 되면, 더 이상 논의가 진척되지 못한다. 첫 번째 경우에는 노동사회의 위기를 깨닫지 못하게 되며, 두 번째 경우에는 [앙드레] 고르나 [제레미] 리프킨의 방식처럼 타협적인 표현(représentation)을 보장하는 것으로 귀결된다.

---

6. [옮긴이] 불역본에서는 이를 'le travail dependant', 다시 말해서 '종속노동'으로 옮기고 있으나 영역본과 일역본에서는 이를 각각 'the work demanded'와 '지배노동'으로 옮기고 있다. 경제학에서 'the work demanded'는 보통 '투하노동'과 쌍을 이루는 아담 스미스의 개념으로 이해된다. 물론 여기에서 사용된 용어에는 이와 같은 의미뿐 아니라 내용상 고용노동, 혹은 종속적 노동이나 의무적 노동, 또는 불쾌함을 유발하는 노동 등의 의미를 모두 포함하고 있다. 이와 관련하여 비르노는 일역판 옮긴이의 물음에 관해 다음과 같이 대답하고 있다. "나는 여기서 임금노동과 강제노동의 표면적인 유사관계를 넌지시 말해야겠다고 생각하고 있었습니다. 나는 이 유사관계를 사용하여 포스트-포드주의적인 다중에게 임금노동이란 더 이상 무기징역과 같은 것이 아니라 하나의 삽화/괄호/막간 등으로 환원될 수 있는 일시적인 형벌과 같은 것이라고 강조하고 싶었습니다."(『マルチチュードの 法―現代的な を するために』, 廣瀬純 옮김, 月曜社, 2004, p. 193에서 인용).

노동사회의 지양은 임금노동에 기초한 사회체제가 정하는 형태 속에서 산출된다. 시간이 남아도는 것은 부의 잠재적 원천이지만, 그럼에도 불구하고 빈곤으로서 제시된다. 즉 급여의 보조(보장임금), (투자의 결여가 아니라 투자에 의해서 초래된) 구조적 실업, 노동-역량 사용에 있어서의 무제한적인 유연성, 위계의 증식, 더 이상 공장체제의 규범에 종속되지 않는 개인들을 통제하기 위해 시대에 뒤떨어진 훈육을 재정립하는 것. 이것은 지양— 지양되어야 할 것의 바로 그 기반 위에서 발생하게 되는 역설적인 지양— 이 현상적인 평면에서 발생하도록 만드는 자기폭풍[7]이다.

핵심 구절을 반복해 보자. 노동사회의 지양은 임금노동의 규칙을 따르는 가운데 행해진다. 이 구절은 최초의 주식회사와 관련한 맑스의 고찰과 똑같은 방식으로 포스트-포드주의적 상황에도 적용될 수 있다. 맑스에 따르면 주식회사와 더불어 우리는 '사적 소유 자체에 토대를 둔 채 사적 소유를 지양하는 것이 가능하다'[8]고 한다. 다시 말해서, 주식회사는 사적 소유의 체제를 벗어날 수 있는 가능성을 증명하지만, 이러한 증명은 항상 사적 소유 내부에서 발생할 뿐이고, 따라서 심지어 사적 소유를 엄청나게 강화한다. 주식회사뿐만 아니라 포스트-포드주의에도 있는 모든 난점은 두 개의 모순적인 사항을, 즉 생존과 종말을, 타당성과 극복가능성을 동시에 고려하는 데 있다.

(정확하게 이해한다면) 노동사회의 위기는 모든 포스트-포드주의

---

7. [옮긴이] 자기폭풍(magnetic storm)이란 '지표의 지구자기가 수시간 동안에 수십~ :백 nT(나노테슬라)로 감소되었다가 서서히 회복되는 현상'을 말한다.
8. 『자본』 3권, 570쪽.

적 노동-역량이, 사실 맑스가 '산업예비군' 즉 실업을 분석하기 위해 사용했던 범주들을 가지고 서술될 수 있다는 것을 내포한다. 맑스는 '산업예비군'을 세 가지 종류나 모습으로 구분할 수 있다고 주장했다. 유동적 '산업예비군'(오늘날에는 직장의 이동, 조기퇴직 등이 문제로 된다), 잠재적 '산업예비군'(언제 어디서든 기술혁신이 고용감축에 개입할 수 있다), 만성적 '산업예비군'(오늘날의 용어로 말하자면 불법노동, 불안정노동, 비전형적인 노동이다)이 바로 그것이다. 맑스에 따르면 실업 대중은 유동적이거나 잠재적이거나 만성적인 '산업예비군'인 것이지 확실히 고용된 노동계급은 아니다. 이들은 노동-역량의 중심부가 아니라 주변부이다. 하지만 (내가 앞에서 그 복잡한 특성을 개괄하려고 노력했던) 노동사회의 위기는 결국 이 세 가지의 결정적인 범주들을 모든 노동-역량에 적용한다. 말하자면 노동계급은 유동적, 또는 잠재적, 또는 만성적인 한에서의 노동계급인 것이다. 임금노동의 각 수당(prestation)은 그 자신의 불필요성(non-nécessité)을, 즉 스스로가 과도한 사회적 비용의 성격을 지니고 있다는 점을 드러낸다. 그러나 항상 그렇듯이, 이러한 불필요성이 모습을 드러낼 수 있는 것은 불안정하거나 '유연한' 형태로 임금노동이 존속할 때이다.

테제 4

> 포스트-포드주의적 다중에게서 노동시간과
> 비-노동시간의 모든 질적인 차이는 사라진다.

오늘날 노동과 인간의 나머지 활동을 구별할 수 있게 하는 것은 더 이상 없기 때문에, 사회적 시간은 상궤를 벗어난(dérégler) 듯 보인다. 왜냐하면 노동은 더 이상 특수하고 분리된 실천—이 안에서 비-노동시간을 규제하는 기준과 절차들과는 매우 상이한 특정한 기준과 절차가 효력을 발휘한다—을 더 이상 구성하지 않기 때문이다. 노동시간과 비-노동시간을 분리할 수 있게 하는 깔끔하고 잘 정의된 문턱은 없게 된다. 그람시에 따르면 포드주의에서 지성은 생산의 외부에 머물렀다. 포드주의적 노동자는 작업이 끝난 다음에야 신문을 읽고, 정당의 지부에 가며, 생각을 하고, 대화를 나눈다. 하지만 포스트-포드주의에서는, '정신생활'이 생산의 시간-공간 안에 완전히 포함되기 때문에, 본질적인 균질성이 지배적으로 된다.

노동과 비-노동은 유적인 인간 능력—언어, 기억, 사회성, 윤리적·미학적 성향, 추상화·배움의 능력 등—의 실행에 기초를 둔, 동일한 형태의 생산성을 발전시킨다. '무엇을 할 것인가?'와 '그것을 어떻게 할 것인가?'라는 관점에서 볼 때, 고용과 실업 사이에는 실질적인 차이가 없다. 이렇게 말할 수 있을 것이다. 실업은 부불노동이고, 거꾸로 노동은 지불된 실업이라고 말이다. 한편으로 쉬지 않고 노동하는 것을 옹호할 수 있듯이, 다른 한편으로 적게 일하는 것을 옹호할 수도 있다. 이러한 역설적이고 모순적인 정식화, 그리고 이 정식화 전체는, 사회적 시간이 상궤를 벗어난다는 것을 증명한다.

'노동'과 '비노동'이라는 낡은 구별은 지불된 삶과 부불된 삶이라는 구별로 귀결된다. 전자와 후자의 경계선은 자의적이고 가변적이며 정치적 의사결정에 종속된다.

노동-역량이 참여하는 생산적 협력은 노동과정에 의해 작동되는 생산적 협력보다 항상 훨씬 더 크고 풍부하다. 그것은 또한 비-노동을, 즉 공장과 사무실 바깥에서 숙성된 경험과 지식을 포함한다. 노동-역량이 자본의 가치를 증식시키는 것은 노동-역량이 비-노동의 성질(즉 엄밀한 의미에서 생산과정에 포함되어 있는 것보다 훨씬 더 풍부하게 생산적 협력에 관계하고 있는 것)을 잃어버리지 않기 때문이며, 이를 제외한 그 어떤 이유도 없다.

사회적 협력이 노동과정에 선행하고 이를 지양하기 때문에, 포스트-포드주의적 노동은 항상 보이지 않는 노동이라고 할 수 있다. 이 표현은 여기에서 계약을 맺지 않고 행하는 노동, '비공식적인' 노동을 지칭하는 것이 아니다. 보이지 않는 노동이란 무엇보다 부불된 삶이다. 노동활동과의 관계에 있어서 완전히 동질적이지 않는, 결코 생산력으로 계산되지 않는 인간활동의 일부인 것이다.

핵심 요점은 노동의 외부에서 숙성된 경험이 노동에 있어서 엄청난 비중을 지닌다는 점을 인정하는 것이다. 이와 동시에 우리는 이처럼 좀더 거대한 경험의 영역이 일단 생산과정에 포함되고 나면, 이러한 경험의 영역이 자본주의적 생산양식의 규칙에 종속된다는 것을 깨달아야만 한다. 따라서 여기에도 역시 이중의 위험이 있다. 말하자면 이러한 경험의 영역이 엄청난 규모로 생산양식에 포함된다는 점을 부정할 위험, 또는 이렇게 포함된다는 미명하에 특정한 생산양식의 존재를 부정할 위험이 있는 것이다.

테제 5

포스트-포드주의에서는 '노동시간'과 훨씬 더 긴 '생산시간' 사이의 항상적인 간극이 존재한다.

맑스는 『자본』 2권의 12장과 13장에서 '노동시간'과 '생산시간'을 구별한다. 파종과 수확의 주기를 생각해 보자. 농업 노동자는 한 달 동안 일한다(노동시간). 이후 곡물이 자라는 데는 오랜 막간의 시간이 소요된다(노동시간이 아니라 생산시간이다). 그리고 마침내, 수확의 시기가 도달한다(새로운 노동시간). 농업과 다른 산업 부문에서 생산은 노동활동 — 이 말의 고유한 의미에서 — 보다 훨씬 더 외연이 넓다. 노동활동은 그저 전체 주기의 일부에 불과하다. '노동시간'/'생산시간'이라는 짝은 포스트-포드주의적 현실(realité)을 파악하는 데 있어서, 사회적 노동일의 현재적 분절을 이해하려고 할 때 특히 탁월하고 적절한 개념적 도구가 된다. 맑스가 제시한 목가(牧歌)적인 예들을 넘어서, '생산'과 '노동' 사이의 간극은 「기계에 관한 단상」에서 노동시간을 그저 '보잘것없는 잔여물'에 불과한 것으로 제시하고 있는 상황에도 딱 들어맞는다.

불균형(disproportion)은 두 개의 상이한 형태를 띤다. 우선 불균형을 종속노동자의 개별 노동일 속에서 보는 것이 가능하다. 공장 노동자가 감시하며 조정하고 있는 것(노동시간)은 자동화된 기계시스템(이것이 생산시간을 규정한다)이다. 노동자의 활동은 종종 일종의 유지보수로 귀결된다. 포스트-포드주의적 맥락에서 생산시간은 한 가지 계기, 즉 노동시간에 의해서만 중단된다고 말할 수 있다. 파종이 이후의 곡물의 성장 국면을 위한 필수조건인 반면, 감시와 조정이라는 현대적 활동에 속하는 시간은 처음부터 끝까지 자동화된 과정과 나란히 위치한다.

이러한 불균형을 인식하는 두 번째의, 그리고 훨씬 더 근본적인 방식이 있다. 포스트-포드주의에서 '생산시간'은 사회적 협력이 비-노동시간에 뿌리를 두고 있는 동안에는 비-노동시간을 포함한다(테제 4를 보라). 그러므로 나는 '생산시간'을 지불된 삶과 부불된 삶의, 노동과 비-노동의, 가시적인 사회적 협력과 비가시적인 사회적 협력의 분해될 수 없는 통일체로 정의한다. '생산시간'을 이런 식으로 이해했을 때 '노동시간'은 '생산시간'의 한 가지 구성요소이지만, 그렇다고 해도 제일 중요한 구성요소는 아니다. 이것은 잉여가치론을 부분적으로든 전체적으로든 다시 정식화하게 만든다. 맑스에 따르면 잉여가치는 잉여노동에서, 즉 필요노동(노동-역량을 획득하기 위해 자본가가 지불함으로써 사용된 비용)과 전체 노동일 간의 차이에서 생겨난다. 그렇다면 우리는 이렇게 말할 수 있다. 즉 포스트-포드주의의 시대에서 잉여가치는 무엇보다도 노동시간으로 계산되지 않는 생산시간과 적합한 의미에서의 노동시간 사이의 간극(*hiatus*)에 의해서 설정된다. 노동시간에 고유히게 존재하는 필요노동과 잉여노동 간의 간극(écart)만이 중요한 것이 아니라, 어쩌면 이보다 더 중요한 것은 (비-노동, 즉 이것의 특수한 생산성을 포함하는) 생산시간과 노동시간 사이의 간극이다.

테제 6

> 포스트-포드주의는
> 한편으로는 극히 다양한 생산모델들의 공존에 의해서,
> 다른 한편으로는 본질적으로 동질적이라 할 수 있는
> 노동 외부의 사회화에 의해서 규정된다.

포드주의적인 노동 조직화와는 상당히 다르게, 현대의 노동 조직화는 항상 표범의 문양과 같은 양상을 드러내고 있다. 기술혁신은 보편주의적이지 않다. 기술혁신은 일의적(univoque)이고 견인차 역할을 하는 생산모델을 결정할 뿐만 아니라 또한 시대에 뒤떨어져 있거나 시대착오적인 모델조차도 부활시키면서 무수히 상이한 모델을 살아 있는 상태로 유지한다. 포스트-포드주의는 대중-노동의 군도들에서부터 전문노동자의 고립지역(enclave)에 이르기까지, 혹은 다시 팽창하고 있는 자율적 노동으로부터 부활한 인격적 지배형태에 이르기까지 노동의 역사 전체를 재편한다. 오랜 기간 동안 계속 이어지던 생산모델들은 마치 만국박람회의 방식처럼 공시적으로(synchroniquement) 재현된다. 하지만 이러한 차이의 활성화, 조직형태의 파편화(broyage)의 배경과 전제는 바로 일반지성, 즉 비-노동시간을 자신의 내부에 포함하고 있는 전산화된 데이터 소통 기술, 생산적 협력이다. 역설적으로 말하면, 지식과 언어가 주요 생산력이 될 때 노동조직화 모델의 무제한적 증식 뿐 아니라 이런 모델들의 절충적인 공존을 목격하게 되는 것이다.

소프트웨어 기술자가 피아뜨 노동자나 비정규직 노동자와 공통점

을 갖고 있지 않는가라고 물어야만 한다. 우리는 이렇게 답할 수 있는 용기를 가져야만 한다. 직무 계획, 직업적 숙련도, 노동과정의 특징의 경우는 별반 공통점이 없다고 말이다. 하지만 또한 우리는 이렇게 답할 수 있다. 각 개인이 노동 외부에서 사회화되는 양식 및 내용과 관련해서는 모든 점에서 공통점이 있다고 말이다. 다시 말해서 이들은 감정적인 어조, 취향, 멘탈리티, 기대치를 공통적으로 가지고 있다. 이를 제외하면, 이러한 동질적인 에토스(편의주의, 잡담 등)가 생산에 포함되어 제반 선진 산업 부문들에서 직업상의 자격조건을 규정하는 반면, 전통적인 산업부문에 속해 있는 사람들의 경우나 노동과 실업 사이에서 진동하는 경계-노동자들의 경우 오히려 이러한 에토스는 '생활세계'를 강화하게 된다. 이것을 하나의 정식으로 표현해 보자. 작동하고 있는 편의주의와 도시의 경험이 요구하는 보편적 편의주의 사이에는 봉합점이 있다. 노동과정에서 분리되어 나온 사회화의 본질적으로 균질적인 성격은 생산모델의 파편화에, 이것들의 세계박람회 방식의 공존에 대응한다.

대제 7

포스트-포드주의에서 일반지성은 고정자본에 상응하는 것이 아니라 주요하게는 산 노동의 언어적 상호작용으로 제시된다.

세미나의 두 번째 날 이미 말했듯이, 맑스는 아무런 유보사항도 없이, 일반지성(다시 말해서 주요한 생산력으로서의 지식)을 고정자본 및 기계 시스템의 '객관화된 과학적인 능력'과 등치시켰다. 이런 방식으로 그는 오늘날 완전히 지배적인 다른 측면을 무시했다. 이런 다른 측면에 따를 경우 일반지성이 산 노동으로 제시되는데도 말이다. 이러한 비판을 뒷받침하기 위해서는 포스트-포드주의적 생산을 분석하는 것이 필수적이다. 우리는 소위 '2세대 자율적 노동'[9]에서는, 그리고 또한 멜피에 있는 피아뜨 공장처럼 급격하게 근대화된 공장의 공정절차에서는, 지식과 생산의 연결관계가 기계시스템 속에서 완전히 고갈되어 없어지지 않는다는 점을 그다지 어렵지 않게 알 수 있다. 오히려 반대로, 이러한 연결관계는 여성과 남성의 언어적 협력에서, 이들의 현실적으로 협력적인 활동에서 접합분절된다. 포스트-포드주의적 맥락에서 결정적인 역할을 하는 것은 몇 가지 개념적 배치 및 논리적인 도식들인데, 이러한 것들은 살아 있는 주체의 다양한 상호작용과 분리될 수 없기 때문에 고정자본만을 가지고는 명확하게 정식화될 수 없다. 그러므로 일반지성은 공식·비공식적 앎, 상상, 윤리적 기질, 멘탈리티, '언어 놀이'를 포함한다. 현대의 노동 과정들에는 기계적인 '신체'나 작은 전기 '정신'을 빌릴 것도 없이, 생산 '기계들'처럼 그 자체로 기능하는 사유와 담론이 있다.

일반지성은 산 노동의 속성이 되지만, 산 노동은 점점 더 언어적

---

9. [옮긴이] 쎄르지오 볼로냐는 1997년에 발표된 글에서 포스트-포드주의 시대를 특징짓는 노동의 존재방식을 '제2세대의 자율적 노동'으로 규정했다. 포드주의 시대에는 '자율적 노동'이 임금노동과 대칭되는 개념이었던 반면, 포스트-포드주의에는 법적으로는 독립적인 노동(고용 통계상으로는 비임금노동의 범주에 들어가는 노동)이지만 경제적으로는 여전히 종속되어 있는 노동인 '제2세대의 자율적 노동'이 나타난다고 지적하면서 이를 '준(準) 종속적 노동'이라고 칭하기도 한다.

수행(prestation)으로 구성된다. 여기에서 우리는 위르겐 하버마스의 입장 중에서 아무런 기반도 없는 몇몇 지점을 건드린다. 하버마스는 예나 시절의 헤겔의 가르침을 쫓아, 노동과 상호작용을, '도구적 행위'(또는 '전략적 행위')와 '소통적 행위'를 대립시킨다.10 그에 따르면, 두 개의 맥락은 공통의 척도를 갖고 있지 않는 기준들에 대해 반응한다. 즉 노동은 수단/목적이라는 논리에 의해 결정되는 반면, 언어적 상호작용은 교환, 상호인정, 동일한 에토스의 공유에 의존한다. 하지만 오늘날 노동(종속노동, 임금노동, 잉여가치를 생산하는 노동)은 상호작용이다. 노동과정은 더 이상 말이 거의 없는 것이 아니라 오히려 수다스럽다. '소통적 행위'는 윤리적·문화적 관계 내부에서, 혹은 정치 내부에서 자신의 특권적인 영역이나 하물며 배타적인 영역을 더 이상 갖고 있지도 않으며, 삶의 물질적 재생산의 맥락 바깥에 놓여 있지도 않다. 오히려 대화식의 말(parole)이 자본주의적 생산의 바로 그 중심부에 자리를 잡았다. 하나의 공식으로 요약하면 다음과 같다. 포스트-포드주의적 노동의 실천들을 완전히 이해하기 위해서는, 더욱더 소쉬르와 비트겐슈타인으로 향해야만 한다. 사실 이 저자들은 생산의 사회적 관계에 무관심하다. 그렇지만 이들이 언어적 경험을 아주 깊이 있게 성찰했기 때문에 전문 경제학자들보다 '수다스러운 공장'에 관해 훨씬 더 많은 것을 가르쳐 줄 수 있다.

이미 말했듯이 개인 노동시간의 일부는 생산적 협력 자체를, 즉 개인이 하나의 조각 역할을 하는 모자이크를 풍부하게 하고 발전시

---

10. Habermas, 1968을 참조. [Harbermas, *Arbeit und Interaktion.*]

킬 수밖에 없는 운명이다. 더 명확하게 말하자. 노동자의 과제는 자신의 고유한 노동과 다른 이들의 실제 작업(prestation) 사이의 관계를 개선하고 변하게 만드는 것이다. 노동활동의 바로 이러한 성찰적 측면이 노동에 있어서 언어적·관계적 측면을 점차 더 중요하게 만들 뿐 아니라 또한 편의주의와 잡담을 아주 중요한 도구로 만들기도 한다. 헤겔은 '노동의 간지'(ruse)에 관해 말했다. 이 표현이 의미하는 것은 결정된 목표의 관점에서 자연적인 인과성의 역량을 이용하기 위해서 이러한 인과성에 따를 수 있는 능력이다. 그러나 포스트-포드주의에서는 헤겔의 '간지'가 하이데거의 '잡담'으로 대체된다.

테제 8

**포스트-포드주의적 노동-역량 전체는 가장 숙련되지 않은
노동마저도 포함하는 지적인 노동-역량이며, '대중의 지성성'이다.**

포스트-포드주의적 노동이 기계 시스템으로 객관화될 수 없는 인지능력과 소통의 집행자(dépositaire)라는 것을 고려한다면, 내가 '대중의 지성성'이라고 부르는 것은 포스트-포드주의적인 산 노동의 총체이다. (이 얘기가 어느 정도의 특수한 자격 조건이 필요한 부문인 소위 3차 부문과는 무관하다는 점에 유의하자). 대중의 지성성은 오늘날 일반지성이 스스로를 드러내는 주요한 형태이다. (테제 7을 보라). 내가 어떤 방식으로든 종속적 노동자가 마치 환상과도 같이 박식하다고 말하는 것이 아니라는 점은 두말할 나위 없다. 확실히 나

는 오늘날의 노동자가 분자생물학이나 고전문헌학 분야의 전문가라고 생각하지 않는다. 앞의 세미나에서 이미 말했듯이, 범상치 않게 보이는 것은 오히려 지성 일반, 즉 정신의 가장 유적인 소질 — 언어 능력, 배우려는 경향, 기억, 추상화하고 상관시킬 수 있는 능력, 자가 성찰을 향한 경향 — 이다. 대중의 지성성은 사유의 최종 결과물(책, 수학공식 등)과는 무관하며, 그저 사유한다/말한다 등의 능력과 관련되어 있다. (지성이나 기억처럼) 언어는 우리가 생각할 수 있는 것보다 훨씬 더 일상적이며 그다지 '전문적'이지도 않다. 대중의 지성성의 훌륭한 예는 과학자가 아니라 그저 말하는 사람(화자)들이다. 이들은 새로운 '노동 귀족'과는 무관하고, 오히려 이와는 정반대의 극에 서 있다. 더 정확히 살펴보면 대중의 지성성은 우리가 이미 인용했던 노동-역량에 관한 맑스의 정의가 완전히 참이라는 것을 처음으로 입증했을 뿐이다. "물리적 형태로 존재하며 살아 있는 인격성으로 존재하는 그러한 정신적이고 물질적인 능력의 총합, 인간 존재의 총합."[11]

대중의 지성성과 관련해서, 이미 지나가버린 경험만이 기분 좋게 반복되는 것을 추구할 뿐인 사람들이 빠져버리게 되는 치명적인 단순화를 피하지 않으면 안 된다. 지식과 언어에 자신의 무게중심을 두고 있는 존재양식을 경제적·생산적 범주에 입각해 정의할 수는 없다. 간단히 말해서, 내가 알고 있듯이, 그것은 수작업 노동자의 고리에 일관생산라인의 노동자의 고리를 하나 더 이어 붙이는 문제가 아

---

11. [*Capital*, Vol. 1, p. 270.]

니다. 대중의 지성성이 지닌 특징적인 면모, 즉 그것의 정체성은 노동과의 관계에서 발견될 수 있는 것이 아니라 무엇보다 우선 삶 형태의 면에서, 문화적 소비, 언어적 사용의 면에서 발견될 수 있다. 그럼에도 불구하고, 그리고 이것이 동전의 다른 측면인데, 생산이 어떤 방식으로든 더 이상 정체성을 형성하는 특별한 장소가 아니게 될 때, 정확히 바로 그 지점에서 생산은 경험의 모든 측면들로 투사되며, 이 속에서 생산은 언어적 능력, 윤리적 기질, 주체성의 뉘앙스들을 포섭한다.

　이러한 변증법의 핵심부에 놓여 있는 것이 바로 대중의 지성성이다. 대중의 지성성은, 이를 (그럼에도 불구하고 여전히 서술할 수 있는 것이 아니라) 경제적-생산적 항으로 서술하는 것이 어렵기 때문에, 정확히 바로 이런 이유 때문에 오늘날의 자본주의적 축적의 근본적인 구성요소인 것이다. (다중의 또 다른 이름인) 대중의 지성성은 그 존재양식이 정치경제학의 개념들을 완전히 벗어나기 때문에 포스트-포드주의적 경제의 중심부에 놓여 있는 것이다.

테제 9

　　다중은 '프롤레타리아트화 이론'과는 완전히 무관하다.

　맑스주의의 이론적 논쟁에서, '복잡한'(다시 말해 지적) 노동과 '단순한'(비숙련) 노동 사이의 대립은 상당한 문제를 야기했다. 이러한 대립을 허용하는 측정 단위는 무엇인가? 지배적인 대답은 이렇다.

측정 단위는 '단순한' 노동과 일치하며, 정신적·물리적 에너지의 순수한 지출과도 일치한다. '복잡한' 노동은 그저 '단순한' 노동의 곱하기(multiple)일 뿐이다. 전자와 후자의 비율(ratio)은 지적 노동-역량의 형성(학교, 다양한 전문교육 등)에 소요되는 상이한 비용을 비슷한 노동-역량과의 관계에 의해서 생각할 때 결정될 수 있다. 나는 이처럼 오래되고 논쟁적인 문제에 관해 조금도 흥미가 없다. 하지만 바로 여기에서 나는 이 점과 관련하여 사용되었던 용어들을 이용하고 싶다. 나는 대중의 지성성이란, 그 총체성에 있어서 '복잡한' 노동이라고 생각한다. (테제 8을 보라.) 그러나 '복잡한' 노동이 '단순한' 노동으로 환원되지 않는다는 점에 주의해야 한다. 이러한 노동-역량이 복잡성만이 아니라 환원불가능성을 지닌다는 것은, 이 노동-역량이 자신의 기능을 수행할 때 인간의 언어적-인지적 능력을 유적인 의미에서 동원한다는 사실에서 유래한다. 이러한 능력들은 개인의 업무가 극히 전문화된 업무(prestation)가 아니라고 하더라도 이러한 개인의 업무가 항상 고도의 사회성 및 지능(intelligence)에 의해 규정되도록 만든다. (우리는 여기에서 엔지니어나 문헌학자에 관해 말하는 것이 아니라 평범한 노동자에 관해 말하고 있다.) 말하자면, 대중의 지성성에 의해 실행된 구체적 작업의 협력적 성질은 '단순한' 노동으로 환원될 수 없다.

포스트-포드주의적인 모든 노동이 복잡한 노동이며 단순 노동으로 환원될 수 없다고 말하는 것은, 또한 오늘날 '프롤레타리아트화 이론'이 완전히 논의 대상에서 벗어난 것임을 뜻한다. 이 이론은 지적 노동과 수공 노동의 경향적 등가성을 의미했을 때 최고의 영예를 얻었다. 바로 이 때문에 이 이론은 결국 대중의 지성성을 설명하는 데 부적합하게 되었으며, 똑같은 말이지만, 산 노동을 일반지성으로서 설명하는 데에도 부적합하게 되었다. 프롤레타리아트화 이론은 지적(혹은 복잡한) 노동이 전문화된 지식의 그물망과 동일시될 수 없을 때, 인간이라는 동물의 유적인 언어적·인지적 능력의 사용과 등치될 수 있을 때, 실패했다. 이것은 질문의 모든 항들을 변형시키는 개념적(이며 실천적인) 이행이다.

프롤레타리아트화의 결여는 분명히 숙련 노동자가 특권적인 지위를 보유하고 있다는 것을 뜻하지 않는다. 오히려 그것이 의미하는 바는 '프롤레타리아트' 개념이 통상 내포하고 있는 일종의 뺄셈에 의한 동질성이 포스트-포드주의적인, 복잡하고 지적인 모든 노동-역량을 규정하지 않는다는 것이다. 말하자면 프롤레타리아트화의 결여가 뜻하는 것은 포스트-포드주의적 노동이 민중이 아니라 다중이라는 것이다.

테제 10

포스트-포드주의는 '자본의 꼬뮤니즘'이다.

1930년대의 서구에서 일어난 제반 사회체제의 변신은 겉으로 보기에는 역설적이지만 다음과 같은 아주 명확한 표현으로 지칭되곤 했다. 즉 자본의 사회주의. 우리는 이러한 용어를 가지고 경제적 주기 내부에서 국가가 행한 결정적인 역할, 자유방임적 자유주의자의 종말,

공공산업에 의해 주도된 집중화와 계획 과정, 완전고용의 정치, 복지의 시작에 관해 논의할 수 있다. 10월 혁명과 1929년 공황에 대한 자본주의적 반응은 생산수단의 거대한 사회화(혹은 더 적합하게 말하면 국유화)였다. 내가 잠시 전에 인용했던 맑스의 용어로 표현하면, '자본주의 체제 자체의 토대 위에서 자본주의적인 사적 산업의 폐지'가 있었다.[12]

1980년대와 1990년대 동안 서구에서 일어난 사회체제의 변신은 바로 자본의 꼬뮤니즘이라는 표현으로 잘 요약될 수 있다. 이것이 의미하는 바는 자본주의적인 주동성(initiative)이 꼬뮤니즘적인 전망[퍼스펙티브]에 확고한 현실주의를 보장했던 물질적/문화적 제반 조건들을 자신의 이익을 위해 조직한다(orchestre)는 것이다. 이러한 전망의 핵심을 구성하고 있는 제반 목표를 생각해 보자. 임금노동이라는 참을 수 없는 스캔들의 폐지; 강제의 산업(industry)[13]이자 '정치적 의사결정의 독점'으로서의 국가의 소멸; 각 개인의 삶을 독특한(unique) 것으로 만드는 모든 것의 가치화[가치증대]. 하지만 지난 20년의 과정에서, 이 동일한 목표에 대해서도 교활하고도 끔찍한 해석이 등장했다. 무엇보다도 우선 사회적 필요노동시간의 돌이킬 수 없는 감소는 체제 '안'에 있는 사람들의 노동시간(horaire)의 증대와 그 '외부'에 있는 사람들의 주변부화에 의해 하나로 묶여졌다. 심지어 종속노동자 전체가 초과노동에 의해 비참한 신세가 되는 경우에도 고용노동

---

12. [*Capital*, Vol. 3, p. 570.]
13. [옮긴이] 여기에서 '강제의 산업'이란 "의무, 근거 없는 위계제, 임의의 지배형식 등을 생산하는 국가"를 뜻한다.

자 전체는 '과잉인구'나 '산업예비군'으로 제시되었다. 둘째, 민족국가들의 급격한 위기, 또는 현실적인 차별철폐는 조립식 상자(des boîtes gigognes)14처럼 국가-형태의 축소 모형식 재생산으로 표현된다. 셋째, 효과적으로 작동할 수 있는 '보편적 등가물'이 몰락한 후, 우리는 차이에 관한 물신숭배를 목격한다. — 하지만 이러한 차이는 그 밑에 감추어진 실체적인 기반을 강력하게 요구할 뿐 아니라 모든 종류의 압제적이고 차별적인 위계를 발생시킨다.

포드주의가 사회주의적 경험의 몇몇 측면들을 통합하고 이를 자신의 방식으로 수정한다면, 포스트-포드주의는 케인즈주의와 사회주의를 근본적으로 제거한다. 포스트-포드주의는 일반지성과 다중에 의존할 뿐만 아니라 자기 나름의 방식으로 꼬뮤니즘의 전형적인 요구(노동의 폐지, 국가의 해소 등)를 만들어 낸다. 포스트-포드주의는 자본의 꼬뮤니즘이다.

포드주의의 뒤꿈치를 따라가 보면 거기에는 러시아의 사회주의 혁명이 있었다. (그리고 패배하긴 했지만 서유럽에서 혁명적 시도가 있었다.) 그러므로 사회적 소요사태가 포스트-포드주의의 전조 역할을 했는가라고 묻는 것은 적절하다. 나는 1960년대와 1970년대 동안에 서구에서는 패배한 혁명이 있었다고 믿는다. — 이 혁명은 빈곤과 후진성에 반대하는 것을 목표로 하지 않고 특히 자본주의적 생산양식에 반대하는, 따라서 임금노동에 반대하는 것을 목표로 삼았다. 내가 패배한 혁명이라고 말한다고 하더라도, 많은 사람들이 혁명에 대

---

14. [옮긴이] 영어로 하면 '중국인 상자'(Chinese box)인 이것은 같은 꼴의 것을 크기의 차례로 겹쳐 넣어서 만든 상자를 의미한다.

해서 장황스런 허풍만 떨고 있었기 때문에만 그런 것은 아니다. 나는 주체성의 사육제를 언급하는 것이 아니라 극히 절제된 사실을 가리킨다. 오랜 기간 동안, 공장만이 아니라 빈민 구역에서, 학교만이 아니라 몇몇 연약한 국가 제도에서, 두 개의 대립된 권력이 서로 대결했으며, 이는 정치적 의사결정의 마비상태로 귀결되었다. 이렇듯이 객관적이고 절제된 관점에서 볼 때, 이탈리아와 다른 서유럽 나라에서는 패배한 혁명이 있었다고 주장할 수 있을 것이다. 포스트-포드주의 또는 '자본의 꼬뮤니즘'은 이 패배한 혁명에 대한 반격이며, 따라서 1920년대의 패배한 혁명과도 아주 다르다. '반격'의 질은 '요구'의 질과 동등하면서도 대립된다. 나는 1960년대와 1970년대의 사회 투쟁이 비-사회주의적 요구를, 심지어는 반-사회주의적 요구를 표현했다고 믿는다. 즉 노동에 대한 근본적인 비판; 차이에 대한 강력한 취향, 또는 이렇게 말하고 싶다면 '개체화 원리'의 세련화; 더 이상 국가를 장악하려는 욕망이 아니라 국가로부터 우리 자신을 지키자는, 국가에 대한 속박 자체를 해체하자는 (확실히 때로는 폭력적인) 태도, 1960년대와 1970년대의 실패한 혁명에 꼬뮤니즘적 영감과 정향이 있었다는 것은 그다지 어렵지 않게 인식될 수 있다. 이런 이유 때문에, 그런 혁명에 대한 반격을 대변하는 포스트-포드주의는 역설적으로 일종의 '자본의 꼬뮤니즘'에게 생명력을 부여한다.

서지 목록

Augustin, *Confessions* in Oeuvres I, édition publiée sous la direction de Lucien Jerphagnon, Bibliothèque de la pléiade, Gallimard, Paris, 1998. [한국어판: 아우구스티누스, 『고백록』, 김기찬 옮김, 현대지성사, 2000; 『고백록』, 김병호 옮김, 집문당, 1998.]

Adorno Th. W., Horkheimer M. (1947), *La dialectique de la raison*, Gallimard, Paris, 1974. [한국어판: 테오도르 아도르노 외, 『계몽의 변증법』, 김유동 옮김, 문학과지성사, 2001.]

Aristote, *Ethique à Nicomaque*, trad. J. Tricot, Vrin, Paris, 1994. [한국어판: 『니코마코스 윤리학』, 최명관 옮김, 서광사, 1984.]

Aristote, *Rhétorique*, introduction de Michel Meyer, Livre de Poche, Paris, 1991; *Rhetoric* in *The Basic Works of Aristolte*, edited by Richard McKeon, New York: Random House, 1941.

Aristote, *Invitation à la philosophie* (Protreptique), traduction du grec et postface de J. Follon, "Mille et une nuits", Paris, 2000; *Protrepticus : A Reconstruction*, edited by Richard McKeon, New York: Random House, 1941.

Arendt H. (1958), "Qu'est-ce que la liberté?", dans *La crise de la culture*, Gallimard, Paris, 1972; *Between Past and Future : Eight Exercises in Political Thought*, New York: Viking Press, 1968.

Arendt H. (1961), *Condition de l'homme moderne*, Calmann-Lévy, Paris, 1961. [한국어판: 한나 아렌트, 『인간의 조건』, 이진우·태정호 옮김, 한길사, 1996.]

Austin J. (1962), *Quand dire, c'est faire*, Seuil, Paris, 1970; *How to Do Things with Words*, Cambridge: Harvard University Press, 1962.

Bachelard G. (1940), *La philosophie du non*, Quadrige/PUF, Paris, 1983. [한국어판: 가스통 바슐라르, 『부정의 철학』, 김용선 옮김, 인간사랑, 1991.]

Benjamin W. (1936), "L'œuvre d'art à l'époque de sa reproductibilité technique", in *ÎuvresIII*, "Folio Essais", Gallimard, Paris, 2000. [한국어판: 발터 벤야민, 『발터 벤야민의 문예이론』, 반성완 옮김, 민음사, 1983.]

Benveniste E. (1970), "L'appareil formel de l'énonciation", in *Problèmes de linguistique générale*, II, Gallimard, Paris, 1974. [한국어판: 에밀 벤베니스트, 『일반언어학의 제문제』, 황경자 옮김, 민음사, 1993.]

Bianciardi L. (1962), *La vita agra*, Rizzoli, Milan, 1962.

Debord, G. (1967), *La société du spectacle*, Buchet-Chastel (première édition); Gallimard, Paris, 1992. [한국어판: 기 드보르, 『스펙타클의 사회』, 이경숙 옮김, 현실문화연구, 1996.]

Foucault M. (1989 post.), *Résumé des cours 1970-1984*, Julliard, Paris, 1989.

Freud S. (1919), "L'inquiétante étrangeté", in *Essais de psychanalyse appliquée*, Gallimard, 1933; et aussi in *L'inquiétante étrangeté et autres essais*, "Folio essais", Gallimard, Paris, 1985; 'Das Unheimliche' (1919); "The Uncanny" translation by Alix Strachey in *Sigmund Freud, Collected Papers, Vol. 4*, New York: Basic Books, 1959.

Gehlen A. (1940), *Man: His Nature and Place in the World*, Columbia University Press, 1988.

Gould G. (1984 post.), *The Glenn Gould Reader*, édité par Tim Page; Lester

& Orpen Dennys, Toronto, 1984.

Gorz A. (1997), *Misère du présent, richesse du possible*, Galilée, Paris, 1997; *Reclaiming Work: Beyond the Wage-based-Society*, translated by Chris Turker, Cambridge, England: Polity Press, 1999.

Habermas J. (1968), "Travail et interaction" in *La technique et la science comme 'idéologie'*, traduit de l'allemand et préfacé par Jean-René Ladmiral, Gallimard, Paris, 1973; "Arbeit und Interaktion" in *Technik und Wissenschaft als 'Ideologie'*, Frankfurt am Main: Suhrkamp, 1968.

Heidegger M. (1927), *Etre et Temps*, traduit de l'allemand par François Vezin, Bibliothèque de philosophie, Gallimard, Paris, 1986. [마르틴 하이데거, 『존재와 시간』, 이기상 옮김, 까치, 1998; 『존재와 시간』, 소광희 옮김, 경문사, 1995]

Hirschman A. O. (1970), *Défection et prise de parole*, Fayard, Paris, 1995; *Exit, Voice and Loyalty*. Cambridge, Massachusetts: Harvard University Press, 1970.

Hobbes Th. (1642), *Le Citoyen ou les Fondements de la politique*, traduction de Sorbiere, Flammarion, 1982; *De Cive* (1642), edited by Sterling P. Lamprecht, New York: Appleton-Century-Crofts, 1949.

Hobbes Th. (1651), *Leviathan ou Matière, forme et puissance de l'état chrétien et civil*, traduction de l'anglais par Gérard Mairet, collection Folio essais, Gallimard, Paris, 2000. [한국어판: 토마스 홉즈, 『리바이어던』, 한승조 옮김, 삼성출판사, 1990.]

Kant I. (1790), *Critique de la faculté de juger in Oeuvres philosophiques II*, Bibliothèque de la Pléiade, Gallimard, Paris, 1984. [한국어판: 이마뉴엘 칸트, 『판단력 비판』, 이석윤 옮김, 박영사, 1996년 중판.]

Marx K. (1867), "La théorie moderne de la colonisation", *Le Capital*, livre I in *Îuvres/fconomie I*, édition établie par M. Rubel, Bibliothèque de la

Pléiade, Gallimard, Paris, 1968. [한국어판: 칼 맑스, 『자본론 I (하)』, 김수행 옮김, 비봉출판사, 1991.]

Marx K. (1905), *Principes d'une critique de l'économie politique*, in *Îuvres/Economie II*, Bibliothèque de la Pléiade, Gallimard, Paris, 1968. [칼 맑스, 『정치경제학 비판을 위하여』, 황태연 옮김, 중원문화사]

Marx K. (1932 post.), *Les Manuscrits de 1844, in Oeuvres/Economie II*, Bibliothèque de la Pléiade, Gallimard, Paris, 1968. [한국어판: 칼 맑스, 『경제학-철학 수고』, 이론과 실천, 1992; 『1844년의 경제학 철학 초고』, 박종철출판사, 1991.]

Marx K. (1933 post.), *Le Capital*, Livre I, chapitre VI inédit, in *Îuvres/Economie II*, "Matériaux pour l'économie", Bibliothèque de la Pléiade, Gallimard, Paris, 1968. [한국어판: 칼 맑스, 『자본론 I』, 김수행 옮김, 비봉출판사, 1991.]

Marx K. (1939-1941 post.), *Grundrisse* in *Oeuvres/Economie II*, Bibliothèque de la Pléiade, Gallimard, Paris, 1968. [한국어판: 칼 맑스, 『정치경제학 비판 요강 I·II·III』, 김호균 옮김, 백의, 2000.]

Marx, K. *Theorein über den Mehrwert* (1905), *Theories of Surplus-value*, translated by Emile Burns, edited by S. Ryazanskaya, Moscow: Progress Publishers, 1969.

Merleau-Ponty M. (1945), *Phénoménologie de la perception*, Gallimard, Paris, 1945. [한국어판: 메를로 퐁티, 『지각의 현상학』, 류의근 옮김, 문학과 지성사, 2002.]

Rifkin J. (1995), *La fin du travail*, La Découverte, Paris, 1996. [한국어판: 제레미 리프킨, 『노동의 종말』, 이영호 옮김, 민음사, 1996.]

Saussure F. de (1922 post.), *Cours de linguistique générale*, appareil critique établi par Tullio de Mauro, Editions Payot, Paris, 1995. [한국어판: 페르디낭 드 소쉬르, 『일반언어학 강의』, 최승언 옮김, 민음사, 1997.]

Schmitt C. (1963), avant-propos de 1963 à *La Notion de politique*, Calmann-Lévy, Paris, 1972; *Der Begriff des Politischen: Text von 1932 mit einem Vorwork und drei Corollarien*, 1963; The Concepts of the Political, translated by George Schwab, Chicago: The University of Chicago Press, 1996.

Schneider, M. (1989), *Glenn Gould, piano solo*, Gallimard, Paris, 1989.

Simondon G. (1989), *L'individuation psychique et collective*, Aubier, Paris, 1989.

Spinoza B. (1677), *Tractatus politicus*, in *Oeuvres complètes*, Bibliothèque de la Pléiade, Paris, 1955; *Tractatus Politicus* (1677), translated by Samuel Shirley, Indianapolis, Indiana: Hackett Publishers, 2000.

Virno P. (1994), *Miracle, virtuosité et 'déjà vu'. Trois essais sur l'idée de 'monde'*, éditions de l'éclat, Combas, 1996.

Virno P. (1999), *Le souvenir du présent. Essai sur le temps historique*, éditions de l'éclat, Paris, 1999.

Weber M. (1919), "Le métier et la vocation d'homme politique" in *Le savant et le politique*, Librairie Plon, Paris, 1959. [한국어판: 막스 베버, 『직업으로서의 학문』, 이상률 옮김, 문예출판사, 1994.]

부록

1. 탁월한 기예와 혁명, 엑소더스의 정치이론

2. 노동과 언어

3. 다중과 개체화 원리

4. 다중과 노동계급

부록 1

탁월한 기예와 혁명, 엑소더스의 정치이론[1]

1. 행위, 작업, 지성

오늘날 행위한다는 것이 의미하는 바가 무엇인지에 관한 물음처럼 수수께끼로 보이는 것도 없다. 이 물음은 수수께끼인 동시에 우리의 이해 범위를 넘어서는 것처럼 보인다. ― 저 세상에 있다고 말할 수도 있겠다. 아무도 내게 정치적 행위란 무엇인가라고 묻지 않는다면, 나는 마치 그것을 알고 있는 것처럼 보인다. 하지만 그렇게 묻고 있는 누군가에게 그것을 설명해야만 한다면, 이렇게 상상된 지식은 정

---

[1] [옮긴이] 빠올로 비르노가 쓴 이 글은 원래 에드 에머리(Ed Emory)의 번역으로 *Radical Thought in Italy*. Ed. Paolo Virno and Michael Hardt. Minneapolis: U of Minnesota P, 1996에 "Virtuosity and Revolution, The Political Theory of Exodus"라는 제목으로 실렸다. 잡지 Make World의 제2호에 재수록되었고, http://info.interactivist.net/article.pl?sid=02/11/14/134217 등에서도 찾아볼 수 있으나 이 두 개의 판본은 앞의 책을 축약번역한 것이기에 여기에서는 앞의 책에 따라 번역했다.

합성을 잃고 사라져 버린다. 그렇다면 사람들의 일상적 말에서 행위보다 더 친숙한 개념은 무엇이 있단 말인가? 왜 명백한 것은 신비로 치장을 하고 있는 것일까? 왜 명백한 것은 그토록 종잡을 수 없는 것일까? 이런 물음에 대한 답변은 기존의 관습적인 대답의 영역에서는 찾아질 수 없다. 현재의 불길한 권력 균형; 과거 패배의 계속된 메아리; 포스트모던 이데올로기가 끊임없이 조장하는 체념. 이런 모든 것이 열거될 수도 있으나 이것들은 그 자체로는 아무 것도 설명하지 못한다. 오히려 이것들은 우리가 어두운 터널, 말하자면 터널의 끝에 이르면 모든 것이 과거에 존재했던 방식으로 되돌아가게 되는 그런 어두운 터널을 통과해야 한다는 믿음을 조장하기 때문에 혼란만 부추긴다. 사실은 이와 다르다. 사실은 행위의 마비가 현대적 경험의 아주 기본적인 측면과 다시 연결되어 있다는 것이다. 바로 거기에서 우리는 이러한 측면들이 어떤 불운한 일탈이 아니라 피할 수 없는 배경막을 재현한다는 인식 속에서, 무언가를 발굴해야만 한다. 마법을 깨뜨리기 위해서는, 오늘날 마법의 차단막을 창출하고 있는 것으로부터 행위가 자양분을 끌어낼 수 있도록 하는 행위모델을 정립해야만 한다. 금지 자체가 내버려두기(laissez-passer)로 변형되어야만 한다.

사유의 오랜 전통에 따르면 정치적 행위의 영역은 바로 두 개의 경계선에 의해 정확히 정의될 수 있다. 첫째는 노동과 관련된다. 즉 노동의 무언적(taciturn)이고 도구적인 성격과 관련되며, 또한 노동을 반복적이고 예측가능한 과정으로 만든 자동화와도 관련된다. 두 번째는 순수 사유와 관련된다. 즉 사유의 활동이 지닌 고독한 성질 및 이것의 소멸하지 않는 성질과 관련된다. 정치적 행위는 이것의 개입

영역이 자연적 소재가 아니라 사회적 관계라는 점에서 노동과 다르다. 정치적 행위는 정치적 행위에 새겨져 있는 맥락을 변양시키는 것이지 그런 맥락을 채우기 위해 새로운 대상을 창조하는 것이 아니다. 지적 성찰과는 달리 행위는 공적이며, 또한 다중의 외재화, 우발성, 야단법석과 맞물려 있다. 바로 이것이 오랜 전통이 우리에게 가르치고 있는 바이다. 하지만 우리는 더 이상 이러한 정의를 가지고 앞으로 나아갈 수 없다. 지성, 작업, 행위(이론, 포이에시스, 프락시스)를 분리하는 관례적인 전선이 무너졌으며, 그리하여 우리는 모든 곳에서 [이것들이 상호] 침투하고 교차하고 있는 징후를 보고 있기 때문이다.

이하의 글에서, 나는 첫째 작업(Work)[1]이 정치적 행위의 변별적 특징을 흡수했다고 주장할 것이며, 둘째 이러한 병합이 근대적 생산양식과 공적으로 된 지성, 즉 외양의 세계로 쏟아져 나왔던 지성의 뒤얽힘(intermeshing)에 의해 가능해진다고 주장할 것이다. 마지막으로 행위의 쇠퇴를 촉진했던 것은 바로 '일반지성' 또는 '일반적인 사회적 지식' — 맑스에 따르면 이것은 그 형태가 '사회적 삶의 과정 자체'에 새겨져 있다 — 과 노동의 공생이었다.[2] 그러므로 나는 두 개의

---

1. [옮긴이] 본문에서 지적했듯이 비르노는 아렌트가 노동과 작업을 구분한 것을 받아들이고 있다기보다는 노동, 작업, 행위를 구분한 문제의식만을 취한다. 따라서 본문에서와 마찬가지로 이하에서도 노동과 작업에 관한 아렌트식의 구별을 무너뜨리고 과거의 노동 개념을 확대하여 아렌트의 작업 개념을 노동 개념으로 포섭한다. 이 때문에 본문에서는 '작업'이라는 개념을 거의 사용하지 않고 'work'로 지칭될 수 있는 것도 '작품'이나 '최종 생산물'로 옮겼다. 이런 점에서 볼 때 이 글에서도 'work'는 '노동'으로 옮겨도 무방하지만 이 글의 영역자들이 'work'와 'labor'을 구별하여 사용하고 있으므로 이들의 뜻을 존중하여 '작업'으로 옮기고, 명백히 한정적인 의미만 가질 때에는 '작품'으로 옮긴다.

가설을 전개할 것이다. 첫째는, 우리가 정치적 프락시스와 이것의 범상치 않은 문제―권력, 정부, 민주주의, 폭력, 기타 등등―를 재정의할 때, 누스(*nous*)의 공적이고 현세적인 성격―일반지성의 물질적 역량(potentiality, *potenza*)―을 그 재정의의 출발점으로 삼아야 한다는 것이다. 지성과 행위의 동맹은 지성과 작업의 동맹에 맞대응을 한다. 둘째, 지식과 생산의 공생이 국가에의 복종 협약서에 대한 극단적이고 변칙적인, 그럼에도 불구하고 화려한 정당화를 생산하는 반면, 일반지성과 정치적 행위의 뒤얽힘은 우리로 하여금 비-국가적인 공적 영역의 가능성을 어렴풋이나마 볼 수 있도록 해준다.

2. 작업 없는 활동

작업과 행위의 분리선, 이것은 항상 막연했으며, 이제는 모두 사라져 버렸다. 한나 아렌트의 의견에 따르면, 이러한 잡종화는 근대의 정치적 프락시스가 노동모델을 내면화하고 점점 더 (차례대로 언급하면 역사, 국가, 정당 등과 같은 '생산물'을 가지고 있는) 제작(making) 과정처럼 보이게 되기에 이르렀다는 사실에 기인한다.[3] 하지만 이러

---

2. 완전한 구절은 다음과 같다. "고정자본의 발전은 일반적인 사회적 지식이 어느 정도까지 직접적인 생산력이 되었고, 따라서 사회적 생활 과정 자체의 조건들이 어느 정도까지 일반지성의 통제 아래 놓였으며, 이 지성에 따라 개조되는가를 가리킨다. 사회적 생산력이 지식의 형태로 뿐만 아니라 사회적 실천의 기관들, 현실적 생활 과정의 직접적 기관들로서 어느 정도까지 생산되었는가를 가리킨다." Karl Marx, *Grundrisse : Foundations of the Critique of Political Economy*, trans. Martin Nicolaus (New York: Random House, 1973), p. 706. [한국어판: 『정치경제학 비판 요강 II』, 김호균 옮김, 382쪽.]
3. Hannah Arendt, *The Human Condition* (Chicago: University of Chicago Press, 1958), 특

한 진단은 뒤집혀져 제 발로 서야만 한다. 중요한 것은 정치적 행위가 생산하기의 형태로 인식될 수 있다는 것이 아니라 생산하기가 자기 자신 안에 행위의 많은 특권들을 담고 있다는 것이다. 포스트-포드주의 시대에 우리는 행위의 많은 속성들을 취하고 있는 작업(Work)을 갖게 된다. 즉 예측불가능성, 새로운 무엇인가를 시작할 수 있는 능력, 언어적 '수행능력', 그리고 양자택일적 가능성들 사이에 가담할 수 있는 능력. '행동주의적' 성격이 탑재된 작업과 관련지어 볼 때, 행위로의 이행은 다소간 기대에 미치지 못하는 것으로, 혹은 불필요한 복제물처럼 보일 수 있다. 그것은 대부분의 경우 단점을 가지고 있는 것처럼 보인다. 즉 수단과 목적이라는 기본적인 논리를 따라 구조화한다는 점에서 볼 때 정치는 오늘날 생산과정 내에서 발견될 수 있는 것에 비해 더 약하고 더 빈곤한 소통의 망과 인지적 내용을 제공하는 것처럼 보인다. 행위는 작업보다 복잡해 보이지 않거나, 또는 작업과 너무도 유사하게 보이는데, 어쨌든 이 두 가지 방식 중에서 그 어떤 것도 그다지 바람직하지 않은 것처럼 보인다.

「직접적 생산과정의 제 결과」에서 (그러나 또한 거의 동일한 구절이 쓰여 있는 『잉여가치론』에서), 맑스는 지적 노동을 분석하고 이것의 두 가지 주요한 종류를 구별한다. 우선 "생산자와 별개로 존재하는 상품들 … 예를 들어 책, 그림, 공연 예술가의 예술적 성과물과는 뚜렷이 구별되는 것으로서의 예술의 모든 생산물들"을 그 결과로서 가지고 있는 비물질적 활동이 있다. 다른 한편, 그는 "생산물을 생산

히 "The Traditional Substitution of Making for Acting", pp. 220~230을 보라. [한국어판: 284~294쪽.]

행위로부터 분리할 수 없는" 그러한 활동에 관해 정의한다.4 — 다시 말해 자신의 바깥과 자신을 넘어서 존재하는 최종 작품으로 객관화되지 않은 채, 활동 자체에서 자신의 성과물을 발견하는 활동들에 관해 정의한다. 지적 노동의 두 번째 종류는 '공연 예술가들'에 의해 예증될 수 있으나, 또한 여기에는 거장의 퍼포먼스를 포함하는 작업을 하는 좀더 일반적으로 다양한 종류의 사람들을 포함된다. — 여기에는 글렌 굴드에서 고전적 영국 소설에 나오는 나무랄 데 없는 집사에 이르기까지 인간 사회의 여러 부분들이 포함된다.

맑스가 말한 지적 노동의 두 범주 중에서 첫 번째만이 (잉여가치를 초래하는 작업으로 정의된) '생산적 노동'에 관한 정의에 완전히 부합한 것처럼 보인다. '음악의 악보'를 연주할 뿐, 존속될 수 있는 어떤 흔적도 남겨두지 않는 거장은, 한편으로는 "자본주의적 생산과 비교될 때 미시적인 중요성을 가지며", 다른 한편으로는 "임금-노동이지만 그렇다고 생산적 노동이지 않는 노동"으로서 인식된다.5 거장의 양적인 무관성에 관한 맑스의 고찰을 이해하는 것이 쉽기는 하지만, 우리는 이들이 '비생산적'이라고 하는 맑스의 고찰에서는 약간 당혹스러움을 느낀다. 원칙적으로 볼 때 거기에는 무용가가 잉여가치를 낳지 않는다고 말하는 구석은 없다. 하지만 맑스의 경우, 퍼포먼스라는 활동 자체의 너머에 살고 있는 최종 작품이 부재하다는 점에

---

4. Karl Marx, "Results of the Immediate Process of Production", *Capital*, vol. 1, trans. Ben Fowkes (New York: Vintage, 1977), p. 1048. [한국어판: 칼 마르크스, 『경제학 노트』, 김호균 옮김, 이론과 실천, 1988, 116쪽.]
5. *Ibid.*, pp. 1044~1045. [한국어판: 112~113쪽.]

서 근대의 지적인 탁월한 기예는 인격적 서비스—우리가 이런 서비스를 얻기 위해 자본이 아니라 소득을 지출하기 때문에 비생산적인 존재로 간주되었던 서비스—가 제공될 때 실행되었던 행위와 동등한 가치를 지니게 된다. 그러므로 '공연 예술가들'은 이런 서비스로 격하되고 기생충처럼 되며, 그리하여 이들은 서비스 노동의 우리에 갇히게 된다.

'생산물을 생산행위로부터 분리할 수 없는' 활동은 변덕스럽고 애매한 지위를 지니고 있기에, 정치경제학 비판은 이를 항상 파악하지 못하며, 완전히 파악하는 것도 불가능하다. 이것이 어려운 까닭은 아주 간단하다. 탁월한 기예는 자본주의적 생산 내부로 흡수되기 전부터 이미 윤리학과 정치학의 대들보였기 때문이다. 나아가 탁월한 기예는 행위에 일정한 자격을 부여했던 것이었으며, 작업과 구별되는 것(이자 사실은 이에 대립된 것)이었다. 생산의 목적은 생산 자체와는 다른 반면, 탁월한 기예를 지닌 행태(conduct)가 그 자체로 하나의 목적인 한에 있어서는 행위의 목적은 행위 자체와는 다를 수 없다고 아리스토텔레스는 썼다.[6] '선한 삶'에 대한 탐구와 즉각적으로 관련된 활동은 '행태'(conduct)로서 표방되면서 어떠한 외부적인 목표도 추구하지 않기에 정치적 프락시스와 정확하게 상응한다. 아렌트에 따르면 어떠한 최종 결과물의 생산으로도 나아가지 않는 공연

---

6. Aristotle, *Nicomachean Ethics*, book 6 (Indianapolis: Hackett, 1985), p. 1139b.
  [옮긴이] 본문 87쪽을 참조. 한편 아렌트의 경우 'action', 'act', 'conduct', 'behavior' 등은 각기 구별되는 의미를 지닌 채 사용되고 있으나 여기에서는 큰 의미 차이 없이 사용되고 있다. 따라서 'conduct'와 'behavior'는 맥락에 따라 '행동'이나 '행태'로 옮기되 영어를 병기했다.

예술은 "정치와 아주 강한 친화성을 지닌다. 공연 예술…]은 실제로 정치와 아주 강한 친화성을 지닌다. 공연 예술가들—무용가, 행위예술가, 음악가 등등—은 자신들의 탁월한 기예를 보여줄 수 있는 청중을 필요로 한다. 이와 마찬가지로 행동하는 사람도 우선 나타나기에 앞서서 타인의 현존을 필요로 한다. 이 두 부류 모두 자신들의 '작품'을 위해 공적으로 조직된 공간을 필요로 하며, 둘 모두 퍼포먼스 자체를 위해 타인에 의존한다."7

피아니스트와 무용가는 두 개의 정반대되는 숙명으로 나뉘고 있는 분기점 위에서 불안정하게 균형을 잡고 있다. 이들은 한편으로 "생산적 노동은 아닌 동시에 임금-노동"일 수 있는 노동의 예가 될 수 있으며, 다른 한편으로 정치적 행위를 연상하게 하는 성질을 가지고 있기도 하다. 이들의 본성은 본질적으로 이중적(amphibian)이다. 하지만 지금까지는, 공연 예술가의 모습에 고유하게 존재하는 각각의 잠재적 전개물(potential developments)—포이에시스나 프락시스, 작업이나 행위—은 자신의 대립항을 배제하는 것처럼 보인다. 임금노동자의 지위는 정치적 재능(vocation)에 불리하게 작용하는 경향이 있으며, 그 역도 마찬가지이다. 하지만 어떤 관점에서 보면, 양자택일은 공모로 변화한다. —aut-aut(~이거나 ~이거나)는 역설적인 et-et (~이고 ~이고)를 낳는다. 거장은 그/녀의 활동이 정치적 프락시스를 밀접하게 상기시킨다는 사실에도 '불구하고' 작업을 하는 것이 아니라, 이를 상기시킨다는 바로 그 사실 '때문에' 작업을 한다. (사실 그/

---

7. Hannah Arendt, *Between Past and Future: Six Exercises in Political Thought* (New York: Viking, 1961), p. 154. [본문 88쪽 참조]

녀는 무엇보다 특히 노동자이다.) 은유적인 찢어짐은 이제 끝나가며, 바로 이러한 새로운 상황에서 우리는, 맑스와 아렌트가 양극단적으로 대립하고 있는 것으로부터는 어떠한 실질적인 도움도 발견할 수 없다.

포스트-포드주의적 생산 조직화 내부에서 최종 작품이 없는 활동은 특별하고 문제적인 사례였으나 이제는 임금노동 일반의 원형이 되기에 이른다. 지금은 이 책[8]의 다른 글에서 이미 도출된 상세한 분석으로 돌아갈 때가 아니며, 그저 극히 적은 기본 요점만으로도 충분할 것이다. 노동이 감시와 통제(coordination)의 직무를 실행할 때, 다시 말해 노동이 '주요 행위자가 아니라 생산 과정의 편에 설 때',[9] 노동의 기능은 어떤 특수한 목표를 실행하는 데 있지 않고, 관계와 체계적 연결관계의 총체이자 이제는 "생산과 부의 커다란 지주(支柱)"[10]인 사회적 협력을 (다양하게 만들고 강화할 뿐 아니라) 변조 (modulate)하는 데 있다. 이러한 변조는 언어적 서비스를 통해 발생하는데, 이러한 서비스는 최종 생산물을 낳는 것이 아니라 언어의 '퍼포먼스'가 산출하는 소통적 상호작용 속에서 소진된다.

포스트-포드주의적 활동은 아렌트가 무용가와 정치가의 필수불가결한 필요조건이라고 기술했던 '공적 영역'(정확하게 말하면 협력의 공간)을 전제하는 동시에 이것을 끊임없이 재-창조한다. '타인의 현존'은 노동의 도구이자 목표이다. 그러므로 생산과정은 항상 어떤 수

---

8. [옮긴이] 이 글이 실린 『이탈리아의 급진사상』을 가리킨다.
9. Marx, *Grundrisse*, p. 705. [한국어판: 380쪽.]
10. *Ibid*. [한국어판: 380쪽.]

준의 탁월한 기예를 필요로 한다. 말하자면 생산과정은 실제로는 정치적인 행위인 것을 포함한다. (포스트-포드주의적 노동 역량 전체의 성질을 지칭하기 위해 내가 사용하는 다소 볼품없는 용어인) 대중의 지성성은 가능한 것의 기예를 실행하는 것에, 예기치 못한 것을 다루는 것에, 기회로부터 이득을 얻으려는 것에 의존한다. 이제 잉여가치를 생산하는 노동의 슬로건은, 비꼬듯이 말하자면, '우선은 정치'(politics first)가 되는데, 이때 정치는 이 말의 협소한 의미에서 불신을 당하거나 아무런 힘도 발휘하지 못하게 된다.

어쨌든 우리가 전통적으로 작업으로부터 제외되어 왔던 모든 측면들 — 소통능력과 행동에 대한 애호 — 을 작동시키려고 노력하지 않는다면, '총체적 자질'(quality)이라는 자본주의적 슬로건에 어떤 다른 의미를 부여할 수 있단 말인가? 또 그/녀가 어떤 주제에 관한 연속적인 변주, 퍼포먼스, 즉흥연주를 실행한다는 것을 제외한다면, 생산과정 내부에서 각 개인의 경험 전체를 포함하는 것이 어떻게 가능하단 말인가? 자가-실현의 패러디에서 그러한 연속체는 복종(subjugation)의 진정한 극치를 재현한다. '타인의 현존'과 관계를 맺을 수 있는 그/녀 자신의 능력, 또는 그/녀의 언어의 소유가 임금노동으로 환원된다고 여기는 사람만큼 불쌍한 사람도 없을 것이다.

3. 공적 지성, 거장의 악보

탁월한 기예를 증명하라는 요청을 끊임없이 받은 바로 그 때부터 포스트-포드주의적 노동자들이 연주해야만 하는 '악보'는 무엇인가? 이에 대한 답변은 가장 기본적으로 볼 때 다음과 같을 것이다. 즉 오늘날 노동의 독자적인(sui generis) '악보'는 공적 지성, 일반지성, 전반적인 사회적 지식, 언어능력의 공유로서의 지성이다. 생산은 탁월한 기예를 요구하며, 따라서 정치적 행위의 고유한 특징 중 많은 것을 무의식적으로 자기 것으로 받아들이는데, 이는 바로 지성이 주요한 생산력, 전제조건, 그리고 모든 포이에시스의 진원지가 되었기 때문이다.

한나 아렌트는 공적 지성이라는 바로 그 관념을 즉각 거부한다. 그녀의 판단에 따르면, 성찰과 사유(다시 말해서 '정신생활')는 타인의 눈에 노출됨을 포함한 '공적 사태에 관한 배려'와는 아무 관계도 없다. 맑스는 외양의 세계에 지성이 삽입되는 것을 처음에는 '실질적 추상화'라는 개념을 통해 그려냈으며, 그러고 나서는, 이것이 좀더 중요한데, 일반지성 개념으로 그려냈다. 실질적 추상화가 순수사유라는 아주 고결한 구조를 지니고 있는 경험적 사실(예를 들어 등가물의 교환)인 반면, 일반지성은 오히려 순수사유 자체가 가치를 지니게 되는 단계, 사실의 전형적인 발생(incidence)을 갖게 되는 단계를 나타낸다. (우리는 이 단계에서는 정신적 추상화가 직접적으로, 그 자체로 실질적 추상화라고도 말할 수 있을 것이다.)

하지만 나는 맑스가 일반지성을 기계 시스템 내부에서 객관화된 '과학적 능력'으로, 따라서 고정자본으로 간주했다는 점을 덧붙여야만 한다. 그는 지성의 외적이거나 공적인 성질을 생산과정에 대한 자연과학의 기술적 적용으로 환원했다. 핵심 단계는 일반지성이 기계 중의 기계(*machina machinarum*)인 것이 아니라 오히려 마침내 산 노동의 직접적인 속성으로서, 널리 퍼진 인텔리겐차의 레퍼토리로서, 다중의 구성원들 사이에서 공통의 유대감을 창출하는 '악보'로서 제시되기에 이르는 그러한 방식을 완전히 강조하는 데 있다. 더 나아가 포스트-포드주의적 생산에 관한 분석은 우리로 하여금 이러한 입장을 취하도록 강제한다. 여기에서 결정적 역할을 하는 것은 고정자본 내부에서는 만회될 수 없는 사유의 개념적 성좌와 구도―이것들이 살아 있는 주체의 다양한 상호작용으로부터 현실적으로 분리될 수 없다고 가정할 때―이다. 여기서 분명 문제로 되는 것은 특수한 노동자의 학문적인 박학다식이 아니다. 전면에 나서는 것은, 다시 말해 공적 자원의 지위를 성취하는 것은―언어 능력, 배울 수 있는 능력, 추상하고 서로 연관시킬 수 있는 능력, 자기-반성에 접근할 수 있는 능력인―정신의 가장 일반적인 측면들뿐이다. (그러나 이 때의 '뿐'이 사실상 모든 것이기도 하다.)

우리는 일반지성을 문자 그대로 지성일반으로 이해해야만 한다. 이제 지성-일반(Intellect-in-general)이 가장 넓은 의미에서 '악보'라는 것은 두말할 필요가 없다. 그것은 확실히 일류 연주자(예를 들어 글렌 굴드)가 실연(實演)하는 몇몇 종류의 특정한 곡(曲)(예를 들어, 바흐의 골드베르크 변주곡)이 아니라, 오히려 단순한 능력이다. 능력(faculty)이야말로 (모든 경험은 말할 것도 없고) 모든 작곡[11]을 가능하게 만든다. 탁월한 기예를 지닌 퍼포먼스는 결코 최종 결과물[작품]

---

11. [옮긴이] 'composition'을 맥락상 '곡'이나 '작곡'으로 옮겼으나 이 문장을 넓은 의미로 해석할 때는 일반적으로 번역되듯이 '조성'이나 '합성'으로 이해할 수도 있다.

을 낳지 않으며, 이 경우에는 심지어 최종 결과물을 전제로 할 수도 없다. 그것은 지성을 바로 태도(attitude)와 공명하게 만드는 것으로 이루어져 있다. 그것의 유일한 '악보'는 모든 '악보들'의 가능성의 조건 바로 그 자체이다. 이러한 탁월한 기예는 흔한 것도, 그렇다고 어떤 특별한 재능을 요하는 것도 아니다. 말하는 누군가가 ― 계기와 반복불가능한 것 전체로 이루어져 있는 ― 발화를 만들기 위해서 ('작업'으로 정의된 것의 대립물인) 언어의 무한히 많은 잠재력에 의존하는 그런 과정을 생각하면 될 것이다.

지성은 작업과 결합될 때에는 공적으로 되지만, 일단 작업과 결합되고 나면 지성의 전형적인 공공성도 억제되고 왜곡된다. 말하자면 지성이 생산력으로 작용하라는 요청을 다시 한번 받게 되면, 공적 영역, 정치적 행위의 가능한 뿌리, 상이한 구성(constitutional) 원리로서의 지성은 다시 한번 억제된다.

일반지성은 노동에 특정하게 토대를 둔 사회적 협력보다 훨씬 넓은 일종의 사회적 협력의 기반이다. ― 훨씬 넓은 동시에 완전히 이질적이다. 생산과정의 상호연관이 기능의 기술적이고 위계적인 분리에 토대를 둔 반면, 일반지성이 내포한 협력-행위(acting-in-concert)는 '정신생활'에의 공통의 참여를, 다른 말로 하면 소통적 태도와 인지적 태도의 선(先)공유를 자신의 출발점으로 삼는다. 하지만 지성의 초과 협력은 자본주의적 생산의 강제를 제거하기보다는 자본의 가장 탁월한 자원으로서 형상화된다. 그것의 이질성은 목소리도 가시성도 가지고 있지 않다. 오히려 지성의 외부성 때문에, 지성이 작업의 기술적인 필요조건으로 보이고 또 그렇게 되기 때문에, 지성이 발생시키는 노동 외부의 협력-행위는 이제 또다시 공장체제의 특징을 이루는 기준과 위계의 종류에 종속된다.

  이러한 역설적인 상황이 지닌 중요한 결과는 이중적(two-fold)이다. 첫째는 정치권력의 형태 및 본성과 관련을 맺는다. 여전히 자신을 생산력이라고 주장하는 그런 노동으로 인해 사실상 자신을 표현할 수 있는 일체의 것을 박탈당한 지성의 특이한 공공성은 행정기구들의 비대한 성장을 통해 국가의 영역 내부에서 간접적으로 표현된다. 행정은 국가의 심장부에서 정치체계와 의회체계를 대체하게 되었다. 하지만 이렇게 된 것은 행정이 지식과 명령이 융합지점이자 초과 협력의 전도된 이미지인 일반지성의 권위주의적 구체화를 대변하기 때문이다. 사실 수십 년 동안 '정치체' 내부에서 관료제의 비중이 점점 더 커지고 결정적이게 되었다는 점을, 시행령이 법보다 우선하게 된 것을 나타내는 지표가 있었다. 하지만 이제 우리는 질적으로 새로운 상황에 직면하고 있다. 여기에서 우리가 직면하고 있는 것은 국가의 합리화가 아니라 오히려 지성의 국가화이다. 이제서야 국가이성이라는 낡은 표현이 처음으로 은유적이지 않은 의미를 획득하게 된다. 홉스와 '정치적 통일'에 관한 다른 위대한 이론가들이 각 개인의 자연권을 주권의 인격으로 양도하는 데서 절대적 권력의 정당화의 원리를 보았다면, 오늘날 우리는 지성을, 혹은 지성의 즉각적이고 환원불가능한 공공성을 국가 행정으로 양도하는 것에 관해 말할 수 있을 것이다.

  두 번째 결과는 포스트-포드주의 체제의 효과적인 본성과 관련된다. 지성이 열어 놓은 공적 영역이 매번 새롭게 노동협력으로 환원되기 때문에, 다시 말해서 위계적 관계의 촘촘한 망으로 환원되기 때문에, 생산의 모든 구체적인 작동에서 '타인의 현존'과 더불어 오는 명령 기능은 인격적 의존이라는 형태를 띤다. 다른 식으로 말하면, 탁월한 기예를 지닌 활동은 보편적인 하인의 노동처럼 이해된다. 맑스가 얼핏 보았던 피아니스트와 무용가의 친화성은 모든 임금노동이 '공연 예술가'의 어떤 중요한 부분을 지니게 됨을 뜻하지 않게 확증하게 된다. '생산물이 생산행위와 분리되지 않을' 때, 이러한 행위는 생산자 자신에 관해 질문하며, 무엇보다도 그러한 자신과 그것을 명령한 자 바로 그 자신, 혹은 명령을 받는 자 바로 그 자신과 맺는 관계를 의문시한다. 공통적인 것, 다시 말해 지성과 언어의 공통적인 것을 작동하게 하는 것은, 한편으로는 노동의 비인격적인 기술적 분할을 가공의 것으로 만드는 것이기도 하지만, 다른 한편으로는 이러한 공통성이 '공적 영역'으로 (즉 정치적 공동체로) 번역되지 않는다고 할 때에는 복종의 완고한 인격화로 나아간다.

4. 엑소더스

정치적 행위에 핵심적인 것은 (혹은 오히려 현재의 마비상태로부터 정치적 행위를 구출해 낼 수 있는 유일한 가능성은) 작업의 외부에서 지성의 공공성을 발전시키는 것에 있으며, 또한 작업에 대립하는 것에 있다. 여기에서 쟁점은 두 개의 변별적이면서도, 엄격하게 말해서 상호보완적인 측면을 가지고 있다. 한편으로 일반지성은 자신이 상품 생산 및 임노동과 맺고 있는 연결고리를 끊어버린다면, 자신의 역량(potential)을 행정의 절대 권력에 양도하는 것을 피할 수 있으며, 따라서 일반지성은 자신을 자율적인 공적 영역으로 긍정할 수 있다. 다른 한편 자본주의적 생산관계의 전복은 비-국가의 공적 영역의 제도를, 일반지성에만 의존할 수 있는 정치 공동체의 제도를 발전시킬 수 있다. 포스트-포드주의적 경험의 현저한 성격(하인의 탁월한 기예, 언어 능력의 가치화, '타인의 현존'과 맺는 필연적인 관계 등등)은 근본적인 반응을, 다시 말해 근본적으로 새로운 형태의 민주주의를 공준화한다.

나는 여기에서 국가로부터, 일반지성과 정치적 행위간의 동맹으로부터 대중의 탈퇴(defection)를 정의하기 위해서, 그리고 지성의 공적 영역을 향한 운동을 정의하기 위해서 엑소더스라는 용어를 사용한다. 이 용어는 결코 어떤 방어적인 실존적 전략으로 인식되지 않는다. — 그것은 뒷문을 통해 발끝으로 살금살금 소리 소문 없이 도망치는 것도, 남의 눈에 잘 띄지 않는 은신처를 찾는 것도 아니다. 오히려 그와는 정반대이다. 즉 엑소더스는 근대정치학의 도전에 맞서 이와 대결할 수 있는, 완전히 만개한 행위 모델이다. — 간단히 말해서 홉스, 루소, 레닌, 슈미트가 명확하게 했던 거대한 주제들과 대결할 수 있는 모델이다. (나는 여기에서 명령/복종, 공적/사적, 친구/적, 합의/위반 등과 같은 중요한 용어 쌍에 관해 생각한다.) 17세기에 시민전쟁[내전]이라는 자극으로 인해 일어났던 것과 마찬가지로, 오늘날 공통적인 사태의 영역은 처음부터 다시 정의되어야만 한다. 그러한 일체의 정의는 해방을 향한 기회, 다시 말해서 지금까지 우리가 그저 감내하기만 했었던 작업, 행동, 지성 사이의 이러한 새로운 짜임새를 통솔할 때 발견될 수 있는 그런 기회를 끌어내야만 한다.

엑소더스는 공화제(Republic)의 기반이다. 하지만 '공화제'라는 바로 그 관념은 국가의 관할영역(judicature)을 제거해야만 한다. 공화제이지 국가가 아닌 것이다. 그러므로 엑소더스의 정치적 행위는 참여적 거부(*engaged withdrawal*)에 있다. 스스로 탈출할 수 있는 길을 열어 놓은 사람만이 기반을 놓을 수 있다. 하지만 정반대되는 증거물을 통해 볼 때, 기반을 놓을 수 있는 사람만이 ─사람들이 이집트로 갈 수 있도록 하는─ 갈림길을 발견하는 데 성공할 수 있다. 이 글의 나머지 부분에서 나는 일련의 핵심어들, 즉 불복종, 무절제, 다중, 소비에트, 모범, 저항권, 기적 등을 고찰함으로써 엑소더스라는 주제─다시 말해서 참여적 거부로서의 행위 (또는 길떠나기의 기반을 놓음)─를 상세히 설명하려고 할 것이다.

5. 무절제의 미덕

'시민 불복종'은 오늘날 정치적 행위의 핵심 조건(*sine qua non*)이다.─그러나 일반적으로 이 용어를 안에 담고 있었던 자유주의적 전통의 용어와는 상이하고 또 이로부터 자유롭게 인식될 때에만 그렇다. 여기에서 나는 특정한 법을 폐기하는 것에 관해 얘기하는 게 아니다. 왜냐하면 그것은 다른 근본적인 규범과 정합적이지 않으며, 심지어 모순되기 때문이다. 예를 들어 헌법 조항들이 그렇다. 이 경우 비복종(nonobedience)은 국가의 명령에 대한 좀더 심층적인 충성만을 내포할 것이다. 이와는 완전히 반대로 어쩌면 급진적 불복종의 단 하나의 표현일 수도 있는 신화를 통해 내가 여기에서 관심을 갖고 있는 급진적 불복종은 바로 국가의 명령 능력을 의심해야만 하는 것이다.

홉스에 따르면, 정치체(politic body)의 창설과 더불어, 우리는 복종이 무엇을 수반할 것인지를 심지어 우리가 알기도 전에 복종을 해야만 한다. "제반 시민법은 복종의 의무에 의해 효력을 발휘하게 되며, 따라서 복종의 의무가 제반 시민법에 선행한다."12 바로 이 때문에 우리는 우리가 거역할 수 없다고 명확하게 말하는 특정한 법을 발견하지 못할 것이다. 명령을 무조건 수용하는 것을 전제하지 않는다면, 현실적인 법조항(명백히 '그들은 반역해서는 안 된다'고 말하는 것을 포함해서)은 적법성을 갖지 못할 것이다. 홉스는 원래 복종의 의무(bond)가 자연법으로부터, 자가-보존과 안전(security)에 관심을 쏟는 명령으로부터 유래한다고 주장한다. 하지만 곧바로 그는 이러한 자연법, 혹은 주권자의 명령에 모두 복종할 것을 요구하는 최고법(superlaw)이 자연상태에서 출현할 때에만, 즉 국가가 이미 제도화되어 있을 때에만 효과적으로 법이 된다고 덧붙인다. 우리가 어떤 역설에 직면하는 곳은 바로 이 지점이다. 복종의 의무는 국가의 존재 원인이자 결과이다. 말하자면 복종의 의무는 복종의 의무가 기반이라는 바로 그 사실에 의해서 유지된다. 그리고 복종의 의무는 '최고

---

12. Thomas Hobbes, *De Cive* (Oxford: Oxford University Press, 1983), 14장 21절 p. 181을 보라.

권력'의 형성에 선행하는 동시에 이로부터 뒤따라 나온다.

정치적 행위는 묵인과 '위반'의 파멸적인 변증법이 이후 발전될 수 있도록 하는 유일한 토대를 제공하는 기초적인 복종과 아무 불만이 없는 복종을 자신의 목표로 삼는다. 의료 서비스의 해체나 이민 금지에 관한 특별한 행정조치[시행령]를 위반할 때, 우리는 모든 명령적 지시의 은폐된 전제조건으로 즉각 되돌아가서 그러한 지시의 힘을 약화시킨다. 급진적 불복종은 법을 위반할 뿐만 아니라 또한 법의 정당성이라는 바로 그 기반에 도전한다.

복종의 의무가 선행한다는 점을 정당화하기 위해서, 오늘날의 홉스는 '자연법'에 호소하기보다는 생산과정의 기술적 합리성에 호소해야만 했을 것이다. 다시 말해서, 바로 임금노동의 전제적인(despotic) 조직화로서의 '일반지성'에 호소해야만 했을 것이다. 우리가 '자연법'에서 보았던 것과 똑같은 방식으로 '일반지성의 법[칙]'도 역설적인 구조를 가지고 있다. '일반지성의 법[칙]'은, 한편으로는 받아들여질 수 있는 일체의 결정을 존중할 것을 요구하면서 국가의 행정적인 명령 권력의 토대를 제공하는 것처럼 보인다. 다른 한편으로 그것은 행정이 이미 절대적인 명령을 실행하기 때문에 (그리고 바로 그 이후에서야) 실질적인 법처럼 보인다.

급진적 불복종은 공적 지성이 국가의 전제인 동시에 결과로서 모습을 드러내는 이러한 순환논법을 깨뜨린다. 그것은 내가 앞에서 언급했던 이중의 운동과 단절한다. 특히 그것은 임금노동의 계속된 실존에 대해 반목을 하는 일반지성의 측면들을 확실하게 강조하고 발전시킨다. 바로 이러한 토대 위에서, 그것은 행정의 의사결정 능력에 맞서서 지성의 실천적인 역량(potentiality)을 작동시킨다. 잉여가치의 생산과 관계를 끊은 지성은 더 이상 후기자본주의의 '자연법'이지 않게 되며, 비-국가 공화제의 모체(matrix)가 된다.

불복종의 번식 기반은 스스로를 시위(*protest*)로서 표현할 뿐만 아니라 가장 특수하게는 탈퇴(*defection*)로서 표현하는—히르쉬만이 사용한 용어로 말하자면, '목소리'로서가 아니라 '탈출'로서 표현하는—사회적 갈등으로 이루어져 있다.13

탈주보다 능동적인 것은 없다. '탈출'은 갈등을 불변적인 지평으로서 전제하는 것이 아니라 갈등이 발생하는 조건을 변양시킨다. 그것은 이미 제공된 선택지 중에서 어느 하나를 선택함으로써 문제를 다루는 것이 아니라, 문제가 생겨나는 맥락 자체를 변화시킨다. 간단히 말해서, '탈출'은 놀이의 규칙을 변화시키고 적이 방향을 상실하게끔 하는 창의력으로, 자유롭게 사고하는 풍부한 창의력으로 여겨질 수 있다. 우리는 19세기 중반경에 북미 노동자들이 공장 자체로부터 대규모로 탈주한 것을, 헐값에 토지를 식민화하기 위해 '경계'를 넘어 나아간 것('개척자'를 자임했다는 점을 생각해야만 한다. 이들은 자신의 출발 조건을 되돌릴 수 있는 진정 비범한 기회를 붙잡았던 것이다.14

---

13. Albert O. Hirschman, *Exit, Voice, and Loyalty: Responses to Decline in Firms, Organization, and States* (Cambridge: Harvard University Press, 1970).
14. 맑스는 「근대의 식민이론」이라는 제목이 붙은 『자본』 1권의 마지막 장에서 북미의 '개척자'와 이들의 경제적·정치적 중요성에 관해 논의한다. 맑스는 이렇게 쓴다. "여기에서는 많은 노동자가 이미 성인으로서 식민지에 들어오기 때문에 인구의 절대적 증가는 본국에서보다 훨씬 빠르지만 노동시장은 항상 공급부족이다. 노동의 수요공급 법칙은 산산이 부서지고 만다. 한편으로, 구세계는 착취에 굶주리고 '절제를 열망하는

이것과 비슷한 어떤 것이 1970년대 이탈리아에서도 일어났다. 당시 청년 노동력은 모든 예견과는 반대로, 거대 공장에서의 정규직보다 임시직과 시간직을 선호했다. 아주 짧은 기간이기는 했으나, 직업상의 이동성은 산업적 훈육의 쇠퇴를 초래하고 어떤 수준의 자가 결정을 허용하면서 정치적 자원으로서 기능했다. 이 경우에도 또한, 기성의 역할은 폐기처분되었고 그 대신 공식적인 지도상으로는 알려지지 않았던 '영토'가 식민화되었다.

탈퇴(defection)는 '잃을 것이라곤 쇠사슬밖에는 없다'라는 필사적인 개념의 정반대에 서 있다. 그것은 오히려 잠재적 부의 토대 위에서, 가능성들의 풍부함 위에서, 간단히 말해서 제3의 가능성이 존재할 수 있다(*tertium datur*)는 원리 위에서 공준화된다. 하지만 포스트-포드주의 시대에, 저항이라는 선택지를 희생시키고 탈출이라는 선택지를 옹호하는 잠재적 풍부함을 어떻게 정의할 것인가? 내가 여기에서 말하고 있는 것은 공간적인 '개척지'가 아니라, 일반지성의 공공성에 의해 내포된 지식, 소통, 협력적 행위의 풍부함이다. 우리가 '탈퇴'라고 부르는 집단적인 상상 행위는 이러한 풍부함에 독립적이고 긍정

자본을 끊임없이 투입하는데, 다른 한편으로는 임금노동자로서의 임금노동자의 규칙적인 재생산은 전혀 어찌할 수 없으며 부분적으로는 극복할 수 없는 장애에 부딪친다. 하물며 자본의 축적에 비한 과잉 임금노동자의 생산이란 꿈에도 생각할 수 없다. 오늘의 임금노동자도 내일에는 독립적인 농민 또는 수공업자로 된다. 그는 노동시장으로부터 사라지지만 결코 구빈원으로 가는 것은 아니다. 독립적 생산자로 임금노동자가 끊임없이 전환되는 것은, 이번에는 노동시장의 상태에 매우 해로운 반작용을 미친다. 문제는 임금노동자의 착취도가 어울리지 않을 만큼 낮다는 데에만 있는 것이 아니라, 이 임금노동자가 금욕적인 자본가에 대한 종속관계 그리고 그에 대한 종속감정까지도 잃어버린다는 점이다." *Capital*, vol. 1, trans. Ben Fowkers (New York: Vintage, 1977), pp. 935~936. [한국어판: 『자본론 I (하)』, 김수행 옮김, 비봉출판사, 1991, 967쪽.]

적이며 고결한 표현을 제공하며, 따라서 이러한 행위가 국가의 행정 권력에게 양도되는 것을 멈추게 한다.

그러므로 급진적 불복종은 긍정적 행위(*positive actions*)의 복잡한 총체를 포함한다. 그것은 원한에 가득 차서 일을 태만하게 하는 것이 아니라 헌신적으로 행하는 것이다. 주권의 명령이 실행되지 않는 까닭은, 무엇보다도 주권이 묻는 것을 금지하는 그 물음을 우리가 상이하게 제기할 수 있는 방법을 이미 알아차리고 있기 때문이다.

우리는—고대의 윤리학에서는 아주 명확했으나 이후에는 거의 항상 간과되어 왔던—'무절제'와 '방종'의 구별을 염두에 두어야만 한다. 방종(incontinence)은 천박하게 제멋대로 함이며, 법을 무시하는 것이자, 직접적인 탐욕으로 나아가는 길이다. 무절제(intemperance)는 이와는 아주 다르다. 그것은 주어진 윤리적·정치적 표준에 대해 지적 이해가 대립하는 것이다. 행위의 주도적 원리로서의 '이론적' 전제가 '실천적' 전제를 대체하여 채택되는데, 이는 위험할 수도 있고 일탈적일 수도 있는 사회적(societal) 삶을 조화롭게 하는 결과를 지닌다. 아리스토텔레스에 따르면 무절제한 사람은 악덕(vice)을 소유하고 있다. 그/녀가 본질적으로 완전히 다른 두 종류의 담론을 대립시키기 때문이다.[15] 무절제한 사람은 법에 무지하지도 않으며 단순히 법에 반대하는 것도 아니다. 오히려 무절제한 사람은 그/녀가 자신의 영역 내부에서 작동하며 폴리스의 업무를 방해하지 않는 그러

---

15. Aristotle, *Nicomachean Ethics*, book 7, 1147a25~b20. [한국어판: 『니코마코스 윤리학』, 201~204쪽. 한편 한국어판에 따르면 아리스토텔레스가 무절제와 방종에 관해 논의하고 있는 것은 제7권 4장, 즉 204~207쪽이다.]

한 순수 지성으로부터 공적인 행태(conduct)를 이끌어내는 한에 있어서는, 법을 심각하게 불신한다.

엑소더스는 무절제를 으뜸의 미덕으로 삼는다. 국가에의 복종이라는 이미 존재하는 의무는 무절제라는 이유 때문에 무시되는 것이 아니라 지성과 정치적 행위 간의 체계적인 상호연결이라는 이름으로 무시된다. 각각의 구성적인 탈퇴는 일반지성의 가시적인 실재성 위에서 행해지며, '제반 시민법'을 깨뜨리는 실천적인 결과를 일반지성으로부터 이끌어 낸다. 지성-일반에 대한 무절제한 의존에서 마침내 비-하인의 탁월한 기예의 가능성의 윤곽이 잡힌다.

6. 다중, 일반지성, 공화제

결정적인 정치적 대당(counterposition)은 다중을 민중에 대립시키는 것이다. 홉스에게서 (그리고 또한 대부분의 민주적-사회주의적 전통에게서) '민중' 개념은 국가의 실존과 긴밀하게 상관되었고, 사실 국가의 반향(reverberation)이었다. "민중은 하나인 어떤 것이며 하나의 단일한 의지를 가지고 있고, 또한 그에 대해 하나의 행위가 귀속될 수 있는 것이다. 이중 어떤 것도 다중(Multitude)이라고 말해길 수 없다. 민중은 모든 정부들 속에서 지배하며," 그리고 이와 똑같이 "왕이 민중이다."[16] '민중주권'이라는 진보주의적 개념은 자신의 지독한 대척점으로서 민중과 주권의 동일시를, 혹은 이렇게 말하고 싶다면

---

16. Hobbes, *De Cive*, p. 151. [본문 40쪽을 참조.]

왕의 민중성(popularity)을 가지고 있다. 다른 한편 다중은 정치적 통일을 피하며, 복종을 꺼려하며, 법적 인격(personage)의 지위를 결코 성취하지 않으며, 따라서 약속을 할 수도, 조약을 맺을 수도 없으며, 혹은 권리를 획득하여 양도할 수도 없다. 그것은 반-국가이다. 아니, 바로 이런 이유 때문에 그것은 또한 반-민중적이다. 시민들은, 이들이 국가에 반대하여 폭동을 일으켰을 때, '민중에 반대하는 다중'이다.[17]

주권 권력에 대한 17세기의 변호론자들에게 '다중'은 순전히 부정적으로 정의되는 개념이었다. 말하자면 시민사회로 자연상태가 역류한 것, 또는 계속 있으나 약간 무정형적인 찌꺼기, 있을 수 있는 위기에 관한 은유. 따라서 자유주의적 사고는 공과 사의 이분법을 통해 '다수'에 의해 야기된 불안을 약하게 만들었다. 다중은 이 용어의 문자 그대로의 의미에서, 얼굴과 목소리가 박탈당했다는 의미에서 '사적'이며, 공통의 사태의 영역에서 벗어났다는 사법적인 의미에서도 '사적'이다. 그리고 이번에는 민주적-사회주의적 이론이 '집단/개인'의 이분법을 생산했다. 우선 (민중의 궁극적인 구현물인) '생산자들'의 집단성은 국가와 동일시되었는데, 그것이 레이건이든 호네커든 마찬가지였다. 다른 한편 다중은 '개인적' 경험의 울타리에 갇히게 되었다. ― 다시 말해서 무능(impotence)하다고 비난받았다.

우리는 주변성이라는 이런 운명이 이제 끝나고 있다고 말할 수 있

---

17. *Ibid.*, p. 152. [본문 41쪽 참조.]
   [옮긴이] 본문과 번역이 약간 다른 것은 문장 구조의 차이, 나아가 비르노의 강조점이나 인과관계에 관한 생각이 다르기 때문이다.

다. 다중은 '자연적인' 반-사실(ante-fact)을 구성하기보다는 자신을 역사적인 결과로서,[18] 생산과정과 삶의 형태 내부에서 발생한 변형의 성숙한 도착점으로 제시한다. '다수'는 무대 위로 쏟아져 나오며, 이들은 거기에서 절대적인 주역으로 서 있으나 바로 거기에서 작업 사회의 위기가 펼쳐진다. 포스트-포드주의적인 사회 협력은 직업적인 자질과 정치적인 성향의 구별뿐 아니라 생산 시간과 개인 시간의 경계를 제거하면서 '공/사'와 '집단/개인'의 낡은 이분법을 웃음거리로 만들어 버리는 새로운 공간을 창출한다. 마침내 '생산자'도 '시민'도 아닌 근대적인 거장(virtuosi)이 다중의 반열에 도달한다.

여기에서 우리는 약간 시끄러운 막간극이 아니라 지속되고 계속되는 현실을 접하게 된다. 우리의 새로운 다중은 '여전히' 통일성을 결여한 원자들의 소용돌이가 아니라 국가와는 근본적으로 이질적인 하나(a One) — 즉 공적 지성 — 를 자신의 출발점으로 삼는 정치적 실존의 형태이다. 다수는 동맹을 맺지도, 주권자에게 권리를 양도하지도 않는다. 다수는 이미 공유된 '악보'를 가지고 있기 때문이다. 또 다수는 이미 '일반지성'을 공유하고 있기 때문에 '일반의지'로 수렴되지도 않는다.

다중은 정치적 대의체제(representation)의 메커니즘을 방해하고 해체한다. 그것은 자신을 '행동하는 소수'의 총체로 표현하지만, 이들 중 어느 누구도 자신을 다수로 변형시키기를 갈망하지 않는다. 그것은 정부가 되기를 거부하는 역량(power)을 발전시킨다.

---

18. [옮긴이] 이 글의 인터넷 판본에서는 '결과'를 '구성물'로 옮기고 있다.

이제 바로 그러한 사례에서, '다수'의 각각은 '타인의 현존'으로부터 분리될 수 없다는 것이, 이러한 현존이 내포하는 언어적 협력이나 '협력적 행위'의 바깥에서는 인식될 수 없다는 것이 판명난다. 하지만 협력은 시민의 개별적 노동시간이나 개별적 권리와는 달리, 통계적으로 추리되거나 대체 및 축소될 수 있는 '실체'가 아니다. 물론 그것은 종속당할 수 있으나 그렇다고 다른 것에 의해 대변될 수는 없으며, 혹은 그러한 문제의 경우에는 위임될 수도 없다. '협력-행위'에서 자신만의 독특한 존재양식을 가지고 있는 다중은 모든 종류의 카포스(Kapos)와 키즐링(Quislings)[19]에 의해 잠입당하지만, 그렇다고는 해도 대리인이나 피임명자를 신뢰하지 않는다.

오늘날 서구의 선진국들을 특징짓는 것은 포스트-포드주의적 노동력(workforce)의 정치적인 대의-불가능성(nonrepresentability)이다. 사실 이 국가들은 이러한 특징에 의해 힘을 얻으며, 이로부터 자신들의 권위주의적인 구조개혁을 위한 역설적인 정당성을 끌어낸다. 대의체제의 실재적이고 돌이킬 수 없는 위기는 이 국가들이 여전히 남아 있는 '공적 영역'의 외형(semblance)을 완전히 제거할 수 있는, 그리고 위에서 고찰했듯이 정치적-의회적 과정을 희생시키고 행정의 특권을 엄청나게 확장시킬 수 있는, 따라서 비상상태를 일상적으로 실재하게 만들 수 있는 기회를 제공한다. 제도개혁은 '민중'의 안정적

---

19. [옮긴이] 카포스(Kapos)와 키즐링(Quisling)은 모두 나치의 지배에 협력·부역했던 사람들을 지칭하는 용어이다. 카포스는 독일의 수용소에서 포로들을 감시·감독했던 사람들을 지칭하며, 키즐링은 나치에 협력·부역했다고 하는 노르웨이의 정치가로, 오늘날에는 소위 '제5열'(fifth columnist) 등으로 옮겨지는 '반역자'나 '매국노' 또는 그런 행위를 지칭하는 보통 명사로 되었다.

인 생김새를 그 위에 덧붙이는 것이 불가능한 다중을 지배하는 데 있어서 필요한 규칙과 절차들을 준비한다.

포스트-케인즈주의적 국가를 통해 이해할 수 있게 되었듯이, 대의민주주의의 구조적 약화는 그저(tout court) 민주주의의 제한으로 나아가는 경향으로 간주되게 되었다. 하지만 이러한 추이에 대한 반대가 설령 대의체제의 가치들이라는 이름으로 행해질 수 있다고 하더라도, 이 반대가 불충분하고 적절하지 못하다는 것은 두말할 나위 없을 것이다. — 차라리 참새에게 청결을 설파하는 것이 훨씬 유용할 것이다. 오늘날 민주주의는 비-대의제적이고 의회-외적 민주주의의 형태의 구축과 실험에 입각해서 틀이 만들어져야만 한다. 나머지는 모두 알맹이 없는 잡담에 불과하다.

다중의 민주주의는 칼 슈미트가 생애의 마지막 해에 약간 비통하게 제시했던 진단을 진지하게 받아들인다. "국가의 시대는 이제 끝이 나고 있다…. 정치적 통일의 모델로서의 국가, 모든 독점들 중에서 가장 비범한 것에 관한 칭호를 가지고 있는 것으로서의 국가, 다시 말해 정치적 의사결정의 독점으로서의 국가는 바야흐로 권좌에서 물러나기 시작하고 있다."[20] 그리고 다중의 민주주의는 여기에 한 가지 중요한 것을 덧붙일 것이다. 즉 의사결정의 독점은 실제로는 국가가 최종적으로는 독점이기를 그칠 때에만 국가로부터 뺏어올 수 있을 것이다. 지성의 공적 영역, 혹은 '다수'의 공화제는 원심적인 힘이다. 다시 말해 그것은 모든 형태의 단일한 '정치체'가 계속해서 실존하는

---

20. Carl Schmitt, *Der Begeriff des Politischen: Text von 1932 mit eimen Vorwort und drei Corollarien* (Berlin: Duncker and Humbolt, 1963), p. 10.

것만 아니라 이것이 재구성되는 것도 배제한다. 반독점적 충동을 계속 지속하게 하는 공화제적 공모(conspiracy)는, 정확히 말해서 '정치적 통일성'에 관한 일체의 재-정립(reproposition)을 방해하는 비-대의제적 신체들, 즉 그러한 민주적 신체에서 구현된다.

잘 알려졌듯이 홉스는 '불규칙적인 정치적 체계'를 경멸했다. 바로 이것이 민중의 심장부 내에서 다중을 어렴풋하게 예시하는 데 기여하기 때문이다. "서로에 대한 의무에 의해서도, 어떠한 특수한 계획으로도 통일되지 않으며, 그저 의지와 성향의 유사함에 의해서만 생겨나며 본성상 불규칙적인 체계(Irregular Systems), 단순한 연합(Leagues), 혹은 때로는 민중의 단순한 집합(concourse)."21 글쎄, '다수의 공화제는 정확히 말해서 이러한 종류의 제도들로 이루어져 있다. 즉 연합, 평의회, 소비에트. 홉스의 악의적인 판단과는 반대로 이것들이 없으면 우리는 반란이 주권의 권리를 결코 혼란에 빠뜨리지 못하는 그런 부수적인 현상들만을 다루게 된다. 연합, 평의회, 소비에트, 간단히 말해서 비-대의제적 민주주의의 기관은 주권자의 인격으로 집중된 것과는 완전히 다른 공공성을 이미 항상 향유하면서 자신의 네트워크로서 일반지성을 가지고 있는 '협력적 행위'에 정치적 표현을 부여한다. '상호간의 의무'가 적용되지 않는 '집합'(concourse)에 의해 정확하게 서술되는 공적 영역이 왕의 '고독'을 결정한다. 다시 말해서 이러한 공적 영역은 국가의 구조를 ― 아주 고압적이면서도 그와 동시에 주변적인 ― 극히 사적인 지엽적 책무(*peripheral band*)

---

21. Thomas Hobbes, *Leviathan* (Cambridge: Cambridge University Press, 1991), 22장 p. 163. [옮긴이] 본문 73쪽의 번역과 같지 않다는 점에 유의하기 바란다.

로 축소해 버린다.

다중의 소비에트는 국가 행정 기구들의 특권을 잠식하고 이것의 기능을 흡수하려는 전망을 가지고 이런 기구들을 극단적으로 방해한다. 소비에트는 포스트-포드주의적 생산에 있는 핵심 질서와 똑같은 기초적인 자원들 — 지식, 소통, '타인의 현존'과의 관계 — 을 공화제적 프락시스로, 공통의 사태에 관한 배려로 변환한다. 이것은 탁월한 기예를 지닌 협력이 임금노동을 넘어서는 방법을 긍정적 행동을 통해 보여주면서 전자를 후자와의 현재적 관계로부터 해방시킨다.

소비에트는 모범(*Example*)과 정치적 재생산가능성으로 집중된, 훨씬 더 복잡한 작동 스타일을 대의체제 및 위임과 맞대응시킨다. 일반지성과 공화제 사이에서 있을 수 있는 동맹을 특수한 예를 통해 보여주는 모범은 명령의 규범성이 아니라 원형(*prototype*)의 권위성을 가지고 있는 실천적 주동성(initiative)이다. 부의 분배에 관한 물음이든 학교 조직, 미디어의 기능, 혹은 도심부의 작동에 관한 것이든 간에, 소비에트는 패러다임적인 행위를, 다시 말해 지식, 윤리적 성향, 테크놀로지, 욕망의 새로운 결합이 만개하도록 할 수 있는 행위를 정립한다. 모범은 보편적 개념의 경험적 적용이 아니라, 보통 우리가 '정신생활'이라고 말할 때 우리가 관념에 부여하는 단독성과 질적인 완벽성을 가지고 있다. 바로 이런 이유 때문에 모범은 어쩌면 정치적으로 재생신될 수 있으나 무엇이든 먹어 치우는 '일반적 강령'(general program)으로 결코 바뀌지 않는다.

7. 저항권

정치적 행위의 쇠퇴는 '적'(enemy)이란 더 이상 없고 그저 일관되지 못한 대화자 — 애매함에 사로잡힌 채 아직 명료화에 도달하지 못한 대화자 — 만이 있다는 확신을 그 상관물로서 갖고 있다. 너무 잔인하고 어찌되었든 부적합하다고 판단된 '적의'(enmity) 개념을 포기하는 것은 상당한 낙관주의를 무심코 드러낸다. 말하자면 사람들은 자신들이 '시류를 타고 헤엄친다'(swimming with the current)고 생각한다. (이것은 발터 벤야민이 1930년대에 독일사회민주당을 향해 퍼부었던 비난이다.)[22] 그리고 유리한 '시류'는 아주 다양한 여러 이름을 지닌다. 진보, 생산력의 발전, 비본래성을 피하는 삶의 형태의 선택, 일반지성 등이 그것이다. 자연히 우리는 이러한 '헤엄치기'(swimming)에서 실패할 가능성을 염두에 두어야 한다. 다시 말해서 우리 시대에 적실한 정치의 정확한 내용을 명확하고 분명한 용어로 정의할 수 없을 가능성을 염두에 두어야 한다. 하지만 이러한 조심스러움은 근본적인 확신을 무력하게 하는 것이 아니라 오히려 강화한다. 우리가 '헤엄치기'를 배우는 한에서, 그리고 우리가 가능한 자유에 대해 생각하는 한에서, '시류'는 우리를 돌이킬 수 없이 앞으로 나아가게 할 것이다. 하지만 [여기에서는] 훌륭한 수영꾼이 헤엄치는 것을 제도들, 이해관계들, 물질적 힘들이 저지할 수도 있다는 점에 관해서는 어떠한 주의도 기울여지지 않았다. [이러한 부주의 속에서] 사태를 올바

---

22. Walter Benjamin, "Theses on the Philosophy of History", *Illuminations* (New York: Schocken, 1968), 특히 테제 11, pp. 258~259를 보라. [한국어판: 『발터 벤야민의 문예이론』, 350쪽. 한편 한국어판에서는 'optimism'을 '타협주의'로 옮기고 있다.]

르게 보았던 사람에게 틀림없이, 그리고 오로지 그에게만 종종 닥쳐왔던 [역류와도 같은] 재앙들은 무시되어 버렸던 것이다. 물론 [이보다] 더 나쁜 것도 있다. 즉 우리가 적의의 특정한 본성을 정의하는 데 실패할 때, 그리고 그것의 역량이 어디에 뿌리를 박고 있으며 그것이 부과하는 연결고리가 어디에서 가장 촘촘하게 되는지를 정의하지 못할 때, 우리는 실제로는 우리가 그것을 위해 싸울 일종의 긍정적인 심급을, 우리가 기대할 만한 가치가 있는 대안적 존재방식을 지적할 수 없는 입장에 처하게 된다.

엑소더스 이론은 '적의' 개념을 완전히 회복시키지만, 동시에 '국가시대는 끝나고 있다'고 주장하는 특수한 특성을 강조한다. 이제 물음은, 한편으로는 최고 권력을 해체하는 경향이 있으며, 다른 한편으로는 자신의 차례가 되어도 결코 국가가 되려고 하지 않는 포스트-포드주의적 다중에게 친구-적의 관계는 어떻게 표현되는가하는 것이다.

첫째, 우리는 적대의 기하학(geometry of hostility)에서 일어난 변화를 인식해야만 한다. '적'은 더 이상 '친구'가 차지한 참호와 요새에 대해 하나씩 대응을 하는 거의 유사한 반영이나 거울 이미지처럼 보이지 않는다. 오히려 그것은 탈주의 사인 곡선(sinusoidal line of flight)과 여러 차례 교차하는 절편처럼 보인다. ─그리고 주요하게는 바로 이 때문에 '친구'가 구성적 탈퇴(constructive defection)를 계속 발생시키면서 예측할 수 있는 진지(positions)를 비워버리는 것이다. 군사 용어로 말하면 현대의 '적'은 파라오의 군대를 닮았다. 그것은 도망치는 주민의 발에 족쇄를 채우고 대오의 후방으로 쳐진 사람들을 무자비하게 학살하지만, 그렇다고 그 대오를 앞질러 가서 이들과

정면으로 대면하는 데에는 성공하지 못한다. 이제, 적대(hostility)가 비대칭적으로 된다는 바로 그 사실은 '친구' 개념에 필연적으로 어떤 자율성을 부여하게 만들며, 칼 슈미트가 '친구' 개념에 대해 부여했던 하위적이고 기생적인 지위로부터 구출해 낸다. '친구'의 특성은 단순히 동일한 '적'을 공유하고 있다는 것이 아니다. 그것은 탈주의 과정에서 정립된 연대성의 관계에 의해서—다시 말해서 전산화되지 못한 바로 그 지점까지도 모종의 기회를 창안하기 위해서 함께 일하는 필연성에 의해서, 그리고 이들이 공화제에 공통적으로 참여한다는 사실에 의해서—정의된다. '우정'(friendship)은 파라오가 침략을 자행하는 '경계[전선]'보다 항상 더 훨씬 넓게 확장된다. 하지만 이러한 넘침은 전선(戰線)에서 일어나고 있는 것에 대한 무관심을 결코 내포하지 않는다. 반대로 비대칭은 우리가 완전히 흔들리고 있다는 듯이 적을 교란시키고 적의 눈을 속이면서, '적'의 후방을 공격하는 것을 가능하게 한다.

둘째, 우리는 오늘날 적대의 수준이나 등급(gradation)을 정의할 때 신중해야만 한다. 비교를 통해 말할 때, 슈미트의 상대적 적의와 절대적 적의라는 특유한 구별을 떠올리는 것이 유용하다.[23] 18세기 유럽 국가들 간의 전쟁은 어느 한 쪽이 다른 한 쪽을 주권의 정당한 보유자로 인정하고 따라서 동등한 특권을 지닌 주체로 인정하는 갈등의 기준에 의해서 제한되고 규제되었다. 슈미트는 이 때가 행복한 시대였으나, 이 시대는 역사에서 두 번 다시 돌이킬 수 없을 정도로

---

23. Schmitt, *Der Begriff des Politischen*, pp. 102~111을 보라.

상실되었다고 호언장담하듯이 말을 한다. 우리가 살고 있는 세기에, 프롤레타리아 혁명은 적대로부터 브레이크와 장애물을 치워버렸으며, 내전을 모든 갈등의 암묵적인 모델로 치켜세웠다. 관건이 국가권력 — 다시 말해서 주권 — 일 때, 적의는 절대적으로 된다. 하지만 우리가 과연 슈미트가 정립한 평가척도(Mercalli scale)를 고수할 수 있을까?[24] 나는 그것이 지층의 아래에서 일어나고 있는 정말로 결정적인 변동 — 다시 말해서 정치적 의사결정의 독점을 새로운 방책으로 변동시키는 것을 갈망하는 것이 아니라 이것 자체의 제거를 요구하는 적대의 일종 — 을 설명하고 있지 않다고 생각한다.

따라서 '절대적' 적의의 모델은 충분하지 않은 것으로 보인다. — 그것이 극단주의적이거나 피비린내 나기 때문이 아니라 역설적으로 그것이 충분히 급진적이지 않기 때문이다. 공화제적인 다중은 현실적으로 이러한 모델에서 승리자가 엄청나게 욕망한 바로 그것을 파괴하는 것을 목표로 삼는다. 내전은 피에 물든 민족간 반목에만 가장 적합할 뿐이며, 이 속에서 쟁점은 여전히 주권자가 누구인가 하는 것이다. 반면 자본주의적 국가의 경제적-사법적 질서의 근간을 무너뜨리고 주권이라는 바로 그 사실에 도전하는 갈등에는 이것이 적합하지 않다. 하지만 다양하고 상이한 '행위하는 소수자들(acting minorities)은 새로운 일반의지의 형성을 설정하지 않고서도 (사실은 이것의 가능한 토대를 제거하지 않고서도), 정치적 의사결정의 비-국가적 중심을 증식시킨다. 그러므로 이것은 평화와 전쟁 사이의 중간 상태

---

24. [옮긴이] Mercalli scale는 지각변동, 즉 지진을 측정할 때 사용하는 단위이다.

의 영속화를 수반한다. 한편으로 '모든 독점 중에서도 가장 비범한 것을 위한 전투는 총체적 승리나 총체적 패배를 전제로 한다. 다른 한편, 좀더 근본적인 시나리오(이것은 반-독점주의적이다)는 협상과 총체적 거부 사이를, 모든 매개를 배제하는 비타협적 태도와 자유지대 및 중립적 환경을 구획해 내기 위해 필수적인 타협 사이를 왔다 갔다 한다. 그것은 언젠가 주권국가들 간의 다툼을 완화시켰던 유럽의 공법(*ius publicum Europaeum*)이라는 의미에서 '부정적'이지도 않으며, 내전의 방법으로 '절대적'이지도 않다. 있다고 한다면 다중의 적의는 무제한적으로 반작용적이라고 정의될 것이다.

적대의 새로운 기하학과 새로운 등급은, 무기의 사용에 반대하라고 권고하는 것이 아니라, 정치적 행위에서 폭력에 의해 충족된 역할을 정확하고 꼼꼼하게 재정의하라고 요구한다. 엑소더스는 이미 헌신적인 거부(*committed* withdrawal)이기 때문에, 힘에 호소하는 것은 더 이상 파라오의 땅에서 국가권력의 정복에 입각해서 평가되는 것이 아니라 삶의 형태의 보호 및 일상적으로 경험된 공동체적 관계의 보호와 관련해서 평가된다. 모든 희생을 치르더라도 방어되어야만 할 가치가 있는 것은 '우정'의 작업이다. 폭력은 어떤 가설상의 미래의 비전에 적합한 것이 아니라 과거 지도상에 그려졌던 것들에 대한 존중과 계속적인 실존을 보증하기 위해서 기능한다. 그것은 이미 거기에 있는 것들을 혁신하는 것이 아니라 그것을 연장하기 위해 작용한다. '협력-행위'(acting-in-concert)라는 자율적 표현은 비-대의제적 민주주의의 유기체이자 상호 보호와 지원(간단히 말해서 복지)의 형태인 일반지성으로부터 생겨나며, 국가 행정 영역의 외부에서, 그리고 이에 반해서 출현했다. 말하자면 우리가 여기에서 가지고 있는 것은 보수적인(*conservational*) 폭력이다.

우리가 선택할 수 있는 것은 전(前)모던적 정치적 범주를 가지고 포스트-포드주의적 거대도시의 극단적 갈등을 분류하는 것이다. 이우스 레지스텐티아이(*ius resistentiae*) — 저항권. 중세의 법체계에서, 이것은 공격을 당할 때 우리를 방어할 수 있는 능력을 분명하게 가리키지는 않았다. 또한 그것은 구성된 권력에 맞선 일반적인 봉기를 가리키지도 않았다. 이 개념과 반란(*seditio*) 및 반역(*rebellio*) 개념은 명확하게 구별되었다. 오히려 저항권은 장인들의 협회나 공동체 전체, 혹은 심지어 개별 시민들이 자신들의 실질적인 특권(*positive prerogatives*) — 사실상 획득되었거나 전통에 의해서 발전되어 왔던 특권 — 중 몇 가지가 중앙권력에 의해 변경되었다고 볼 때마다 [그에 맞서서 폭력을 사용하는 것이 정당하다고 인정한다. 그러므로 핵심 요점은 저항권이 이미 일어났던 변형의 보존을 포함한다는 것, 이미 실존하며 공통적인 존재방식의 지지를 포함한다는 것이다. 그것이 급진적 불복종, 그리고 무절제의 미덕과 밀접한 관계를 갖고 있다고 할 때, 저항권은 '합법성'(legality)과 '비합법성'에 입각해서 볼 때 아주 최신식 개념이라는 느낌을 지닌다. 공화제의 기반은 내전의 전망을 피하는 것이지만, 무제한의 저항권을 공준화한다.

8. 예기치 못한 것을 기다리며

작업, 행위, 지성. 아리스토텔레스까지 거슬러 올라가는 전통의 노선, 1960년대에 정치학에 관심을 가진 세대에게는 여전히 '상식'인 전통의 노선을 따라서, 한나 아렌트는 인간 경험의 이러한 세 가지 영역의 분리를 추구했으며, 이것들의 상호간의 통약불가능성을 보여주려고 했다. 인접해 있고 때로는 겹치기도 하지만, 이 세 개의 상이한 영역은 본질적으로는 관련이 없다. 사실 이것들은 번갈아 가면서 서로를 배제한다. 말하자면, 정치를 하고 있는 동안에 우리는 생산을 하지 않으며, 또한 지적인 관조에도 참여하지 않는다. 우리가 작업을 할 때, 우리는 정치적으로 행위하지도 스스로를 타인의 현존에 노출시키지도 않으며, 뿐만 아니라 '정신생활'에 참여하지도 않는다. 그리고 순수 성찰에 전념하고 있는 누군가는 일시적으로 외양들의 작업으로부터 후퇴하며, 따라서 행위하지도 생산하지도 않는다. 아렌트의 『인간의 조건』이 우리에게 주는 메시지는 '각자에게 그 자신의 것이 있다'는 것이며, 모든 인간도 이와 마찬가지라는 것처럼 보인다.[25] 비록 아렌트가 정치적 행위의 특정한 가치를 열정적으로 주장하긴 했지만, 또 대중사회에서 정치적 행위가 처한 곤란에 맞서 싸우긴 했지만, 그녀는 다른 두 개의 근본적 영역인 작업과 지성의 질적 구조가 변화되지 않은 채 남아 있다고 주장한다. 확실히 작업은 엄청나게 확장되었고, 그리고 또한 확실히 사유는 허약해지고 마비된 것처럼 보인다. 하지만 그럼에도 불구하고 전자는 여전히 자연과의 유기적 교환이자 사회적 신진대사이며 새로운 대상의 창조인 반면, 후자

---

25. [옮긴이] "각자에게 그 자신의 것이 있다"는 것은 인간 경험의 세 가지 영역인 작업, 행위, 지성이 서로 구분되는 독특한 영역을 가지고 있다는 것을 의미하며, 그 뒤의 문장은 "모든 인간들에게 있어서도 이 세 영역이 구분된다"는 의미이다.

는 여전히 고독한 활동이자 그 본성에 의해 공통적인 사태의 배려에서 벗어난다.

하지만 우리가 지금까지 분명하게 해왔지만, 내가 여기서 주장하는 것은 아렌트와 아렌트로부터 영감을 받은 전통이 제안하는 개념적 도식과는 근본적으로 대립한다. 간략하게 요약해 보자. 작업의 영역과 지성의 영역 사이에서 엄격한 친밀성이 정립되었다고 가정할 때, 정치적 행위의 쇠퇴는 이 두 가지 영역 모두에서 발생한 질적인 변화로부터 생겨난다. 작업과 결합됨으로써 (특별한 이해의 저장고로서가 아니라 소질, '능력'으로서의) 지성은 공적으로 되며, 모습을 드러내며, 현세적(worldy)으로 된다. 다시 말해 전면에 나서는 것은 공유된 자원과 공통된 재화(good)로서의 그것의 본성이다. 똑같은 증표에 의해서, 일반지성의 역량(potentiality)이 사회적 생산의 주요한 기둥이게 될 때, 작업은 최종 결과물이 없는 활동의 측면을 주장하게 되며, '타인의 현존'과의 관계에 토대를 둔 그러한 탁월한 기예를 지닌 퍼포먼스와 모든 점에서 유사하게 된다. 하지만 탁월한 기예는 정치적 행위의 특징적인 성격이 아닌가? 그러므로 우리는 포스트-포드주의저 생산이 행위의 전형적인 양상들을 흡수했으며, 바로 그렇게 함으로써 행위의 몰락을 선포했다고 실은지어야만 한다. 당연한 말이지만, 이러한 변신은 그 자체로는 결코 해방적이지 않다. 말하자면 임금노동의 영역 내부에서, '타인의 현존'과 탁월한 기예가 맺는 관계는 인격적 의존으로 번역된다. 또 정치적 프락시스의 종말을 강하게 연상시키는 '최종-결과물이-없는-활동'은 극히 근대적인 예속(*servitude*)으로 환원된다.

이 글의 초반부에서 나는 정치적 행위가 공적 지성과 동맹을 맺게 되는 바로 그 지점에서—다시 말해서 이러한 지성이 임금노동의 속박으로부터 벗어나고, 그 대신 모든 것을 녹아 없어지게 만들어버리는 산(酸)과 같은 비판을 구축하는 바로 그 지점에서—자신의 구원을 발견한다고 주장했다. 행위는 일반지성에 관한 최종 분석에서, 일반지성의 분절에서, 바-국가의 공적 영역으로서, 공통적 사태의 영역으로서, 공화제로서 구성된다. 엑소더스의 과정에서 지성과 행위의 새로운 동맹이 주조되는데, 이러한 엑소더스는 자신의 천체에 무수히 많은 항성(恒星)들을 가지고 있다. 급진적 불복종, 무절제, 다중, 소비에트, 모범, 저항권. 이러한 범주들은 근본적으로 반-홉스적인 해결책에 관해 개괄하면서 미래의 정치이론을 암시한다.

아렌트의 견해에 따르면 정치적 행위는 새로운 시작, 즉 사실로 공고화되어 버린 자동적 과정들을 가로막고 부정하는 새로운 시작이다. 그러므로 행위는 기적이 지닌 어떤 성질을 가지고 있는 것처럼 보인다. 예기치 못한 것을 행하기에 우리를 놀라게 하는 기적이 지닌 성질을 행위도 공유하고 있다고 할 때 말이다.26 결론적으로, 엑소더스(Exodus) 이론은 대부분 아렌트와 화해할 수 없는 것이긴 하지만, 그녀의 기적(Miracle) 개념에는 어떤 유용한 것이 있지 않는가라고 묻는 것은 가치 있는 일이다.

물론 여기에서 우리는 거대한 정치적 사고에서, 특히 반동적 사상에서 회귀하는 주제를 다루고 있다. 홉스가 볼 때, 무슨 사건이 기적

---

26. Arendt, *Between Past and Future*, pp. 168~170.

의 반열에 오를 만한 가치가 있는지, 혹은 일상적인 법을 넘어설 수 있는지를 결정하는 역할을 하는 것은 바로 주권자이다. 반대로 기적은 주권자가 그것을 금지하는 순간 바로 끝난다.[27] 슈미트가 권력의 핵심을 예외상태를 선포하고 헌법질서를 중지할 수 있는 능력과 동일시하는 한에서, 그 역시 이와 유사한 입장을 취한다. "법체제에서의 예외는 신학에서의 기적과 유사하다."[28] 다른 한편 스피노자의 민주주의적 급진주의는 기적과 같은 예외가 지닌 신학적·정치적 가치를 논박한다. 하지만 그의 논증에는 양면가치를 지닌 측면이 있다. 사실 스피노자에 따르면 기적은, 신과 동일시되는 보편적 자연법과는 달리 '제한된 역량'만을 표현한다. 다시 말해 기적은 특정하게 인간적인 어떤 것이다. 기적은 신앙을 공고하게 만드는 것이 아니라 우리로 하여금 '신과 모든 것'을 의심하게 만들며, 따라서 무신론에 빠지기 쉬운 성향을 창출한다.[29] 하지만 바로 이러한 요소들 — 유일한 인간의 역량, 구성된 역량에 관한 근본적인 의심, 정치적 무신론 — 은 다중의 반-국가적 행위를 규정하는 몇 가지 특징이다.

일반적으로 홉스와 슈미트에게 기적이 주권자의 특권적 영역이라는 사실은 어떤 의미에서도 행위와 기적 사이의 연결 관계를 깨뜨리지 않으며, 오히려 어떤 의미에서는 이러한 연결 관계를 확실하게 만든다. 홉스와 슈미트가 볼 때는, 주권자만이 정치적으로 행위하는 유

---

27. Hobbes, *Leviathan*, 37장.
28. Carl Schmitt, *Political Theology: Four Chapters on the Concept of Sovereignty* (Cambridge: MIT Press, 1985), p. 36.
29. Baruch Spinoza, *Theologico-Political Treatise*, in *The Chief Works of Benedict de Spinoza*, vol. 1, trans. R. Elwes (New York: Dover, 1951), pp. 81~97.

일한 사람인 것이다. 그러므로 요점은 주권비판이라는 명목으로 예외상태의 중요성을 부정하는 것이 아니라 오히려 정치적 행위가 다수의 수중으로 건너간다고 주장할 때 그것이 취하는 형태가 무엇인지를 이해하는 것이다. 반란, 탈퇴, 민주주의의 새로운 유기체의 발명, 제3의 가능성이 존재할 수 있다(tertium datur)는 원리의 적용. 여기에 다중의 기적이 놓여 있으며, 이러한 기적은 주권자가 이를 방해할 때까지는 결코 끝나지 않을 것이다.

하지만 우리가 아렌트로부터 얻어냈던 것과는 달리, 기적이라는 예외는 어떠한 근거도 갖고 있지 않는 형언할 수 없는 '사건'인 것이 아니라 [그 효과를] 전체적으로 평가할 수는 없는 그런 것이다. 기적은 행동, 작업, 지성의 상호 변화하는 상관관계에 의해 정의된 자기장(磁氣場) 안에 들어가 있기 때문에, 기다려지는 것이지만 예기치 않은 것이라고 할 수 있다. 모든 모순 어법에서 일어나듯이, 두 용어는 상호 긴장관계에 있으나 분리될 수 없다. 문제로 되는 것이 '예기치 않은 것' 혹은 그저 오랜 기간의 '기다림'에 의해 제공된 구원(salvation)이라고 한다면, 우리는 가장 중요하지 않은 인과성 개념을, 혹은 목적과 수단의 관계에 관한 가장 진부한 계산법을 각각 다룰 수 있게 된다. 오히려 그것을 기다리는 사람을 특히 놀라게 하는 것은 예외이다. 그것은 아주 강력한 별종(anomaly)이라서 우리의 개념적 나침반의 방향을 완전히 상실하게 만들지만, 그럼에도 불구하고 그것은 반란의 장소를 정확하게 표시해 준다. 우리는 여기에서 원인과 결과의 편차(discrepancy) ― 설령 우리가 항상 원인을 파악할 수 있다고 하더라도 이러한 원인이 초래한 혁신적인 결과를 결코 줄이지는 못하기 때문에 생기는 편차―를 다루고 있다.

  마지막으로, 주권자의 자비로움을 경멸하는 모든 정치이론을 명예롭게 만드는 것은 바로 예기치 않은 기다림을 명확하게 언급하는 것, 또는 어쩔 수 없이 생겨나는 불완전성을 제시하는 것이다.

부록 2

노동과 언어[1]

매뉴팩처 시대에, 포드주의적 노동의 오랜 절정기 동안에, 노동 활동은 침묵 속에서 행해졌다. 침묵한 사람들은 바로 노동자들이었다. 생산은 소리 없는 굴레였으며, 그 굴레 안에서 생산에 선행하는 것과 생산의 뒤에 오는 것 사이에는 단지 기계적이고 외부적인 관계만이 허용된 반면, 생산과 동시에 일어난 것들 사이의 상호작용적 상관관계는 모두 말소되었다. 기계시스템의 부속물인 산 노동은 자신의 역량을 사용하기 위해 자연적 인과성 — 헤겔이 노동의 '간지'라고 불렀던 것 — 을 따랐다. 그리고 '간지'는 말이 없다고 알려졌다. 다른 한편 포스트-포드주의적 대도시에서 물질적 노동과정은 언어적 행위의

---

1. [옮긴이] 빠올로 비르노가 쓴 이 글의 영어 제목은 *Labour and Language*이며 글의 출처는 http://info.interactivist.net/article.pl?sid=02/09/26/1822202 이다. 이탈리아어로 된 글을 아드리아나 보브(Adriana Bove)가 영어로 옮겼다.

복합체, 주장들의 연속(sequence), 상징적 상호작용이라고 경험적으로 기술될 수 있었다. 이것은 부분적으로 오늘날의 노동활동이 직무를 규제, 감시, 조율(통제함으로써 기계 시스템과 나란히 수행된다는 사실에서 기인한다. 또 생산과정이 지식, 정보, 문화, 사회적 관계들을 자신의 '제1질료'로 사용하기 때문이기도 하다.

노동자는 말하는 것을 좋아한다. (또 그래야만 한다). 하버마스가 '도구적' 행위와 '의사소통' 행위 사이에서 (또는 노동과 상호작용 사이에서) 정립한 유명한 대립은 포스트-포드주의적 생산양식에 의해 근본적으로 논파당했다. '의사소통 행위'는 삶의 물질적 재생산의 영역을 넘어서 있으므로 윤리-문화적 관계에서, 정치에서, '상호인정'을 위한 투쟁에서 일체의 특권적이거나 심지어는 배타적 자리도 유지하지 못한다. 반대로 대화를 통한 말은 자본주의적 생산의 심장부에 자리잡는다. 노동은 상호작용이다. 그러므로 포스트-포드주의적 노동 실천을 진정으로 이해하기 위해서는 소쉬르, 비트겐슈타인, 카르납을 더 많이 참고해야만 한다. 이 저자들은 사회적 생산관계에 거의 관심을 보이지 않지만, 이들이 언어 이론들과 언어에 관한 이미지들을 정립했다는 점에서 전문적인 사회학자보다는 '수다스런 공장'(talkative factory)과 관련해 더 많은 것을 가르쳐 주기 때문이다.

노동이 감시 및 조율(통제하는 과제를 수행할 때, 노동의 과제는 더 이상 하나의 단일한 목표를 성취하는 것에 있는 것이 아니라 오히려 사회적 협력을 성취하는 것, 즉 현재의 진정한 '생산과 부를 지탱하는 기둥'(맑스)을 구성하는 체계적 관계 및 연결접속의 총체적 변조(또한 변이와 강렬화)를 성취하는 것에 있다. 이러한 변조(modulation)는 독립적 생산물을 만들어내는 것이 아니라 언어적 수행을 통해 발생하는데, 이러한 수행은 언어적 수행의 실행에 의해 결정된 소통적 상호작용 속에서 철저히 규명된다. 간단히 말하면 다음과 같다.

1) 소통에 기반을 둔 노동은 엄격한 목적론적 구조를 갖지 않는다. 다시 말해 미리 정의되고 일의적인 목적에 의해 이끌리지는 않는다.

2) 많은 경우 그러한 노동은 외부적이고 오래 지속되는 대상을 생산하지 않는다. 그것이 작품(opera)이 없는 활동2이기 때문이다. 이러한 측면을 더 꼼꼼히 살펴보자.

전통적 생산 개념은 목적론 개념과 하나이자 동일한 것이다. 즉 생산자는 결정된 목표를 추구하는 어떤 사람이다. 하지만 생산-목적론의 힘(strength)은 노동의 제한된 성격에 의존한다. 더 정확하게 말하면 소통이 생산과정으로부터 엄격하게 배제당하는 것에 의존한다. 우리가 대화를 나누는 상호주체적 관계의 구조가 본질적이지 않다는 이유로 그저 도구적 행위만을 다룰수록, 목적론은 뚜렷하고 명백하게 나타난다. 반대의 경우 소통의 계기는 생산과정의 구성요소가 되며, 또한 이것은 엄격하게 말해서 노동에 관한 목적론적 함의에 손상을 가한다.

첫째, 포스트-포드주의를 특징짓는 기계 시스템에 대해 생각해 보자. 포드적인 자동화된 기계와는 달리 전자 기계는 불완전하며 부분적으로는 결정되어 있지 않다. 전자 기계는 특정한 목적에 이바지하

---

2. [옮긴이] 그리스어에서 'opus'와 'opera'는 각각 '작품'과 '작업'으로 구별되지만 이탈리아어에서 'opera'의 일차적인 의미는 '작품'이라는 점에서 이렇게 옮긴다.

기 위해 주어진 자연적 힘을 기술적으로 모방한 것이라기보다는 연산적 가능성들의 무한정한 집합(cluster)을 위한 전제이다. 이러한 가능성들의 집합은 산 노동이 수행하는 무수한 언어 행위들에 의해 분절될 필요가 있다. 전자 기계에 특유하게 존재하는 우연들을 정립하는 소통 행위는 소통 자체에 대해 외부적인 어떤 목표를 향하고 있지 않다. 소통 행위들은 결과의 관점에서 선행자(precedent)를 도입하는 것이 아니라 그 자체로 자신만의 결과를 가지고 있다. 언표행위는 목적인 동시에 수단이며, 도구인 동시에 최종 결과물이다. 언어의 맥락에서 볼 때, 기획의 규칙과 실행의 규칙은 하나의 동일한 것이다. 이러한 동일성은 두 계기들 사이의 구별을 폐지한다. 그리하여 의도와 의도의 실현은 일치한다.

두 번째 측면에 접근해 보자. 소통적 노동은 목적론적 행위 모델과 상반되기는 하지만 종종 노동 수행보다 오래 살아남을 수 있는 자율적인 작업을 발생시키지도 못한다. 따라서 '생산물이 생산 행위로부터 분리될 수 없는'(맑스) 활동들—존속될 수 있는 생산물로 객관화되지 않는 활동들—은 변덕스럽고 애매한 지위를 가지고 있어서 파악하기 어렵다. 이러한 어려움이 생기는 이유는 명백하다. 자본주의적 생산으로 편입되기 훨씬 오래 전부터 작품 없는 활동(소통적 행위)이 정치의 대들보였기 때문에, 한나 아렌트는 이렇게 썼다: "어떠한 '작품'도 생산하지 않는 예술은 정치와 몇 가지 특징들을 공유한다. 정치적으로 행동하는 사람들이 호소할 타인들을 필요로 하듯이, 그것을 공연하는 예술가들, 즉 무용수, 배우, 음악가 등은 자신들의 탁월한 기예(virtuousism)를 보여줄 관객이 필요하다." 새로운 대상이 아니라 소통적 행위가 구축될 때, 우리는 정치의 영역으로 들어간다. 언어적 노동으로서의 포스트-포드주의적 노동은 정치적 프락시스가 지니곤 했던 자질들과 특성들 ― 타인의 현존 속에서의 수행, 몇몇 지엽적인 예측불가능성의 관리, 새로운 어떤 것을 시작할 수 있는 능력, 양자택일의 가능성들 사이를 항해할 수 있는 능력 ― 을 요구한다.

우리가 언어를 작업과 관련지어 이야기할 때 주요한 논점은 커뮤니케이션 산업이 대폭 증가했다는 것이 아니라, 소통 행위가 모든 산업 부문에서 지배적이라는 사실이다. 그러므로 우리가 자동차를 만드는 작업을 생각하든 철강을 만드는 작업을 생각하든 간에 보편적 가치의 모델로서의 대중매체의 기법과 절차를 눈여겨봐야만 한다.

문화 산업과 포스트-포드주의 일반의 특이한 성격간의 관계가 무엇인지 묻는 것은 가치 있는 일이다. 알다시피 아도르노와 호르크하이머 이래로, 사람들은 '정신의 공장들'(출판, 영화, 텔레비전, 라디오 등)을 생산의 사슬에 필적하는 것으로 만드는 것이 무엇인가를 발견해 낼 수 있을 것이라는 희망 속에서 비평이라는 현미경을 통해 이것들을 세밀히 관찰했다. 핵심 요점은 자본주의가 농업 및 매뉴팩처를 기계화하고 세분화한 것처럼 정신적 생산을 기계화하고 세분화할 수 있다는 것을 증명하는 것이었다. 계열성, 단독적 과제에 대한 무관심, 감정과 느낌의 계량경제학. 바로 이런 것들이 반복되는 습관이었다. 물론 널리 인정되듯이 '소통을 통한 소통의 생산'으로 정의될 수 있었던 것이 지닌 몇 가지 측면들은 노동 과정의 포드주의적 조직화에 완전히 동화되기 어려워 보인다. 그러나 올바르게 말해서 이런 것들은 영향력이 없는 잔여물에 불과하며, 심각하지 않은 골칫거리이자 순간적인 분출물에 불과한 것으로 간주되었다. 하지만 현재의 시각에서 이것들을 본다면, 그러한 '잔여물'과 그러한 '분출물'이 사실은 미래를 잉태했다는 점을 그리 어렵지 않게 알아차릴 수 있다. 즉 이것들은 앞선 시대의 메아리가 아니라 실질적인 예측인 것이다. 간단히 말해서 소통 행위의 무정형적 측면, 편집위원회 회의에 특징적인 경쟁적 상호작용, 텔레비전 프로그램에 생기가 넘치게 하는 돌발적인 변화, 그리고 일반적으로 어떤 문턱을 넘어서면 고착화되는 것도 통제하는 것도 불가능하게 되어 버리는 모든 것이 지금의 포스트-포드주의 시대에는, 사회적 생산 영역 전체의 전형적인 특징이 되었다. 이런 의미에서 적어도 부분적으로 '토요타주의'가 예전에는 단지 문화산업에만 적용되었던 작업 모델을 지속될 수 있는 상품들을 생산하는 공장들에 적용하는 것으로 이루어져 있는 것은 아닌지 물을 수 있다.

커뮤니케이션 산업(또는 '문화' 산업)은 생산수단의 산업이 전통적으로 차지했던 것과 유사한 역할을 한다. 말하자면 커뮤니케이션 산업은 사회적 노동과정의 구석구석까지 대규모로 적용될 작업 도구들과 절차들을 결정하는 특수한 생산부문인 것이다.

언어를 작동시키는 것(그리고 언어로부터 이득을 취하는 것)은 포스트모던 이데올로기가 의존하는 은폐되고 왜곡된 물질적 지반이다. 포스트모던 이데올로기는 현대의 거대도시를 검토하면서 '언어 놀이'의 무제한적이고 실질적인 활성화를, 일시적인 방언들의 반란을, 완전히 다른 목소리들의 증식(multiplication)을 강조한다. 만일 우리가 이처럼 풍부한 다원성만을 주시하게 된다면, 그것이 일체의 분석적 접근방법으로부터 벗어난다고 결론내리기 쉽다. 사실 포스트모던 특유의 말들은 우리가 그물코가 없는 그물망을 접하고 있다는 것을 지지한다. 즉 거대도시의 삶 형태는 종종 — 일련의 '더 이상 아닌'(no longer)과 '심지어 아닌'(not even)이라고 말함으로써만 정의될 수 있는 — 새로운 관용구들로 반영되기보다는 오히려 이것들에 의해서 산출된다. 아주 근사한 역설. 말하자면 거대도시가 탁월한 언어적 본성을 지녔기 때문에 이 거대도시는 이제 서술될 수 없는 것처럼 보인다.

일반화된 소음으로 인해 최면에 걸린 포스트모던 이데올로그들은 지배의 약화를 주장할 뿐 아니라 사회적 관계의 격렬한 탈물질화도 주장한다. 이들의 생각에 따르면, 윤리적-정치적 차원은 다양한 관용구들을 수용하는 것과 거부하는 것 사이에서 진동하고 있을 뿐이다. [또 이들이] 용서할 수 없는 유일한 죄악은 '언어 놀이'의 확산(diaspora)에 제동을 걸고자 하는 소망이다. 이것을 제외하면 모든 것은 아주 좋다. 관용구의 다원성은 일의적이고 제한적인 실재성의 환상을 서서히 사라지게 함으로써 그 자체에 있어서 해방적인 효과를 수반할 것이다. 우리가 보게 되듯이 이제는 상식이 되어버린 해석학은 상이한 해석의 교차로부터 결과된 것이 적합하게 '실재적'이라고 주장한다. 하지만 담론의 다원성에 대한 아이러니한 심취는 자유주의가 언젠가 시장을 위해 키워왔던 모든 신화들을 언어에 재귀속시킨다. 예전에 상품의 자유로운 유통을 옹호하면서 행해졌던 것과 똑같은 정중한 논증 — 권리의 에덴동산, 평등과 상호인정의 왕국 등 — 이 (무한히 독립적인 화자들이 키워낸) 원심적인 소통을 다루게 된다. 하지만 다양체 자체가 실제로 통제를 약화시킬 수 있는가? 그것은 오히려 후자가 '다수'의 각각에서 강력하게 분절되었던 그런 사례는 아닌가? 그 어떤 주식 중개인도 진리의 해석학적 성격이나 각 해석의 덧없는 성격을 깨닫고 있지 못하다. 말하자면 이들의 삶의 형태에 대한 일체의 반대를 무효로 만들기 위해서 과연 이것으로 충분한 것일까?

현대적 거대도시의 뚜렷이 구별되는 특징은 일군의 관용구들이 아니라 물질적 생산과 언어적 소통의 완전한 동일성이다. 이러한 동일성은 그러한 증식을 설명하고 또한 증대시킨다. 하지만 이러한 동일성은 결코 해방적이지 않다.

포스트모던이 되풀이해서 주장하는 것과는 반대로, 노동과 언어적 소통의 일치는 지배적인 생산양식의 이율배반을 약화시키는 것이 아니라 오히려 격화시킨다. 한편으로 노동활동은 추상적인 시간 단위를 토대로 측정될 수 없다. 노동활동이 과거에는 에토스, 문화적 소비, 미학적 취향, 감정의 영역에 속했던 측면들을 포함하기 때문이다. 다른 한편 노동시간은 여전히 사회적으로 수용된 측정 단위로 남아 있다. 그러므로 다양한(multiple) '언어 놀이'는, 심지어 가장 별난 것이라고 하더라도, 항상 새로운 '과제'로서, 또는 낡은 과제보다 더 바람직한 필요조건으로서 막 배치되고 있다. 임금노동이 과도한 사회적 비용을 구성하기 때문에 폐지된다면, 말을 하는 것도 이러한 지평에 포함될 것이다. 풍자적인 의미에서가 아니라 해방적인 의미에서 말의 자유와 임금노동의 폐지가 오늘날 동의어인 한에서는, 언어는 일단 갈등의 영역으로서, 그리고 핵심 관건으로서 제시된다. 비판적인 입장은 이러한 급진주의를 소유해야만 한다. 그렇지 않으면 그것은 그저 분개하기만 하는 불평불만에 지나지 않는다. 어쨌든 우리는 말의 자유에 관한 강력한 관념을 도입하지 않고서는 임금노동에 관해 물을 수 없다. 반면 우리가 임금노동을 폐지하는 것을 목표로 하지 않는다면 말의 자유를 진지하게 바랄 수 없을 것이다.

부록 3

다중과 개체화 원리[1]

현대의 삶의 형태는 '민중' 개념의 해체와 '다중' 개념의 갱신된 적실성을 증명한다. 우리의 윤리-정치 용어의 상당 부분의 기원이 되는 17세기의 거대한 논쟁의 항성(恒性)들인 이 두 개념은 서로 정반대되는 것이다. '민중'은 구심적인 본성을 지니고, '일반의지'로 수렴되며, 국가의 접촉면이거나 반영이다. 반면 다중은 다원적이고, 정치적 통일로부터 달아나며, 주권자와 계약을 맺지 않으며, 자신의 권리를 주권자에게 위임하지도 않고, 복종을 거부하며, 비-대의제적 민주주의

---

* [편집자 주] '다중' 개념은 언제나 '민중' 개념과 대립된다. 민중은 동질직 통일성인 반면, 다중은 단독성들의 네트워크이다. 다중을 구성하는 개별자들은 주어진 원자들이 아니라 개체화 과정의 결과이다. 보편적 조건으로부터 개별자를 산출하는 이러한 개체화는 무엇으로 구성되는가? 우리는 질베르 시몽동과 러시아의 심리학자인 비고츠키(L. Vygotskij)의 성찰을 사용함으로써 이에 대해 답변할 수 있다. 어쩌면 이 저자들을 통해서 우리는 '사회적 개인'이라는 맑스적 개념을 보다 적절하게 파악할 수 있게 될 것이다.
1. [옮긴이] 이 글의 원제는 "Moltitudine et principio di individuazione"로 잡지 *Multitudes*의 7호(2001년 12월)에 실렸다. 이 글은 http://multitudes.samizdat.net 에서 찾아볼 수 있다.

의 몇몇 형태를 좋아한다. 홉스는 다중에게 국가장치의 가장 거대한 덫을 놓는 반면(시민은 그네들이 국가에 반대하여 반란을 일으킬 때 '민중에 반하는 다중'으로 나타난다[2]), 스피노자는 거기에서 자유의 뿌리를 감지해 낸다. 17세기 이래, 거의 예외 없이, '민중'은 무조건적으로 승리를 거두었다. 다수(*multiples*)로서의 다수의 정치적 실존은 근대성의 지평에서 지워졌다. 절대주의 국가의 이론가들만이 아니라 루소, 자유주의 전통과 심지어 사회주의 전통에 의해서도 말이다. 하지만 오늘날 다중은 사회적 삶의 모든 측면들—포스트-포드주의적 노동의 관행과 멘탈리티, 언어 놀이, 정념과 정서, 집단적 행동을 인식하는 방식 등—을 규정함으로써 그에 대해 복수를 하고 있다. 이러한 복수를 언급할 때, 우리는 적어도 두 세 개의 어리석음을 피해야만 한다. 이것은 노동계급이 '다수'로 대체될 정도로 완전히 사라져 버렸다는 말이 아니다. 오히려 훨씬 더 복잡하고 흥미로운 것은, 오늘날의 노동자들이 여전히 노동자로 남아 있으면서도 더 이상 '민중'의 외양을 갖지 않으며, 다중의 존재양식의 완전한 예가 되었다는 것이다. 게다가 현대의 삶의 형태를 특징짓는 '다수'를 긍정하는 것은 결코 목가적인 것이 아니다. 그것은 갈등은 물론이고 비굴함(servilité) 속에서도 때로는 그것을 좋게, 때로는 나쁘게 특징짓는 것이다. 존재양식이 중요하다. 확실히 '민중'의 존재양식과는 다르지만, 그러나 그 자체에 있어서는, 일정량의 특정한 독을 지닌 양가성이 결여되어 있지 않는 그런 존재양식이 문제인 것이다.

---

2. Hobbes, 1652: VI, 1과 XII, 8을 보라

다중은 보편자(보편적인 것, 공통적/공유된 것에 관한 물음, 요컨대 일자(l'Un)에 관한 물음을 장난인 양 옆에다가 치워두는 것이 아니라, 그것들을 기초부터 재정의한다. 우선 우리는 요소의 질서를 전도한다. 즉 민중은 일자로 향하며, '다수'(multiples)는 일자로부터 도출된다. 민중의 경우 보편성은 약속이며, '다수'의 경우 보편성은 전제이다. 또한 공통된/공유된 것 자체에 관한 정의도 변한다. 민중은 일자의 둘레를 돌며, 여기에서 일자는 국가, 주권, 일반의지이다. 다중이 자신의 배후에 가지고 있는 일자는 언어이며, 공적이고 상호-정신적인 자원으로서의 지성이며, 인류의 유적인 능력이다. 다중이 국가의 통일로부터 탈주한다면, 그것은 국가가 결정적이기보다는 예비적인(préliminaire), 완전히 다른 하나(un Un)에 의존하기 때문이다. 우리는 바로 이러한 상관관계에 대해서 더 심도 있게 물어야만 한다.

들뢰즈가 아주 친숙했던 철학자 질베르 시몽동은 이 물음에 관해서 극히 중요한 기여를 한다. 그의 성찰은 개체화 과정과 관련되어 있다. 개체화, 다시 말해서 인간이라는 동물의 유적인 생김새에 관한 지식으로부터 독특한 단독성의 배치로의 이행은 다른 무엇보다도 우선 다중에게 고유하게 존재하는 범주일 것이다. 더 자세히 살펴보면, 민중 범주는 무수하게 많은 비개체화된 개별자에게 귀착된다. 다시 말해서 그것은 단순한 실체나 유아론적인 원자로 파악된다. 그것들은 예상치 못한 것들로 가득 찬 과정의 최종 결과라기보다는 즉각적인 출발점을 구성하기 때문에, 그런 개별자들은 국가구조가 제공하는 통일/보편성을 필요로 한다. 이와는 정반대로 우리가 다중에 관해 말한다면, 우리는 단일한/보편적인 어떤 것으로부터 각각의 '다수'

가 도출되는 것을 강조하거나 개체화를 강조하게 된다. 시몽동, 그리고 그와는 다른 이유이기는 하지만 소련의 심리학자인 레프 세메노비치 비고츠키(Lev Semenovitch Vygotski)와 이탈리아의 인류학자 에르네스또 데 마르띠노도 이와 유사한 도출 [과정]에 관심을 두었다. 이들에게는 존재발생(ontogenèse), 다시 말해 단독적이고 자기의식적인 '나'의 발전 국면이 제1 철학(la philosophia prima)이며, 이것만이 존재와 생성을 정확하게 분석할 수 있게 해준다. 그리고 존재발생은 이것이 결국에는 '개체화 원리'와 일치하기 때문에 제1 철학인 것이다. 개체화는 좀 전에 개괄된 것과는 다른(일자와 국가를 동일시하는 것과는 다른) 일자/다수의 관계를 이끌어낼 수 있게 만든다. 그러므로 다중의 윤리-정치적 개념을 정초하는 데 기여하는 범주가 문제이다.

20세기의 가장 위대한 인식론자의 한 사람인 가스통 바슐라르는 양자 물리학이 하나의 '문법상의 주어'라고 말한 바 있는데, 그것과 관련하여 가장 이질적인 철학적 술어들이 사용될 수 있을 것이다. 즉 어떤 특이한 문제에 흄적인 개념이 채택될 수도 있고, 다른 경우에는 헤겔 논리학의 주요 부분이나 게슈탈트 심리학에서 끌어온 어떤 개념이 잘 맞아떨어질 수도 있다. 마찬가지로 다중의 존재양식은 상이한, 때로는 심지어 상호 배타적이기도 한 맥락들에서 우리가 찾아내는 속사들[속성들]을 가지고 규정될 것이다. 그런 것들은 예를 들어 겔렌의 철학적 인간학(인간 동물의 생물학적인 초라함, 한정된 '환경'의 결여, 특화된 본능의 빈약함)에서, 일상생활에 할애된 『존재와 시간』의 몇몇 구절에서(잡담, 호기심, 애매함 등), 『철학적 탐구』

에서 비트겐슈타인이 행한 다양한 언어 놀이에 관한 서술에서 찾아낼 수 있다. 위의 것들은 모두 논란의 여지가 있는 예들이다. 하지만 시몽동의 두 개의 테제는 분명히 다중 개념의 '술어'로서 극히 중요하다. 1) 주체는 언제나 부분적이며 불완전한 개체화이며, 전-개별자적 측면과 실제로 단독적 측면의 변화하는 뒤얽힘(entrelacs)으로 이루어져 있다. 2) 집단적 경험은 분열이나 쇠퇴를 선포하는 것이 아니라 개체화를 추구하며 이를 세련되게 만든다. 우리가 (시몽동에 따르면, 아주 분명히 중심적인 물음, 즉 개체화가 어떻게 실현되는가에 관한 물음을 포함하여) 그 밖에 고려해야 할 것들을 잊는다 해도, 이 자리에서, 직관에 반할 뿐만 아니라 심지어 생소하기까지 한 [시몽동의] 이런 테제들에 집중하는 것도 가치 있는 일이 될 것이다.

1. 전-개체적

처음으로 다시 돌아가자. 다중은 개체의 네트워크이다. '다수'라는 용어는 우발적인 단독성들 전체를 가리킨다. 하지만 이러한 단독성들은 주어진 사실이 아니라는 것은 두말할 나위도 없다. 그와는 반대로 이것은 개체화 과정의 복잡한 결과이다. 모든 진정한 개체화의 출발점이 아직은 개체적이지 않은 어떤 것이라는 것은 자명하다. 독특한 것, 재생될 수 없는 것, 일시적인 것은 그만큼 더 분화되지 않은(indifférencié) 유적인 것에서 생겨난다. 개체성의 특수한 성격은 보편적 패러다임 전체에 뿌리를 두고 있다. 하지만 개체화 원리

(*principium individuationis*)에 관해 말한다는 것은 이미 단독적인 것과 익명의 역량의 한 형태나 다른 형태 사이의 극히 견고한 내속성(inhérence)을 가정하는 것이다. 이러한 단독적인 것과 익명의 역량 사이의 내속성은 개체적인 것이 실제로 핏기 하나 없이 원한으로 가득 찬 좀비처럼 역량이 있는 것의 한계에 매달리기 때문에 그러한 것이 아니라, 그 자신이 개체화된 역량(puissance individuée)이기 때문에 그러한 것이다. 여기에서 개체적인 것이 개체화된 역량인 이유는 그것만이 역량의 가능한 개체화들 중 하나이기 때문이다.[3]

개체화에 선행하는 것을 정립하기 위해서 시몽동은 전-개체적 실재성이라는 그다지 신비롭지 않은 표현을 쓴다. 각각의 '다수'는 이러한 정반대의 극과 친숙하다. 그렇다면 전-개체적이라는 것은 정확히 무엇인가? 시몽동은 다음과 같이 쓰고 있다. "자연이라는 단어에 소크라테스 이전 철학자들이 부여했던 의미를 다시 찾아내려 하면서, 우리는 개체가 자신과 함께 수반하는 이러한 전-개체적 실재성을 자연이라고 부를 수 있다. 이오니아 자연철학자들은 거기에서 개체화에 선행하는, 존재하는 모든 종들의 기원을 발견한다. 자연은 아낙시만드로스가 모든 개체화된 형태를 제거한 그러한 아페이론(*apeiron*)의 종들 하에 있는 가능적인 것의 실재성이다. 자연은 인간의 대립물이

---

3. [옮긴이] 우리는 바로 윗 문장에서 개체화의 토대가 되는 보편적이고 유적인 것은 익명의, '사람들'(on)의 영역에 있는 역량이며, 단독적인 것은 개체화된 것으로 제시된다는 것을 보았다. '개체화 원리'는 이 둘 사이에 대해 말하는 것이다. 유적인 것과 개체화된 것은 서로 내속하는 관계에 있기 때문이다. 따라서 우리는 개체화된 것이 그 자체로는 역량을 갖지 않지만, 그렇다고 해서 유적인 것이 지닌 역량을 빨아먹는 좀비처럼 묘사해서는 안 된다. 오히려 반대로 단독적인 것은 개체화된 역량이며, 또 개체화를 통하지 않고서는 유적인 것은 실현되지 않는다.

아니라 존재의 첫 번째 국면이고, 존재의 두 번째 국면은 개체와 환경간의 대립이다." 자연, 아페이론(미결정자), 가능적인 것의 실재, 여전히 국면이 없는 존재. 우리는 이 주제에 관해 상이한 변주(variations)를 계속할 수 있다. 하지만 여기에서는 '전-개체적'이라는 단어에 자율적인 정의를 부여하는 하는 것이 좋을 것 같다. 물론 시몽동의 정의에 비춰봤을 때 모순되는 정의가 아니라 그것과는 독립적인 그런 정의 말이다. 동일한 것으로 분류된 것 속에도, 꽤 상이한 맥락과 수준이 존재한다는 것을 인식하는 것은 어려운 일이 아니다.

전-개체적인 것은 무엇보다 우선 감각 지각, 운동성(motricité), 종의 생물학적 토대와 연결되어 있다. 메를로-뽕띠는『지각의 현상학』에서 다음과 같이 말한다. "나는 나의 탄생이나 죽음을 의식하지 않는 것과 마찬가지로, 나의 감각의 참다운 주체라는 것을 의식하지 않는다."[4] 그리고 또 그는 말한다. "시각, 청각, 촉각은 각 분야에서 [⋯] 나의 인격적[인칭적] 삶보다 앞에 있으며, 또 이것에 낯선 채 남아 있다."[5] 감각은 1인칭으로 기술할 수가 없다. 내가 지각할 때, 지각하는 것은 단독적인 개별자가 아니라 유(類) 자체이다. 우리는 운동성과 감수성에 대해 익명의 대명사 '사람들'(on)만을 붙일 수 있다. 즉 사람들은 보고, 사람들은 듣고, 사람들은 쾌락을 느끼거나 고통을 느낀다. 지각이 때로는 자기반성적 어조(tonalité *autoréflexive*)를 띤다는 것은 사실이다. 촉각을 생각해보면 충분할 것이다. 촉각은 언제나

---

4. Merleau-Ponty, 1945, p. 249. [*Phenomenology*, p. 215; 한국어판 번역에 관해서는 본문 128쪽을 참조하라.]
5. Idem, p. 399. [*Ibid.*, p. 347; 한국어판 번역은 본문 128쪽을 참조.]

항상 우리가 만지는 대상에 의해 촉각되어진 것이다. 지각한다는 것은 사물로 [접근해] 나아가면서 사물에 대해 주의를 한다는 것이다. 하지만 그것은 개체화 없는 자기참조와 관련된다. [헤겔식의] '간지'에 대해 스스로 주의를 하는 것은 유(類)이지 자기의식적인 단독성이 아니다. 만일 우리가 독립적인 두 개념을 서로 동일시한다면 우리는 틀린 것이다. 우리가 자기-반성이 있는 곳에서는 개체화 역시 확인할 수 있다고 인정하거나, 반대로 개체회가 없다면 우리는 더 이상 자가-반성에 대해 말할 수 없다고 인정한다면 역시 우리는 틀린 것이다.

전-개체적인 것은 보다 결정된 수준에서는, 그것이 소속된 공동체의 역사적-자연적 랑그언에이기도 하다. 랑그언에는 주어진 공동체의 모든 화자들에게 고유하게 속하는 것이다. 마치 그것이 진화하는 동시에 분화되지 않은 동물학적 '환경'이듯이, 혹은 양수(liquide amniotique)이듯이 말이다. 언어 소통은 적합하게 말해서 진정한 '주체들'이 형성되기 이전에 이미 상호주체적이다. 언어 소통은 모두에게 속하기도 하고, 어느 누구에게도 속하지 않기도 하다. 따라서 그것은 또한 익명의 '사람들'을 통치한다. 즉 '사람들'이 말한다. 인간이 쓰는 관용구가 갖는 전-개체적 성격 혹은 즉각적으로 사회적인 성격을 특히 강조한 것은 바로 비고츠키였다. 우선 말의 사용은 간정신적(inter-psychique)이다. 다시 말해서 공적이며, 공유되며, 비개인적[비인칭적]이다. 피아제가 생각한 것과는 반대로, 그것은 점진적인 사회화를 거치면서 애초의 자폐증적 조건(소위 초개체적 hyper-individuelle)에서 벗어나는 것과는 무관하다. 반대로 비고츠키에게 존재발생의 본질은 완전한 사회성으로부터 말하는 존재의 개체화로 나아가는 것으로 이루어져 있다. "아이의 사고가 발전해 나가는 과정의 실제 운동은 개체적인 것이 사회화된 것으로 실행되는 것이 아니라, 사회적인 것이 개체적인 것이 되는 것으로 실행한다."[6] 랑그언어에의 전-개체적('상호-정신적') 성격에 관한 인정은 비고츠키로 하여금 '사적인 언어'라는 것이 있을 수 있다는 것에 대해 반론을 펼치게 한다는 점에서 비트겐슈타인을 예견하고 있다. 게다가, 그리고 이것이 특히 중요한데, 이것은 우리가 개체화 원리에 관한 물음을 앞장서서 제기한 사상가들의 짧은 목록에 그를 정당하게 기입할 수 있게 한다. 비고츠키와 시몽동 모두에게 '정신적 개체화'(다시 말해서 의식적인 자아 Moi conscient의 구성)는 언어적 지형 위에서 일어나는 것이지 지각의 지형 위에서 일어나는 것이 아니다. 달리 말하면, 감각에 내속한 전-개체적인 것은 늘 그렇게 남아 있는 운명처럼 보이는 반면, 랑그[언어]에 상응하는 전-개체적인 것은 개체성으로 나아가는 내적인 분화(différenciation)를 이룰 수 있다. 여기에서는 비고츠키와 시몽동에게 있어 말하는 존재의 단독화가 성취되는 방식을 비판적인 방식으로 살펴보는 것이 문제가 아니다. 그렇다고 몇몇 추가적인 가설을 덧붙이는 문제는 더더욱 아니다. 중요한 것은, 지각영역(개체화가 없는 생물학적 지식)과 언어영역(개체화의 토대로서의 생물학적 지식) 사이의 간극을 설정하는 것이다.

마지막으로 전-개체적인 것은 지배적인 생산관계이다. 선진자본주의에서 노동과정은 지각, 언어활동, 기억, 정서 같은 유(類)의 가장

---

6. Vygotski, 1985.

보편적인 성질들을 필요로 한다. 포스트-포드주의라는 틀 속에서 이런 성질들의 역할 및 기능은 거의 대개 포이에르바하와 『경제학-철학 수고』의 맑스가 인류의 가장 기본적인 능력에 대해 말했던 '유적 실존', 즉 *Gattungswesen*과 일치한다. 생산력의 총체는 확실히 전-개체적이다. 하지만 이것들 중에서도 특히 사유가 중요하다. 주의하자. 이러저러한 심리학적 '자아'와 아무 관계가 없는 사유, 그것의 진리가 단독적 존재에 관한 평가에 의존하지 않는 그런 사유가 중요하다. 이 점에서, 고틀롭 프레게(Gottlob Frege)는 어쩌면 서툴지만 효과가 없지 않은 공식을 사용했다. 즉 "전달자가 없는 사유(pensée sans porteur)."[7] 다른 한편, 맑스는 general intellect, 즉 일반지성이라는 유명하고 자주 논의되는 표현을 주조해 냈다. 맑스를 꼼꼼히 살펴보면, 일반지성은 (다시 말해서 추상적 지식, 과학, 비인칭적 지식은) 또한 '부를 생산하는 중요한 축'이다. 바로 지금 여기에서 우리는 부를 절대적 잉여가치와 상대적 잉여가치라고 이해해야 한다. 전달자가 없는 사유 또는 일반지성은 위계와 권력관계를 만들어 내는 가운데, '사회의 살아 있는 과정 자체'(processus vital même de la société) 속에서 나타난다.[8] 요약하면, 전-개체적 실재성은 역사적으로 특징지어진다. 이 점은 두말할 나위 없이 극히 중요하다. [이에 관해서는 지각의 전-개체적인 것과 언어의 전-개체적인 것에 역사적 전-개체적인 것을 덧붙이는 것으로 충분하다.

---

7. cf. Frege, 1918.
8. Marx, 1857-1858.

2. 이중적인 주체(Sujet amphibie)

주체는 개체화된 개체와 일치하는 것이 아니라 자신 안에 항상 전-개체적 실재성의 축소불가능한 어떤 비율을 포함하고 있다. 그것은 불안정한 합성물이며, 합성물 중의 어떤 것이다. 바로 그것이 우리가 주목할 시몽동의 두 가지 테제 중 첫 번째 것이다. "개체화된 존재 안에는 어떤 미결정된 몫(charge)이 존재한다. 실제로 개체화되지 않고 개체화의 작동을 가로질러 나아가는 전-개체적 실재성의 어떤 몫이 존재한다. 우리는 미결정된 이러한 몫을 자연이라고 명명할 수 있다."[9] 그가 보기에는 주체를 단독적인 것[단독자]으로 환원하는 것은 완전히 틀린 것이다. "개체라는 명칭은 아주 복잡한 실재성에 대해 완전한 주체라는 실재성을 잘못 부여한 것이다. 이것은 개체화된 실재성 이상으로 그 속에 미개체화된(inindividué), 전-개체적인 측면들을 담고 있거나 자연적인 측면을 담고 있다."[10] 전-개체적인 것은 무엇보다도 분해되지 않은 일종의 과거로 파악된다. 잘 정의된 단독성이 솟구쳐 나오는 곳인 가능적인 것의 실재성은 이 단독성의 옆에서 여전히 지속한다. 즉 통시성(diachronie)은 병존(concomitance)을 배제하지 않는다. 게다가 주체의 가장 내밀한 조직인 전-개체적인 것은 개체화된 개체의 환경(milieu)을 구성한다. 단독적 개체저인 것의 경험이 각인되어 있는 주변의 맥락(지각적, 언어적, 역사적 맥락)은 주체의 본래적인 (괜찮다면 내부적인) 구성요소이다. 주체는 환경을 갖

---
9. Simondon, 1989, p. 210.
10. Simondon, 1989, p. 204.

고 있는 것이 아니라, 그가 그 자신의 일정 부분(개체화되지 않은 것)에 있어서 그 자신의 환경이다. 로크에서 포더(Fodor)에 이르기까지 주체의 전-개체적 실재성을 경시하고 이 속에서 그것이 환경이라는 것을 무시한 철학자들은 '내부'와 '외부', 자아(Moi)와 세계 간의 통로(voie de transit)를 발견하는 데 열중하지 않았다. 이들은 따라서 시몽동이 비난한 잘못을 저질렀다. 이들은 주체를 개체화된 개체와 비슷하다고 생각한다는 것이다.

주체성 개념은 이중적(amphibie)이다. '나는 말한다'는 '사람들은 말한다'와 공존한다. 우리가 재생산할 수 없는 것은 회귀적(récursif)이고 계열적인(sériel) 것 속에서 긴밀하게 혼합되었다. 더 정확하게 말하면, 주체의 조직 안에는 통합적인 부분과 마찬가지로, 지각된 것의 익명적 어조(종의 감각으로서의 감각), 모국어의 즉각적으로 상호-정신적인 또는 '공적인' 성격, 비개인적인[비인칭적인] 일반지성에의 참여가 있다. 주체 내부에서 전-개체적인 것과 개체의 공존은 정서에 의해 매개된다. 감정과 정념은 이러한 두 측면의 일시적인 통합을 나타내지만, 때에 따라서는 분리를 나타내기도 한다. 말하자면 위기, 후퇴(récession), 파국은 결여되어 있는 것이 결코 아니다. 우리가 그것의 고유한 경험이 지닌 전-개체적 측면들과 개체화된 것의 측면을 합성할 수 없을 때 엄청난 공포나 불안이 있게 된다. "불안 속에서, 주체는 마치 자기 자신에게 제기된 문제처럼 존재한다고 느끼며, 자신이 전-개체적 자연과 개체화된 존재로 나뉜다고 느낀다. 개체화된 존재는 여기(*ici*)이자 지금(*maintenant*)이며, 이러한 여기와 이러한 지금은 다가올 날(venir au jour)의 다른 여기와 지금의 무한함을 방해한다. 주체는 자신을 여기(*hic*) 그리고 지금(*nunc*) 결코 현실화할 수 없는, 결코 살아갈 수 없는 자연으로, 미결정된 것(*apeiron*)으로 인식한다."[11] 여기에서 시몽동의 분석과 에르네스또 데 마르띠노(Ernesto de Martino)가 제안한 '문화적 묵시록'(apocalypses culturelles)이 지극히 객관적으로 일치한다는 점을 지적해야만 한다. 시몽동과 마찬가지로 마르띠노에게 중요한 점은 존재발생, 다시 말해서 개체화가 결코 단번에 보장되지 않는다는 사실에 있다. 존재발생은 자신의 단계를 재고할 수 있으며 약하게 될 수 있고 산산조각날 수도 있다. '나는 생각한다'는 것은, 그것이 우연한 발생을 지니고 있다는 사실 이외에, 부분적으로는 수축될 수 있으며, 그것을 넘어서는 것에 의해서 넘쳐나게(débordé) 될 수도 있다. 마르띠노에 따르면, 전-개체적인 것은 때로 단독화된 나(le je singularisé)를 사로잡는 것처럼 보인다. 후자는 '사람들'이라는 익명어에서 영감을 받은 것 같다. 다른 경우에, 대립되고 대칭적인 방식으로 '사람들'은 우리가 우리 경험의 전-개체적인 모든 측면들을 일회적인(ponctuelle) 단독성으로 헛되게 환원시키도록 강제한다. 두 개의 병리학—"인간 존재로 세계가 난입하는 것과 인간 존재의 세계로의 후퇴라는 두 양상 속에서 자아-세계의 전선이 파국을 맞는 것"[12]—은 좀더 제한된 형태 속에서, 하지만 항구적이며 결코 없앨 수 없는 진동의 극단들일 뿐이다.

20세기의 비판적 사유—우리는 특히 프랑크푸르트학파를 염두에 두고 있다—는 아주 빈번하게 개체가 생산력이나 사회적 힘으로부

---

11. Simondon, 1989, p. 111.
12. E. de Martino, 1977.

터 떨어지게 되었다는 것에 대해, 그리고 유의 보편적 능력들(언어, 사유 등)에 본래 존재했던 역량이 이제는 이러한 능력들로부터 분리되어 버린 것에 대해 쓸쓸한 애가(哀歌)를 읊조렸다. 그리하여 단독적 존재의 불행은 그러한 떨어짐이나 분리의 탓으로 돌려졌다. 하지만 이것은 무언가를 암시하는 듯한 관념처럼 보이지만 사실은 잘못된 관념이다. 스피노자가 말하듯이, '슬픈 정념'은 최대한의 근접성에서 생겨나며, 심지어 공생(symbiose), 즉 개체화된 개체와 전-개체적인 것의 공생에서 생겨나기도 한다. 거기에서 그러한 공생은 마치 불균형(déséquilibre)과 분열(déchirement)로 제시된다. 나쁨과 마찬가지로 좋음에서 다중은 '나'와 '사람들'의, 유(類)의 재생산될 수 없는 단독성과 유(類)의 익명성의, 개체화와 전-개체적인 실재성의 복잡하게 뒤얽힌 혼합(mélange)을 보여준다. 좋음 속에서, 자신의 뒤에 보편자를 전제나 전건(antécédent)[13]의 모습 속에서 가지고 있는 각각의 '다수'는 국가가 구성하는 이러한 거짓된(postiche) 보편성을 필요로 하지 않는다. 나쁨 속에서, 이중적인 주체로서의 각각의 '다수'는 언제나 자신의 고유한 전-개체적 실재성 속에서 위협(menace)을 구별할 수 있거나 적어도 불안의 원천을 식별할 수 있다. 다중이라는 윤리-정치적 개념은 개체화 원리에 토대를 두는 만큼이나 그것의 구성적 불완전함(incomplétude)에도 토대를 두고 있다.

---

13. [옮긴이] 추론명제의 조건부분을 뜻한다. 문법에서는 '선행사'로 옮겨지기도 한다.

3. 맑스, 시몽동, 비고츠키: '사회적 개인' 개념

(소위 「기계에 관한 단상」이라고 불리는) 『요강』의 유명한 구절에서 맑스는 '사회적 개인'을 현재의 사물의 상태 중에서 임의의 근본적인 변형의 유일한 주인공이라고 지칭했다.[14] 무엇보다 우선 '사회적 개인'은 일종의 모순 어법, 대립물들이 뒤죽박죽 헝클어진 통일, 간단히 말해서 헤겔식 방법론과 닮아 있다. 반대로 이 개념을 문자 그대로 받아들이는 것, 즉 어떤 존재방식들로, 즉 현대의 삶의 성향과 형태를 강조하기 위한 정확한 도구로 사용하는 것도 가능하다. 하지만 이것이 더욱 좋게 기능하게 되는 것은 어느 정도는 개체화 원리에 관한 시몽동과 비고츠키의 성찰 덕분이다.

시몽동에 따르면 '사회적'이라는 형용사에서 모든 주체에게 속하는 그러한 전개체적 실재성의 특질들을 인식해야만 한다. 마찬가지로 실사인 '개인' 속에서 우리는 오늘날 다중의 각각의 구성요소로부터 생겨난 단독화를 인식한다. '사회적 개인'에 관해 말했을 때 맑스는 주체성의 인장(sceau)인 '유적 실존'(*Gattungswesen*)과 재생산될 수 없는 경험 사이의 뒤얽힘을 가리켰다. 공통의 악보와 마찬가지로 '다수'의 노동과 여가를 위한 보편적인(혹은 전개체적인) 전제인 일반지성 개념이 도입된 『요강』의 같은 페이지들에 '사회적 개인'이라는 단어가 등장하는 것은 우연이 아니다. '사회적 개인'의 사회적 측면은, 의심할 여지 없이 바로 일반지성 혹은 프레게가 말한 '전달자가 없는 사유'이다. 하지만 그뿐만이 아니다. 그것은 또한 바로 인간 소통의

---

14. Marx, 1857-1858 참조.

상호-정신적인, 즉 공적인 성격으로 구성되어 있으며, 비고츠키는 바로 이것을 아주 효과적으로 명확하게 보여주었다. 게다가 만일 우리가 '사회적'이라는 단어를 '전-개체적'이란 단어로 옳게 번역한 것이라면, 맑스가 말한 개체화된 개인이 익명의 감각적 지각의 기반 위에서 모습을 드러낸다는 점 역시 인정해야만 할 것이다.

  강한 의미에서, 역사적으로 정의된 생산력의 총체도 유(類)에 대한 생물학적 지식만큼이나 사회적이다. 그것은 외부적인 통접(conjonction extrinsèque)이나 단순한 포갬(superposition)과는 관계가 없다. 그 이상의 것이 있다. 완전히 발전된 자본주의는 생산력과 전-개체적 실재성의 다른 두 유형('사람들은 지각한다'와 '사람들은 말한다')간의 완전한 상응을 내포한다. 노동력 개념은 이러한 완전한 융합을 보여준다. 유적인 물리적 능력이자 생산하기의 지적-언어적 능력으로서의 노동력은 명확하게 역사적인 결정이지만, 그러나 노동력은 자신의 내부에 이러한 아페이론, 즉 시몽동이 말한 개체화되지 않은 자연, 비고츠키가 이리저리 설명한 언어의 비개인적[비인칭적] 특성을 완전히 함축하고 있다. '사회적 개인'은 단독적인 것과 전-개체적인 것의 동계[공존]가 발견적 가설 혹은 은폐된 전제이기를 그치고, 경험적 현상, 표면으로 투사된 진리, 실용적 사실이 되어버린 시대를 나타내 준다. 우리는 이렇게 말할 수도 있을 것이다. 인간발생(anthropogenèse), 다시 말해서 인간이라는 동물의 구성 자체가 역사적-사회적 평면 위에서 모습을 드러내게 되었을 때, 이것은 결국 육안으로 보이게 되며, 일종의 유물론적 계시(révélation)를 인식하게 된다. '경험의 초월적 조건'이라고 불리는 것은, 배경으로 남는 것이 아니라 가장 전경으로 나서게 되며, 가장 중요한 것은 이것이 즉각적인 경험의 대상이 된다는 것이다.

겉으로 보기에는 주변적인 것으로 보이는 마지막 고찰. '사회적 개인'은 분화되고 우발적인 양상을 따라 보편적 생산력을 굴절시키면서 보편적인 생산력을 통합한다. 또한 그것은 이와 정반대로 실제로 개체화된다. 그것이 인지와 정서의 아주 특수한 성좌로 번역되면서 단독적 배치를 부여하기 때문이다. 바로 이 때문에 개체적인 것[개인]을 부정성으로 한정지으려는 모든 시도는 실패하는 것이다. 그것을 규정하기에 이르는 것은 배제된 것의 풍부함이 아니라 그것으로 수렴되는 것의 강렬도이다. 그것은 더 이상 우연적이고 규칙에서 벗어난, 그리고 궁극적으로는 말로 표현할 수 없는 긍정성(positivité)과는 무관하다(지나가면서 말하자면, 말로 표현할 수 없다는 것보다 더 단조로운 것은 없으며, 그것보다 덜 개체적인 것도 없다). 개체화는 점진적인 상세화에 의해서 그리고 또한 일반적인 규칙과 패러다임의 기이한 조합에 의해서 특징지어진다. 즉 개체화는 그물의 구멍이 아니라 그물코가 가장 촘촘하게 엮이는 장소이다. 재생산될 수 없는 단독성에 관해서 우리는 법제의 과잉(surplus de législation)에 관해 말할 수 있다. 인식론의 말투를 사용해서 말하자면, 개체에게 어떤 자격을 부여하는 법칙(loi)은 (농질적인 현상들 전체의 모든 경우에 타당한) '보편적인 단언'(assertions universelles)도, (임의의 규칙성이나 접속적 도식 밖에 있는 경험적인 소여들의 계시인) '실존적인 단언'(assertions existentielles)도 아니다. 그것은 오히려 진정한 단독적 법칙과 관련된다. 그것이 법칙인 이유는 그것이 '종' 전체를 포함하는 형식적 구조로 채워져 있기 때문이다. 그것이 단독적인 이유는 그것이 일반화될 수 없는 유일한 사례의 규칙이기 때문이다. 단독적 법칙들은 원리상 논리적 '분류'(classe)에 우선적으로 부여된 정확성과 투명성을 가지고 개체[개인]를 재현한다(représenter). 하지만 주의를 기울이자. 단 하나의 개체의 분류(une classe d'un seul individu)라는 점에 대해서 말이다.

다중을 '사회적 개인'의 총체라고 부르자. 다수로서의 다수의 정치적 실존과 개체화 원리의 둘레를 맴도는 오래된 철학적 강박, 그리고 (시몽동의 도움을 받아 우발적 단독성과 전-개체적 실재성의 복잡하게 뒤엉킨 혼합으로 해독된) '사회적 개인'이라는 맑스적 개념 사이에는 정확히 말해서 일종의 의미론적 연쇄(enchaînement sémantique)가 있다. 이러한 의미론적 연쇄는 공적 영역과 집단적 행위의 본성 및 기능을 그 기초부터 재정의하도록 만들어 준다. 두말할 나위 없지만, 그러한 재정의는 '민중'과 국가적 주권에 토대를 둔 윤리적·정치적 경전을 배격한다. 우리는 맑스와 더불어 그러나 맑스주의의 아주 많은 부분과는 별개이자 대립적으로 다음처럼 말할 수 있다. '기대된 것의 실체'는 두드러짐과 가치의 최대치를 유(類)의 단독적 구성원 각각의 재생산 불가능한 실존에 부여한다는 사실 속에서 찾아볼 수 있다. 또한 역설적으로 보일 수 있는 것은 맑스의 이론이 오늘날 엄격한 이론으로서 파악된다는 것, 말하자면 개체에 관한 현실주의적이고 복잡한 이론으로 파악된다는 점이다. 즉 개체화 이론으로서 말이다.

4. 다중의 집단

이제 시몽동의 두 번째 테제를 검토해 보자. 그것은 어떤 종류의 선례(précédent)도 가지고 있지 않다. 그것은 직관에 반대된다. 즉 그것은 공통감각(상식)에 뿌리를 둔 확신을 위반한다(그런데 그것은 다중에 대한 다른 개념적 '술어들'의 많은 경우에도 그렇다). 늘 그렇듯이 집단적인 것에 참여하는 순간 개체는 적어도 자신의 고유하게 개체적인 몇몇 성격들을 버려야 한다고 우리는 생각한다. 즉 조화되지 못하고 다른 것과 뒤섞일 수 없는 몇몇 독특한 기호들을 포기해야 한다는 것이다. 집단적인 것 속에서 단독성은 분해되고 불구가 되며(handicapé) 퇴행하는 듯이 보인다. 시몽동에 따르면 그것은 미신과 관련되어 있다. 그것은 인식론의 관점에서 보면 예리하지 못하며, 윤리학의 관점에서 보면 의심스러운 것이다. 미신은 개체화 과정을 부주의하게 다루며, 개체가 즉각적인 출발점이라고 가정하는 자들에 의해 유지된다. 반대로 개체가 자신의 반대인 분화되지 않은 보편자(universel indifférencié)로부터 생겨난다는 것을 인정한다면, 집단의 문제는 완전히 다른 형태를 띠게 된다. 시몽동에게는, 기괴한 상식이 긍정하는 바와는 달리, 집단의 삶이야말로 가장 나중에 일어나며 가장 복잡한 개체화의 사례이다. 단독성은 퇴행하기는커녕, 함께 행위하는 가운데에서, 목소리의 다원성 속에서, 공적 영역 속에서 자신의 정점을 세련되게 만들고 또 이것에 도달한다.

집단적인 것은 개체화에 해를 입히지도, 이것을 약하게 하지도 않는다. 오히려 집단적인 것은 자신의 역량을 증가시키면서 엄청나게

[측정할 수 없으리만치] 그것을 추구한다. 이러한 추구는 개체화의 첫 번째 과정이 해결되지 않은 채로 남겨 놓았던 전-개체적 실재성의 일부에 관심을 둔다. 시몽동은 이렇게 쓴다. "우리는 집단으로 향해 가는 개체의 경향에 관해 말해서는 안 된다. 왜냐하면 그러한 경향은 엄격하게 말해서 개체로서의 개체의 경향에 관해서 말하는 것이 아니기 때문이다. 역량(potentiels)의 비-분해(non-résolution)가 개체의 발생에 선행한다. 개체에 선행하는 존재가 남김없이 개체화되는 것은 아니다. 그것은 개체와 환경으로 완전히 분해되지는 않는다. 개체는 자신과 더불어 전-개체적인 것을 보존하며, 모든 개체적 총체는 또한 새로운 개체화가 산출될 수 있는, 처음부터 일종의 구조화되지 않은 기반을 가지고 있다."[15] 뒤에서 그는 또 다음과 같이 쓰고 있다. "그것은 정말 집단적인 것 내부에서 서로 덧붙여지는 존재들로서의 개체들이 아니라 주체, 즉 전-개체적인 것을 담고 있는 존재로서의 개체들이다."[16] 집단의 토대, 그것은 각각의 주체에 현존하는 전-개체적 요소이다(사람들은 지각한다, 사람들은 말한다 등). 하지만 집단 속에서, 단독성에 본래적으로 존재하는 전-개체적 실재성은 또한 특별한 생김새를 공공연히 드러내면서 개체화된다.

집단적인 것의 심급(instance)은 여전히 개체화의 심급이다. 쟁점은 아페이론(무규정자, *apeiron*), 즉 단독성에 선행하는 '가능적인 것의 실재성'에 우발적이고 혼동할 수 없는 형태를 부여하는 것이다. 또한 그것은 감각적 지각의 익명적 보편성에 형태를 부여하는 것이

---

15. Simondon, 1989, p. 193.
16. Simondon, 1989, p. 205.

다. 그리고 그것은 '전달자가 없는 사유' 또는 일반지성에 형태를 부여하는 것이다. 고립된 주체 내부에 있는 전-개체적인 것, 분리되지 않는 것은 다수의 행위와 감정 속에서 단독화된 양상을 띨 수 있다. 어느 첼로 연주가가 다른 연주자들과 함께 4중창을 하는 가운데 상호작용하면서 그때까지 자신이 알지 못했던 악보의 어떤 것을 발견하는 것처럼 말이다. 다수의 각각은 공적 경험의 특징적인 변천(vicissitude)을 통해 자신의 고유한 비인칭적 구성요소를 (부분적이고 일시적으로) 인격화한다. 다른 것과 비교해서 설명하면 보증인이 없는 정치적 행위, 가능한 것 그리고 예기치 못한 것과의 친숙성, 우정과 친밀함, 이 모든 것은 개체에게 어떤 한도 내에서는 개체가 *Gattungswesen*, 즉 '유(類)의 유적 실존'을 완전히 특수한 생물학으로 변형시키기 위해 그 자신이 유래한 익명의 '사람들'에 적응할 수 있도록 환기시킨다. 하이데거가 주창했던 것과는 반대로 공적 영역 속에서만 우리는 '사람들'에서 '그 자신'(soi-même)으로 나아갈 수 있다.

두 번째 수준의 개체화, 즉 시몽동이 '집단적 개체화'라고 부르는 것('사회적 개인'이라는 어구가 내포하고 있는 것과 유사한 모순어법)은 비-대의제적 민주주의(*démocratie non représentative*)를 적실하게 사고하기 위한 하나의 중요한 희곡과도 같다. 집단적인 것이 경험의 두드러진 단독화의 극상이기 때문에, 혹은 인간의 삶 속에서 통약불가능하고 재생산될 수 없는 것이 마침내 펼쳐질 수 있는 장소를 구성하기 때문에, 이중 어떤 것도 다른 것에 의해 대변될(extrapolé) 수 없으며, 결코 '위임'될 수도 없다. 하지만 주의하자. 일반지성과 생물학적 토대의 개체화로서 다중의 집단적인 것은 임의의 순진한(ingénu)

아나키즘과 완전히 반대된다. 아나키즘은 오히려 일반의지 및 '민중 주권'과 마찬가지로 정치적 대의체제의 모델이다. 그것은 참을 수 없는 (그리고 때로는 흉포한) 단순화의 모습을 띤다. 다중이라는 집단은 주권자에게 권리를 양도하지 않으며, 나아가 주권자와 더불어 실천하지 않는다. 왜냐하면 그것은 개체화된 단독성의 집단과 관련되어 있기 때문이다. 다시 반복하거니와 다중에게 보편자는 전제이지 약속이 아니다.

서지 목록

Martino, E. (1977), *La fine del mondo. Contributo all'analisi delle apocalissi culturali*, Turin.

Einaudi Frege, G. (1918), *Der Gedanke. Eine Logische Untersuchung*, trad. française. "La pensée" in *Écrits Logiques et Philosophiques*, Paris, Le Seuil, 1971.

Hobbes, Th. (1642), *De Cive*, trad. française *Le Citoyen*, Paris, Garnier-Flammarion, 1982.

Marx, K. (1857-1858), *Grundrisse del Kritik del politischen Oekonomie*, trad. française *Fondements de la critique de l'économie politique*, Paris, Anthropos, 1968.

Merleau-Ponty, M. (1945), *Phénoménologie de la perception*, Paris, Gallimard.

Simondon, G. (1989), *L'individuation psychique et collective*, Paris, Aubier.

Vygotski, L. S. (1934), *Myslenie i rec*, trad. française *Pensée et langage*, Paris, Scandéditions, 1997.

부록 4

다중과 노동계급[1]

마우리지오 랏짜라또 : '다중' 개념이 철학사에서 인식되어 왔던 것과 당신이 오늘날 만들어서 사용하고 있는 개념 사이의 유사성과 차이에 관해 정의해 주시겠습니까? '다중' 개념과 '노동계급' 개념 간에

---

* [영역자 주] 다중 개념과 노동계급 개념 간의 관계에 관한 랏짜라또의 물음에 답하면서 빠올로 비르노는 저항권 개념을 주장한 17세기 철학자들이 탐구했던 다중 개념과 주권의 메커니즘을 비판하는 바-대의제적 민주주의 형태의 출현을 가능하게 만든 현대의 다중이 지닌 유사함과 차이에 관해 제기한다. 현대의 다중은 노동계급의 종말을 나타내는 것이 아니다. 다중 개념은 민중 개념과 대립되지만, 노동계급 개념끼 대립되지 않는다. 다중은 잉여가치 생산으로부터 배제되지 않았다. 우리는 대신 맑스에게서 정치적 측면에서 바라본 다중인 노동계급의 형태를 발견할 수 있다.

1. [옮긴이] 이 글의 원제는 "Multitude and Working class — Maurizio Lazzarato interviews Paolo Virno"로 제목에서 드러나듯이 마우리지오 랏짜라또와 빠올로 비르노 사이에서 행한 아주 짧은 인터뷰이다. 원래 이탈리아어로 된 것을 아리안나 보브(Arianna Bove)가 영어로 옮겼다. 잡지 *Multitudes* 9호(2002년 5-6월호)에 「다중과 노동계급」(Multitudes et classe ouvrière)이라는 제목으로 실렸다.
인터넷에서는 http://multitudes.samizdat.net 등에서 찾아볼 수 있다.

는 연속성이 있는 건가요 아니면 단절이 있는 것인가요? 이 두 개념은 통합될 수 있는 건가요, 아니면 두 개의 '다른 정치학'을 지칭하는 것인가요?

빠올로 비르노: 현대의 다중과 17세기의 정치철학자들이 연구한 다중 사이에는 몇 가지 유사성과 차이가 있습니다.

근대성의 여명기에, 거대한 민족국가가 탄생하기 이전에 시민상태의 공화국의 시민은 '다수'와 조응했습니다. 그러한 '다수'는 '저항권' 즉, 이우스 레지스텐티아이(*ius resistentiae*)를 사용할 수 있었습니다. 그러한 권리는 진부한 의미에서, 정당한 방어(legitimate defence)를 의미하지 않았습니다. 그것은 좀더 복잡 미묘한 것이었습니다. '저항권'은 중앙권력에 반대하여 단독자(the singular)의, 국지적인 공동체의, 장인 길드의 특권을 천명하는 한편, 이미 확약을 받았던 삶의 형식들을 보존하고 이미 굳건해진 습관을 보호하는 것으로 이루어져 있었습니다. 그러므로 '저항권'은 긍정적인 어떤 것의 방어를 수반했습니다. 즉 그것은 (이 용어의 좋고 고귀한 의미에서) 보수적인 폭력이었습니다. 어쩌면 저항권(*ius resistentiae*), 다시 말해 이미 존재하고 있으며 지속될 만한 가치가 있는 것처럼 보이는 어떤 것을 보호할 수 있는 권리가 17세기의 물티투도와 포스트-포드주의적인 다중을 가장 잘 뭉치게 하는 것입니다. 그리고 이 후자의 경우 그것은 확실하게 '권력을 장악'하는 문제, 또는 새로운 국가나 정치적 결정의 새로운 독점체를 건설하는 문제가 아니라, 오히려 다원적 경험들, 비-국가적 공적 영역과 혁신적인 삶의 형태의 맹아를 방어하는 문제입니다. 내전(civil war)이 아니라 저항권(*ius resistentiae*)입니다.

또 다른 예를 들어보죠. 정치적 대의제도의 붕괴를 선동하는 것이 포스트-포드주의적 다중의 전형입니다. 아나키스트적 몸짓으로서가 아니라 주권의 신화와 의식(rituals)을 빠져나가는 정치 제도에 대한 현실주의적이고 은근한 탐색으로서 말입니다. 홉스는 이미 다중이 규제되지 않는 정치적 유기체를 채택하는 경향이 있다고 경고했습니다. "서로에 대한 의무에 의해서도, 어떠한 특수한 계획으로도 통일되지 않으며, 그저 의지와 성향의 유사함에 의해서만 생겨나며 본성상 불규칙적인 체계, 단순한 연합, 혹은 때로는 민중의 단순한 집합."[2] 일반지성에 토대를 둔 비-대의제적 민주주의가 완전히 상이한 유의미성을 가진다는 것은 분명합니다. 그것은 틈새, 주변, 또는 잔여물이 아닙니다. 오히려 지식/권력의 구체적인 전유와 재분절은 오늘날 국가의 행정적 장치로 군건해집니다. 하지만 자본의 구별로 나아가 봅시다. 현대의 다중은 스스로 자본주의의 역사를 실행합니다. 게다가 그것은 노동계급과 하나를 이루는데, 이것의 제1 질료는 지식에 의해서, 언어와 정서에 의해서 구성됩니다.

저는 시각상의 착각을 쫓아버리고 싶습니다. 이렇게 말하더군요. 다중은 노동계급의 종말을 나타낸다고 말입니다. 또 이렇게 말하기도 하더군요. '다수'의 세계에서는 '차이들'의 끊임없는 변화에 둔감한 신체를 가진, 모조리 똑같을 뿐인 블루칼라 노동자들이 들어설 자리는 더 이상 없다고 말입니다. 하여간 이렇게 말했다면 이것은 틀

---

2. 『리바이어던』, 22장. [옮긴이: 이 책의 73, 226쪽을 보라.]

린 것입니다. 상상력의 빈곤에서 생긴 착오입니다. 20년마다 노동계급의 종말을 선언하는 누군가가 있죠. 심지어 노동계급이, 맑스나 아주 진지한 사람의 의견에서도 없진 않지만, 하여간 노동의 특정한 조직화, 습관의 특정한 복합체 또는 특정한 멘탈리티와 동일시된다고 하더라도, 노동계급은 이론적 개념이지 기념사진이 아닙니다. 그것은 절대적 잉여가치와 상대적 잉여가치를 산출하는 주체를 가리킵니다. '다중' 개념은 '노동계급' 개념보다는 오히려 '민중' 개념과 대당(對當)을 이루는 것입니다. 다중이라는 것이 잉여가치를 생산한다는 것을 방해하지는 않습니다. 다른 한편 잉여가치를 생산하는 것은 정치적으로 '민중'일 필요를 전혀 수반하지 않습니다.

물론 노동계급이 더 이상 민중이지 않게 되는 순간, 그리하여 다중이 되는 순간이 있습니다. 그 순간에는 많은 것이 변합니다. 조직화의 형태에서부터 갈등의 형태에 이르기까지 말입니다. 모든 것이 뒤얽히고 역설적이게 됩니다. 이제 우리가 노동계급보다는 다중을 가지게 되었다고 말하는 것은 얼마나 쉬운 일인지… 하지만 모든 희생을 치르고서라도 단순성을 갈망한다면, 우리는 적포도주 한 병을 깨끗하게 비우는 게 차라리 나을 것입니다.

게다가 맑스가 쓴 구절에 보면 노동계급은 '민중'의 특징적인 생김새를 상실하고 '다중'의 특징적인 생김새를 획득한다는 대목이 있습니다. 한 가지 예를 들어보죠. 『자본』 제1권의 마지막 장을 생각해 봅시다. 여기에서 맑스는 미국에서의 노동계급의 조건을 분석합니다.3 여기에서 우리는 미국의 서부, 엑소더스(exodus), 그리고 '다수'의 개별적인 주도권(initiative)에 관해서 쓰고 있는 여러 쪽에 걸친 글을 발견합니다. 자기 나라에서 전염병, 기근, 경제 위기로 내몰린 유럽 노동자들은 미국의 동부 연안에 있는 거대한 산업의 중심지로 일을 하러 갑니다. 잘 들어 보세요. 그들은 몇 년 동안, 단 몇 년 동안만 거기에서 머뭅니다. 그후 이들은 공장을 버리고 서부를 향해서, 자유로운 땅을 향해서 움직입니다. 임금노동은 종신형이라기보다는 오히려 스스로를 일시적인 에피소드로 제시합니다. 설령 고작 20여 년 정도밖에 되지 않았다고 하더라도 임금노동자들은 노동시장의 철의 법칙에 무질서를 확산시킬 수 있는 가능성을 가지고 있습니다. 자신들의 애초의 조건들을 포기함으로써 이들은 노동의 상대적인 희소성을 만들어내며, 따라서 임금을 상승시킵니다. 이러한 상황을 그리면서 맑스는 노동계급에 관한 생생한 그림을 제시했는데, 바로 이것이 또한 다중이기도 한 것입니다.

---

3. 칼 맑스, 「33장. 근대적 식민이론」, 『자본론 I (하)』, 김수행 옮김, 비봉출판사, 1991, 961~973쪽.

■ 옮긴이 후기

다중에 관한 탐구

　이 책은 백성도, 민중도, 인민도, 시민도 아닌 '다중'이라는 이름의 새로운 주체성에 관한 탐구이다. 한국 사회에 '다중' 또는 '멀티튜드'라는 이름의 도착은 이탈리아의 아우또노미아 이론가 중 한 사람인 안또니오 네그리의 상륙과 궤를 같이 하며, 안또니오 네그리의 『야만적 별종』(윤수종 옮김, 푸른숲, 1997)을 통해 '스피노자'와 함께 알려졌다. 하지만 이 책의 저자이면서 그 역시 아우또노미아의 중요한 이론가인 빠올로 비르노에 따르면 '다중'은, 비단 17세기의 정치철학의 거대한 대척점인 홉스와 스피노자의 대결지점에 그치는 것이 아니라 적어도 아리스토텔레스 이래 정치사상에서 항상 모습을 드러냈던 것이다. 네그리가 『귀환에 관하여』(Du Retour)에서 밝히듯이 이것은 심지어 『성경』에도 나온다. 「마가복음」의 'Their name is legion'(「마가복음」 5장 9절)이라는 구절은 흔히 '그들은 다수이다/무수하다'로 번역된다. 보통 군대, 군단, 대군을 뜻하는 '레기온'(legion)은 문어(文語)로는 '다중'(multitude)을 뜻한다. 그리고 여기에서 볼 수 있듯이, 기본적으로 '다중'은 '다수'라는 수 또는 양적인 개념과 관련된 부정적 개념이었다.

하지만 오늘날 논의의 지평으로 재차 복귀하고 있는 '다중'은 무엇보다도 우선 '새로운' 존재양식이다. 그러므로 '다중'에 관해 말할 때 무엇보다 먼저 피해야 할 것은 '다중'에 관한 모든 '장밋빛' 환상이다. "다중은 존재양식이다. … 하지만 모든 존재양식과 마찬가지로, 다중은 양가적이다. 다시 말해서 다중은 자신 내부에 상실과 구원, 묵인과 갈등, 예속과 자유를 모두 포함한다. 하지만 중요한 요점은 이러한 양자택일의 가능성들이 민중/일반의지/국가라는 성좌 안에서 나타났던 것과는 상이한, 특수한 생김새를 가지고 있다는 것이다."[1] 그러므로 어떤 개념을 둘러싸고 적합성을 논하기 위해서 일차적으로 논해야 할 것은 포스트-포드주의라는 현대자본주의의 생산양식 하에서 주체성의 존재양식이다.

이런 점에서 볼 때 다중 '개념'은 무엇보다 정치학의 계급적 맥락으로 다시 돌아가야 한다는 것을 의미한다. 다중은 정치가 필연적으로 의회체계가 아닌 행정 중심으로 체계로 구축되게 된 이른바 대의체제의 쇠퇴 또는 무력화와 깊은 관계를 맺고 있다. "다중은 정치적 대의체제의 메커니즘을 방해하고 해체한다. 그것은 자신을 '행동하는 소수'의 총체로 표현하지만, 이들 중 어느 누구도 자신을 다수로 변형시키기를 갈망하지 않는다. 그것은 정부가 되기를 거부하는 역량(*power*)을 발전시킨다."[2]

---

1. 이 책의 46쪽.
2. 이 책의 223~224쪽.

다시 말해서 다중 개념은 고전사회학의 용어로는 측정할 수도, 재현할 수도 없는 사회·정치적 배치를 새롭게 등록한다. 그러므로 다중 개념은 무엇보다도 정치적 개념이지만, 그러나 정치적인 것을 재개념화함으로써 역으로 사회적인 것을 역량의 관점에서 재개념화해야 한다고 요구하는 것이기도 하다. "물티투도(*multitudo*)와 포텐샤(*potentia*)를, 그 앞에 접두사를 무한하게 첨가할 수 있는 하나의 생산적 집합의 지표로 생각할 수 있을까? '정치적인 것'이라는 개념을 이 개념을 병합해 버린 '사회적인 것' 개념으로부터 따로 떼어내어 구축할 수 있을까? 또 '정치적인 것'에서 이해와 표현의 내적인 핵심이 발견되는 '사회적인 것'이라는 개념을 구축할 수 있을까? 즉 힘의 표현을 단순화하는 것(simpliciter)이 가능할까?"[3]

오랜 역사를 가지고 있음에도 불구하고 현대적 맥락에서 볼 때 다중 개념의 철학적 기반은 무엇보다 마키아벨리[4]와 스피노자[5]이다. 이를 살피기 위해서는 우선 두 갈래의 실타래를 구별해야 한다. 하나는 '민주적 실타래'이며 다른 하나는 '절대주의적 실타래'이다. 전자가 역량(potenza)과 권력(potere)을 구분한다고 하면, 후자는 홉스처럼 다중과 민중을 구분하는 것으로 이루어져 있다.

우선 그로티우스, 홉스에게는 민중의 주권, 즉 주권적 권리의 양도가

---

3. Negri, *Insurgencies: Constituent Power and the Modern State*, University of Minnesota Press, 1999, p. 313.
4. 니콜로 마키아벨리, 『로마사 논고』, 강정인 옮김, 한길사, 2003. 특히 1장을 참조하라. 한편, 이에 관해 단편적이지만 흥미로운 언급을 하고 있는 안또니오 네그리의 자서전격인 *Du Retour*(Paris : Calmann-Lévy, 2002; Negri on Negri, London : Routledge, 2004)를 보기 바란다.
5. Baruch de Spinoza, *Tractatus-politicus*, 특히 제3장과 제4장을 참조하기 바란다.

있다. 이들에게 주권은 절대적이다. 그리고 홉스에게 그렇듯이 주권은 양도되는 권력이어야만 한다. 이는 정치적 동의에 토대를 둔 전통, 다시 말해 롤스까지 계속 이어지고 있는 전통이기도 하다. 현대의 자유주의 자들은 사회적인 것이 개체[개인]의 영역에 속한다고 생각하며, 이 때문에 이들의 정치적인 것은 법과 동의, 기술지배체제로 국한된다.

반면 (홉스에 따르면) "다중은 정치적 통일을 기피하고, 복종을 거부하며, 지속가능한 협정을 체결하지 않는다. 또 다중은 자신의 고유한 권리를 주권자에게 결코 양도하지 않기 때문에 법적 인격의 지위(status)를 획득하지도 못한다."[6] 또한 "다중은 '자연적인' 반-사실(ante-fact)을 구성하기보다는 자신을 역사적인 결과로서, 생산과정과 삶의 형태 내부에서 발생한 변형의 성숙한 도착점으로 제시한다. '다수'는 무대 위로 쏟아져 나오며, 이들은 거기에서 절대적인 주역으로 서 있으나 바로 거기에서 작업[노동] 사회의 위기가 펼쳐진다. 포스트-포드주의적인 사회 협력은 직업적인 자질과 정치적인 성향의 구별뿐 아니라 생산시간과 개인시간의 경계를 제거하면서 '공/사'와 '집단/개인'의 낡은 이분법을 웃음거리로 만들어 버리는 새로운 공간을 창출한다. 마침내 '생산자'도 '시민'도 아닌 근대적인 거장(*virtuosi*)이 다중의 반열에 도달한다."[7]

다중은 '주권' 및 '국가'를 한 몸으로 가지고 있는 '민중'과 다를 뿐만 아니라 '민중'이 전제하고 있는 다수와 소수의 변증법, 말하자면 다수는 동실적이고 일관된 체계의 담지자인 반면 소수는 이 다수의 안정적인 하위체계에 불과하다고 하는 그런 변증법과도 무관하다. 이런 의미에서

---

6. 이 책의 41, 222, 249쪽을 보라. 번역의 문장 관계가 다른 것은 판본의 차이를 반영한 것이다. 그러나 내용의 흐름상 큰 차이는 없다.
7. 이 책의 223쪽.

다중은 오히려 들뢰즈적인 의미에서 '소수자-되기'(becoming minoritarian)이다. 다중은 '민중'으로 동일화될 수 없는 여러 상이한 '행위하는 소수자들'로 이루어져 있기 때문이다. 또 다중은 다수가 되기를 갈망하지 않으며, 자신의 역량(potenza), 지성, 창조성을 '정부'로 변환시키려고 하지도 않는다. 다시 말해서 다중은 유일한 다수가 되기를 배제하며, 설령 편의주의와 냉소주의에 종속되어 있다고 하더라도 집단성의 표현이다. 그러므로 다중이 유일하게 속해 있는 곳은 바로 '여기 지금'인 것이다.

마지막으로 '삶-정치' 개념과 '노동-역량' 개념의 관계에 관해 간단하게 살펴보자. 비르노에 따르면 "역량은 다시 말해서, 능력(faculté), 재능(capacité), 가능태(*dynamis*)이다. 유적이고 미결정된 역량."[8] 따라서 그가 보기에 자본주의적 교환의 대상인 모든 현실적 노동에 선행하는 것은 바로 이러한 '역량'이다. 그는 이러한 '노동-역량'이 현대 경제에서 일련의 기계적 능력, 소위 실질적 노동(travail effectif)으로 환원될 수 없으며, 오히려 상이한 상황에 대한 무한한 적응능력이라고 생각한다. 다시 말해 어떤 특수한 행위로 전환될 수 있느냐 여부에 따라 판단되는 것이 아니라 역량 그 자체로 가치평가되는 것이다. 비르노가 보기에 삶-정치의 토대를 이루고 있는 것은 바로 이러한 생산적 역량이다. 그리하여 삶은 그 자체로 중요한 것이 아니라 이러한 역량을 관리하기 위해서 삶이 중요해졌다고 말한다.

비르노가 노동으로부터 작업과 행위를 분리시키고, 따라서 노동을 인간의 다양한 활동양식의 하나로 상대화함으로써 노동에 기초한 근대적

---

8. 이 책의 137쪽.

정치사유를 혁신하고자 한 아렌트의 구별에 의문을 제기하는 것은 바로 이 지점이다. 말하자면 아렌트의 지적과는 반대로 행위가 노동에 포섭되었다는 것이고, 따라서 아렌트는 노동-역량이 어떤 전문적인 능력도, 어떤 특수한 과제를 행할 수 있는 능력도 아니고 인간이라는 동물이 지닌 모든 상이한 능력들과 역량들의 총체가 되었음을 간과하고 있다고 비르노는 지적한다. 들뢰즈가 스피노자의 독해 속에서 '신체는 무엇을 할 수 있는가'라고 물었듯이, 이와 똑같은 구절을 반복하고 있는 것은 바로 이 때문이다. 그리고 이것이 앞에서 인용한 구절에 있는 "유적인 … 역량"이라는 말에서 강조하고자 하는 것이다.

마찬가지의 맥락에서 비르노는 푸코의 삶-정치에 관해 논하고 있는 지오르지오 아감벤을 포함하여 네그리-하트를 비판한다. 이딸리아의 미학이론가이자 철학자인 지오르지오 아감벤은 그의 주저 『호모 사케르』(*Homo Sacer*)에서 푸코의 '삶-정치' 개념을 받아들여 자신의 논지를 전개하면서도 푸코와 거리를 둔다. 그는 자연적 삶과 정치적 삶, 즉 '조에'(Zoé)와 '비오스'(bios)를 구별하면서, 고대 그리스인들에게는 이런 구별이 중요했으나 오늘날의 우리는 이를 모르고 있다고 단정한다. 하지만 근대의 결정적 사건은 바로 이런 '폴리스'의 영역에 '조에'가 도입된 것이라고 아감벤은 주장한다. 푸코 역시 이런 주장을 하면서도 권력에 대한 법·제도적 모델을 기각해야 한다고 본 반면, 비르노에 따르면 아감벤은 푸코의 삶-정치를 도입하여 이를 고대 로마법 이래 항구적으로 존속해 온 존재론적인 범주로 전환시키는 경향이 있다고 한다. 하지만 비르노는 푸코식의 삶-정치를 노동-역량의 존재양식으로 사유하는 것이 아니라 오히려 노동-역량이 근본적인 항이며 삶-정치는 이것의 효과일 뿐이라고 지적한다. 또 아감벤은 노동-역량을 삶-정치가 지닌 제 측면들

중의 한 가지에 불과하다고 하지만, 오히려 비르노는 이와는 정반대로 말한다. 그에 따르면 노동-역량이 역설적인 상품이라고 말하는 것은 노동-역량이 책과 같은 유형의 상품처럼 실제로 상품이기 때문이 아니라 오히려 생산할 수 있는 역량이기 때문이다. 따라서 노동-역량이 상품으로 변형되자마자 권력은 이러한 역량을 함축하고 있으며 이러한 역량을 유지하고 있는 신체를 지배해야만 한다.[9]

다른 한편, 비르노는 네그리와 하트가 삶-정치를 역사적으로 '결정된' 의미로 사용한다고 비판한다. 네그리와 하트는 푸코에 의존하면서 삶-정치라는 말을 사용하지만 실제로 푸코는 삶-정치에 관해서는 그다지 말한 바가 없으며 그저 자유주의의 탄생과 관련하여 몇 가지를 말했을 뿐이라고 한다. 그렇기 때문에 푸코는 삶-정치에 관한 담론을 정초하는 데 있어서 충분한 토대가 아니며, 게다가 푸코를 그런 식으로 다루게 되면 오히려 삶-정치를 은폐하고 감추는 단어로 삶-정치가 변형되어 버릴 수 있다고 경고한다. 이것이 앞에서 인용한 구절에 있는 "미결정된 역량"이라는 말에서 강조하고자 하는 것이다.

이 책은 원래 이탈리아어로 출간되었고[10] 이후 프랑스어[11]와 영어[12]로 번역되었다. 처음에는 영역본에 근거해 번역을 진행했으나 논리적 연결

---

9. 한편 아감벤에 대한 비르노의 비판과 유사하면서도 '자율주의'적 맥락에서 푸코의 '삶-정치'를 깊이 있게 분석하고 있는 것으로는 Maurizio Lazzarato, "Du biopouvoir á la biopolitique", *Multitudes*, 2000년 4월호를 보라.
10. *Grammatica della moltitudine*, DeriveApprodi, 2002.
11. *Grammaire de la multitude*, Véronique Dassas 번역, Éditions Conjonctures/L'Éclat, 2002.
12. *A Grammer of the Multitude*, Isabella Bertoletti, James Cascaito, Antrea Casson 번역, Semiotext(e), 2004.

의 어색함, 문장구조의 애매함, 용어의 불명확함(가령 생산관계와 생산양식을 바꿔 써 버린 경우) 등이 두드러져 불역본을 가지고 처음부터 다시 번역에 들어갔다. 하지만 애초에 강의록인 탓인지 우리말로 한달음에 매끄럽게 읽어나가기 힘든 문장 구조를 가지고 있어 가급적 직역보다는 이해하기 쉽게 만들기 위해 최선의 노력을 다 했다. 한편 인용문의 경우에는 이와는 정반대로 불역본이 지나치게 축약적이기도 하고 또 인용 쪽수에 오류를 보이는 경우가 거의 대부분이어서 오히려 영역본에 의존했다. 이에는 홉스나 아렌트의 경우 영어로 글을 썼다는 점도 한몫을 했다. 어쨌든 대체로 영역본과 불역본의 차이가 크다고 판단될 경우 본문에는 거의 대부분 불역본을 표기하고 옮긴이 주에 영역본의 번역을 수록했다. 중복되는 느낌은 있으나 의미전달의 명확성을 위해서 그렇게 한 것이니 독자의 양해를 널리 구한다.

한편 영역자 서문의 경우 비르노와 네그리의 차이점을 강조하는 것에 지나치게 함몰되어 있는 측면이 있지만, 아우또노미아 자체가 단일한 이념적 통일성을 가지고 있는 것이 아니라 그 내부의 미묘한 차이도 담지하고 있으며, 또 그런 차이를 스스로 증폭시키려고 했다는 점에서 그 동학을 이해하는 데 일정한 도움이 될 것이라고 판단해 수록했다.

옮긴이가 첨부한 네 개의 부록은 본문의 내용과 상당부분 겹치지만 각각 나름의 특성이 있기도 하고 또 본문의 내용에 비해 더 깊이가 있다는 점을 감안하여 여기에 실었다. 부록이 원래 독립적으로 발간된 것이라 본문을 읽기 전에 일종의 요약본이라고 생각하면서 읽는 것도 유의미할 것이다. 「부록 1」과 「부록 2」는 주로 「제2강」과 관련되며, 「부록 3」은 「제3강」과 관련된다. 한편 「제4강」은 이미 한국어로 발행되었기에 여기에 수록하지 않은 『이딸리아 자율주의 정치철학 1』(이원영 편역, 갈무리, 1997)에 실린 비르노의 2개의 글인 「당신은 반혁명을 기억하는가?」, 「'일반적 지성'에 관한 몇 가지 노우트」 등과 함께 읽으라고 권하고 싶다.

번역어에 관해서 몇 마디를 추가하고 싶다. 비르노는 아렌트의 노동, 작업, 행위의 구분을 자기 식으로 비틀어서 이를 하이데거, 아리스토텔레스, 스피노자, 홉스를 끌어들여 접고 펼친다. 이 와중에 'virtuosity'나 'virtuosi'라는 단어가 나오는데, 이를 우리말로 번역하는 데 상당한 어려움을 겪었다. 전자는 보통 '예술적 탁월성' 혹은 '탁월성'으로 옮겨지고 후자는 바로 그러한 '사람'을 뜻하는 것이지만, 두 단어 모두 마키아벨리식의 의미에서 'virtu'와 밀접한 연결관계가 있다. 이는 비르노가 의존하는 한나 아렌트의 논의에서도 직접적으로 엿보인다. 그러나 한나 아렌트의 논의에서도 그렇거니와 특히 비르노에게서 이 단어는 작업 활동 일반의 성격을 지칭하는 것, 특히 일반지성과의 연관관계 속에서 논의되는 바, 이를 예술과의 함의를 지닌 '예술적 탁월성'으로 옮기는 것도, 'virtu'라는 의미를 결코 떠올리게 할 수 없는 '탁월성'으로 옮기는 것도 사실상 모두 부적합해 보인다. 따라서 애매한 번역어가 될 수 있는 위험에도 불구하고 전자는 '탁월한 기예'로 옮기고 후자는 간단하게 '거장'으로 옮긴다.

한편, 프랑스어의 'partition'과 영어의 'score'는 모두 '악보'나 '음계' 등을 총칭하여 부르는 말이다. 물론 이를 '악보'로 번역하게 되면 주로 '음악'에만 한정되는 용어로 받아들일 수도 있으나, 그렇다고 다른 적합한 번역어가 없기도 하거니와 음차를 하여 '스코어'로 표기할 경우 비르노의 논지를 우리말로 전하는 데 장애가 될 수 있어 '악보'로 옮겼다.

그리고 「제1강」에서 언급되는 '두려움, 불안, 공포, 방어'나 「제3강」에서 주로 나오고 있는 '탈주, 도망, 엑소더스, 탈출, 탈퇴' 등은 가급적 의미 전달의 명확성을 위해 대부분 일관된 용어로 옮겼으며, 번역어 용례를 본문에 붙인 각주에 달아 놓았다. 다른 한편, 하이데거의 용어는 『존재와 시간』의 번역자인 이기상의 용어를 그대로 사용했으며, 필요한 경우 역주에 소광희의 용어법을 명기하기도 했다.

이 책을 옮기는 데 여러 사람의 도움을 받았다. 우선 이 책 전체에 걸쳐 성실하고 꼼꼼하게, 때로는 옮긴이가 놓친 부분까지 찾아서 전해 준 수고를 마다하지 않은 양창렬에게 가장 큰 감사의 말을 전해야겠다. 한편 이 책의 서론과 4장의 일부, 부록으로 실린 「노동과 언어」 전체를 초역해 준 정유선에게 감사드린다. 또 지금은 절판된 칼 맑스의 「직접적 생산과정의 제 결과」를 구해 주는 등 많은 도움을 준 김정한과 바쁜 와중에도 'virtuosity'와 같은 용어의 번역을 위해 아렌트의 책을 비롯하여 소중한 조언을 해준 하승우에게 고마운 마음을 이 글로 대신한다. 이들이 없었다면 번역작업은 한없이 지연되었을 것이다. 또 어려운 상황에서도 항상 따뜻한 격려와 조언을 아끼지 않는 어머니와 누이, 제정은에게도 감사드린다. 3개월이라는 한정된 시간 동안 일본의 도쿄에서 생활을 하는 데 아무런 불편함도 없게 배려해 준 이영채, 심미영을 비롯해 일본어를 전혀 모르는 역자에게 바쁜 시간을 쪼개 해당 구절을 읽어 주기까지 한 김항누에게도 감사하다는 말을 전해야겠다. 이들이 없었다면 교정이라는 엄청나게 중요한 작업을 전혀 진행할 수 없었을 것이기 때문이다. 또 나의 진지한 지적 벗들인 '자유정신' 회원들께도 고맙다고 해야겠다. 마지막이지만 가장 중요한 감사의 말은 갈무리 출판사 '식구'들에게 돌려야 마땅하다. 조정환 선생은 번역문이 한국어로 '제대로' 표현될 수 있도록 귀중하고 아까운 시간을 할애해 여러 가지 조언을 해주었다. 성장의 느낌은 아마 그런 경험에서 나올 것이다. 또 극심한 경기 불황과 인문사회과학 시장의 침체기에도 불구하고 적은 인력으로 온갖 고생을 다한 신은주, 최미정, 오주형, 이택진 님께 진심으로 감사드린다.

2004년 8월 15일
일본의 도쿄 어느 한 구석에서

찾아보기

ㄱ

가능태 23, 95, 114, 130, 137~141, 166, 280
가따리 12, 21, 35, 80
가치법칙 171
간-정신적 129, 132, 256
개별자들 127, 249, 251
개체화 45, 47, 126~136, 152, 166, 191, 249, 251~254, 256, 257, 259~270
「거부의 전략」 12, 20
거장 23, 86~88, 90~93, 96, 99, 102, 109, 110, 113~115, 118, 155, 204, 206, 208, 223, 279, 284,
게슈탈트 125, 252
겔렌 56, 252
경계 44, 45, 82, 83, 122, 123, 171, 176, 181, 200, 218, 223, 230, 279
계급 구성 12, 15
계량경제학 44, 100, 244
『계몽의 변증법』 100, 192
고르 172, 173
『고백록』 157, 158, 192
고용노동 84, 108, 172, 173, 189
공공성 66~68, 115, 116, 211~213, 219, 226
공연 85~89, 91~94, 99, 109, 115, 117, 142, 203~206, 213, 243, 268

공유 34, 45, 52, 55, 57~59, 61, 63, 66, 68~70, 81, 88, 90, 116, 119, 128, 129, 150, 152, 183, 209, 211, 223, 230, 235, 236, 243, 251, 256
공적 23, 24, 37, 38, 40, 42~44, 54, 55, 61~63, 66~72, 82, 85, 88, 89, 92, 94, 97, 98, 107~110, 112~115, 117~119, 123, 129, 132, 133, 135, 137, 163, 201, 202, 206~211, 213, 214, 217, 221, 223~226, 235, 236, 251, 256, 260, 264, 266, 267, 269, 272
공포 40, 46, 49, 50, 52~55, 57, 66, 79, 126, 260, 285
공화제 68, 119, 215, 218, 221, 225~227, 230, 231, 233, 236
과잉인구 189
괴테 146
구성적 28, 65, 69, 83, 135, 221, 229, 262
국가성 75, 76, 116
국가이성 117, 212
국가주의 41
굴드 85, 88, 89, 126, 204, 210
그람시 15, 138, 176
근대국가 25
기계 12, 13, 23, 30, 31, 35, 41, 62, 99, 100, 105, 111, 113, 134, 138, 148, 170, 178, 181, 182, 184, 209, 210, 240~244, 263, 280

기독교민주당 15~17
꼬뮤니즘 14, 19, 32, 33, 36, 171, 188~191
『끌라세 오뻬라이아』 12

ㄴ

내-정신적 129
냉소 33, 34, 126, 143, 147~151, 280
네그리 11, 13~15, 18~21, 25~31, 35, 276, 278, 281~283
노동 9, 10~17, 20~24, 26~29, 32~34, 46, 54, 68, 69, 72, 74~77, 79~85, 87, 89~93, 96, 97, 99, 100~113, 115~118, 122, 126, 130, 137~149, 153, 156, 157, 168, 170~191, 196, 200~214, 217~219, 224, 227, 235, 236, 240~245, 247, 248, 250, 258, 263, 264, 271, 273~275, 279~282, 284, 285
노동시간 10, 84, 170~173, 175, 176, 178~180, 183, 189, 224, 247
노동자주의 9, 10~12, 14, 15, 17
니체 13, 29, 30
『니코마코스 윤리학』 81, 87, 88, 94, 192, 220

ㄷ

다수 9, 38~43, 45, 55, 57, 57, 61, 63, 67, 68, 70, 71, 75, 77, 82, 126, 127, 133, 134, 136, 148, 222~226, 238, 247, 250~254, 262, 263, 266, 269, 272~274, 277, 279, 280
다양체 45, 247

다원성 38, 39, 42, 246, 267
단독자 43, 126, 135, 259, 272
단독적 43, 47, 129, 133, 136, 244, 252~255, 258, 259, 262, 264~266
대당 130, 221, 274
도구적 행위 148, 183, 242
독자적인 209
「두려운 낯설음」 67
드보르 102~104, 126, 193
들뢰즈 12, 21, 30, 34, 35, 80, 131, 251, 280, 281
등가의 원리 149, 150
또리노 12, 18
뜨론띠 11, 12, 15, 20

ㄹ

라이히 141
랏짜라또 271
랑그 95, 129, 130, 131, 135, 156, 256, 257
레이건 222
로마 17, 18, 27, 103, 278, 281
로크 260
루소 44, 62, 214, 250
루치아노 비안챠르디 96
『리바이어던』 194, 273
리프킨 172, 173, 196

ㅁ

마키아벨리 85, 86, 278, 284
말할 수 있는 능력 130, 140, 142, 156
맑스 9~16, 23, 24, 29, 44, 62, 76, 77, 84,

87, 89~92, 99, 102, 104~106, 109~112, 117, 126, 131, 134~136, 138, 140, 170, 171, 174, 175, 178, 179, 181, 185, 186, 189, 195, 201, 203~205, 207, 209, 213, 218, 218, 241, 243, 249, 258, 258, 263, 264, 266, 271, 274, 275, 285
맑스주의   9~13, 15, 16, 29, 102, 136, 170, 186, 266
망명   14, 19, 121
매뉴팩처   168, 240, 244
『메뜨로뽈리』   19
메를로-뽕띠   128, 195, 255
문화산업   95, 96, 98, 99, 100, 101, 103~105, 245
물질적 형태   137, 138
물터투도   38, 72, 272, 278
미결정된 것   261
미국   13, 14, 19, 20, 25, 26, 29, 35, 77, 122, 168, 274, 275
밀라노   16, 96

ㅂ

바슐라르   125, 193, 252
반-혁명   169
발리바르   29
『발터 벤야민의 문예이론』   66, 159, 193, 228, 66
방어   19, 46, 49~52, 55~~58, 63~67, 71, 72, 79, 113
배려   153, 157, 160, 209, 227, 235, 285
배치   10, 80, 120, 123, 134, 166, 182, 247, 251, 265, 278

법제의 과잉   265
베르그송   30
베버   93, 196
벤야민   8, 65, 66, 99, 145, 159~162, 193, 228
보수   15, 72, 178, 233, 272
부불노동   22, 176
『부정의 철학』   193
분열   253, 262
붉은 여단   16, 17
비고츠키   249, 252, 256, 257, 263, 264
비르노   8~10, 13, 14, 19~24, 26, 31, 32, 34, 40, 49, 58, 59, 69, 80, 81, 81, 84, 85, 87, 98, 126, 129, 140, 162, 170, 173, 199, 201, 222, 240, 271, 272, 276, 280~284
비오스 제니코스   166, 64
비오스 테오레티코스   158
비트겐슈타인   183, 241, 253, 257
빠롤   94, 95, 114, 129, 130, 155, 156
빨레모   18
뽀떼레 오뻬라이오   15~17
쁘리마 리네아   17
삐아자 폰따나 폭발사건   16, 17

ㅅ

사회적 개인   134~136, 249, 263~266, 269
사회적 조성   21
사회적 통합   143
사회적 협력   24, 106, 115, 131, 177, 179, 207, 211, 241
산 노동   23, 74, 99, 105, 111~113, 181,

182, 184, 188, 210, 240, 243
산업예비군 175, 189
삶 노동 23
삶-정치 126, 136, 137, 140~142, 280~282
상황주의자 102
생산시간 178, 179, 279
생산자 44, 62, 90, 203, 213, 219, 222, 223, 242, 279
생산적 노동 84, 91, 92, 109, 204, 206
세계-내-존재 50, 53, 126, 152, 159
소비사회 102
소비에트 215, 226, 227, 236
소쉬르 94, 126, 183, 196, 241
소통적 행위 183, 243, 244
슈미트 75, 214, 225, 230, 231, 237
스펙타클 102~104, 153, 157, 159, 161, 193
스피노자 19, 31, 37, 38, 237, 250, 262, 276, 278, 281, 284
시몬느 베일 11
시몽동 131~136, 152, 249, 251~255, 257, 259~261, 263, 264, 266~269
시뮬라크르 141
시민 38, 40, 41, 44, 71, 119~121, 214~216, 221~224, 233, 250, 272, 276, 279
실질적 노동 138, 280
쎄르지오 볼로냐 15, 182

ㅇ

아나키스트 16~18, 273
아나키즘 270
아낙시만드로스 254
아놀드 겔렌 56, 252

아담 스미스 173
아도르노 99, 100, 192, 244
아도르노 244
아렌트 46, 59, 80~83, 85~87, 92, 94, 99, 126, 193, 201, 202, 205~207, 209, 234~236, 238, 243, 281, 283~285
아리스토텔레스 46, 58, 59, 62~64, 80, 81, 85, 87, 90, 92, 95, 126, 158, 205, 220, 233, 276, 284
아우구스티누스 126, 157, 158, 192
아우또노미아 17~19, 21, 22, 24, 26, 29, 33, 276, 276, 283
『아침놀』 13
아페이론 254, 255, 264, 268
『안타-오이디푸스』 12
알도 모로 17
'어수선한 가을' 15
언어 놀이 39, 52, 112, 145, 148, 165, 182, 245~247, 250, 253
에드 에머리 199
에르네스또 데 마르띠노 252, 261
에밀 방브니스트 94, 193
에토스 44, 52, 59, 65, 181, 183, 247
엑소더스 14, 77, 115, 119, 121~123, 169, 199, 213~215, 221, 229, 232, 236, 274, 285
역량 20, 26, 28, 29, 30, 32, 67, 68, 76, 95, 114, 122, 130, 133, 137~143, 146, 156, 167, 168, 174, 175, 177, 179, 184, 185, 187, 188, 202, 208, 214, 218, 224, 229, 235, 237, 240, 254, 262, 267, 268, 277, 278, 280~282
연합 226, 273

오레스떼 스깔쪼네 15, 18
오뻬라이스모 10, 9
『요강』 23, 62, 106, 134, 140, 170, 195, 202, 263
유로코뮤니즘 15
유적 존재 131, 135
이우스 레지스텐티아이 233, 272
이중적 50, 75, 95, 103, 104, 206, 212, 259, 260, 262
이탈리아 공산당 15
인간발생 108, 166, 264
인간의 조건 80, 81, 193, 234
인격적 의존 69, 117, 213, 235
일관생산라인 11, 12, 97, 168, 185
일반의지 46, 62, 71, 134, 223, 231, 249, 251, 270, 277
일반지성 23, 28, 58, 62, 66, 68, 69, 71, 73, 103, 109~111, 113~116, 118, 119, 123, 129, 131~135, 149, 150, 171, 173, 180~182, 184, 188, 190, 201, 202, 209~212, 214, 217, 219, 221, 223, 226~228, 232, 235, 236, 258, 260, 263, 269, 273, 284
일자 44, 45, 61, 71, 122, 144, 169, 251, 252
『잉여가치론』 90, 179, 203
잉여노동 83, 179

ㅈ

『자본』 77, 89, 112, 139, 174, 178, 218, 274
자연상태 40, 120, 216, 222

자유주의 42, 43, 46, 119, 128, 141, 188, 215, 222, 246, 250, 279, 282
자율성 230
잠재력 23, 104, 114, 137, 166, 211
잠재성 32, 33, 95, 141
잡담 47, 108, 127, 151~156, 163, 166, 169, 181, 184, 225, 252
재능 69, 98, 130, 137, 138, 144, 148, 206, 211, 280
저항 12~14, 20, 28, 35, 62, 72, 100, 122, 215, 219, 228, 233, 236, 271~273
적대 20, 26, 52, 229~232
전-개체적 127~136, 152, 253~264, 266, 268, 269
전문가주의 68, 144, 169
정신생활 116, 138, 176, 209, 211, 227, 234, 59~61, 62, 66, 79
정신의 공장 100, 244
『정신의 삶 1 · 사유』 59, 86
『정치경제학 비판을 위하여』 195
정치성 89, 99
『제국』 13, 19~21, 25, 27, 29, 31, 32
『존재와 시간』 47, 51, 126, 127, 152, 154, 160, 194, 252, 285
종속노동 83, 144, 173, 178, 183, 189
주스 레지스텐티아이 72
주체직 10, 106, 107, 150, 169, 242, 256
『지각의 현상학』 128, 195, 255
지구화 20, 25, 26, 29
지배노동 173
지불노동 22
지성 24, 33, 45, 61~64, 66~72, 79~82, 109~119, 128, 129, 131, 135, 166, 171,

176, 184~187, 195, 199, 201, 202, 208~215, 217, 218, 221, 223, 225, 233~236, 238, 251, 280, 284
지젝 29
짐멜 65, 145

ㅊ

『천 개의 고원』 21, 35
최종 결과물 24, 81, 85, 86, 91, 92, 94, 95, 96, 99, 104, 105, 114, 166, 185, 206, 211, 235, 243

ㅋ

카포스 224
칸트 49~51, 125, 126, 195
커뮤니케이션 100, 101, 104, 105, 244, 245
케이즈 142, 190, 225
『콰데르니 로씨』 12

ㅌ

탁월한 기예 23, 24, 85~89, 91~96, 101, 105, 109, 110, 113~115, 117~119, 123, 155, 166, 169, 170, 199, 205, 206, 208, 209, 211, 213, 214, 221, 227, 235, 243, 284
탈주 121, 122, 218, 229, 230, 251, 285
테일러주의 99, 168
텔로스 28, 30, 31
토포이 코이노이 58, 126

ㅍ

『판단력 비판』 49, 195
패배한 혁명 22, 190, 191
퍼포먼스 24, 25, 86, 88, 90~92, 94~95, 109, 112, 155, 204~208, 211, 235
편의주의 34, 126, 143, 147, 148, 150, 151, 156, 162, 166, 169, 181, 184, 280
편치 않음 54, 55, 57, 63
평의회 226
포드 80, 101, 176, 242
포드주의 12, 20, 22, 100, 168, 169, 176, 182, 240, 244
포스트모던 14, 25, 27, 28, 31, 44, 200, 245~247
포스트-포드주의 10, 14, 22, 23, 26, 32, 57, 68, 71~74, 79, 82~84, 92, 95, 99, 100~103, 105, 106, 108, 109, 113, 114, 117, 118, 131, 138, 144, 145, 147, 155, 165~168, 170~184, 186~188, 190, 191, 203, 207
포이에시스 79, 83, 87, 90, 94, 103, 126, 131, 165, 201, 206, 209
푸코 80, 126, 136, 141, 281, 282
프락시스 79, 83, 84, 87, 94, 126, 150, 201, 202, 206, 227, 235, 244
프랑꼬 삐뻬르노 15
프랑크푸르트학파 100, 101, 133, 261
프레드릭 제임슨 29
프로이트 126, 54, 67, 68
피아뜨 17, 101, 180, 182
필요노동 179, 189

ㅎ

하버마스 182, 183, 241
하이데거 47, 51, 54, 108, 126, 127, 129, 145, 151~161, 184, 194, 269, 284, 285
하트 13, 14, 19~21, 25~28, 281, 282, 29~31, 35
합법성 233
행위 18, 31, 39, 79~85, 87~90, 92, 94, 95, 101, 106, 107, 109, 110, 112~119, 121, 123, 126, 130, 131, 134, 137, 138, 141, 148, 149, 151, 153, 155, 156, 158, 183, 199~209, 211~215, 217, 219, 220, 221, 224, 226~228, 231~238, 240~245, 266, 267, 269, 280, 281, 284
헤겔 44, 135, 183, 184, 240, 252, 256, 263
협력 18, 23, 24, 55, 76, 92, 103, 104, 106, 107, 112, 113, 115~117, 131, 132, 134, 136, 173, 177, 179~180, 182, 183, 187, 207, 211~213, 219, 223, 224, 226, 227, 232, 241, 279
호기심 34, 47, 127, 151~153, 157~161, 163, 252
호르크하이머 244
호모 사피엔스 사피엔스 135
홉스 37~41, 45, 55, 73, 117, 119, 120, 126, 212, 214, 216, 217, 221, 226, 236, 237, 250, 273, 276, 278, 279, 283, 284
화폐 103, 104, 110, 141, 149
히르쉬만 121, 126, 218

기타

『1844년 경제학-철학 수고』 131, 135
1977년 운동 168, 169, 170

갈무리 신서

1. **오늘의 세계경제: 위기와 전망**
   크리스 하먼 지음 / 이원영 편역
   1990년대에 자본주의 세계경제가 직면한 위기의 성격과 그 내적 동력을 이론적·실증적으로 해부한 경제 분석서.

2. **동유럽에서의 계급투쟁: 1945~1983**
   크리스 하먼 지음 / 김형주 옮김
   1945~1983년에 걸쳐 스딸린주의 관료정권에 대항하는 동유럽 노동자계급의 투쟁이 어떻게 전개되어 왔는가를 실증적으로 분석한 역사서.

7. **소련의 해체와 그 이후의 동유럽**
   크리스 하먼·마이크 헤인즈 지음 / 이원영 편역
   소련 해체 과정의 저변에서 작용하고 있는 사회적 동력을 분석하고 그 이후 동유럽 사회가 처해 있는 심각한 위기와 그 성격을 해부한 역사 분석서.

8. **현대 철학의 두 가지 전통과 마르크스주의**
   알렉스 캘리니코스 지음 / 정남영 옮김
   현대 철학의 역사에 대한 비판적 분석을 통해 철학에서 마르크스주의의 역할은 무엇인가를 집중적으로 탐구한 철학개론서.

9. **현대 프랑스 철학의 성격 논쟁**
   알렉스 캘리니코스 외 지음 / 이원영 편역·해제
   알뛰세의 구조주의 철학과 포스트구조주의의 성격 문제를 둘러싸고 영국의 국제사회주의자들 내부에서 벌어졌던 논쟁을 묶은 책.

11. **안토니오 그람시의 단층들**
    페리 앤더슨·칼 보그 외 지음 / 김현우·신진욱·허준석 편역
    마르크스주의 내에서 그리고 밖에서 그람시에게 미친 지적 영향의 다양성을 강조하면서 정치적 위기들과 대격변들, 숨가쁘게 변화하는 상황에 대한 그람시의 개입을 다각도로 탐구하고 있는 책.

12. **배반당한 혁명**
    레온 뜨로츠키 지음 / 김성훈 옮김
    혁명적 마르크스주의의 입장에서 통계수치와 신문기사 등 구체적인 자료를 바탕으로 소련 사회와 스딸린주의 정치 체제의 성격을 파헤치고 그 미래를 전망한 뜨로츠키의 대표적 정치분석서.

14. 포스트모더니즘 이후의 정치와 문화
마이클 라이언 지음 / 나병철·이경훈 옮김
마르크스주의와 해체론의 연계문제를 다양한 현대사상의 문맥에서 보다 확장시키는 한편, 실제의 정치와 문화에 구체적으로 적용시키는 철학적 문화 분석서.

15. 디오니소스의 노동·I
안토니오 네그리·마이클 하트 지음 / 이원영 옮김
'시간에 의한 사물들의 형성'이자 '살아 있는 형식부여적 불로서의 '디오니소스의 노동', 즉 '기쁨의 실천'을 서술한 책.

16. 디오니소스의 노동·II
안토니오 네그리·마이클 하트 지음 / 이원영 옮김
이딸리아 아우또노미아 운동의 지도적 이론가였으며 『제국』의 저자인 안또니오 네그리와 그의 제자이자 가장 긴밀한 협력자이면서 듀크대학 교수인 마이클 하트가 공동집필한 정치철학서.

17. 이딸리아 자율주의 정치철학·1
쎄르지오 볼로냐·안또니오 네그리 외 지음 / 이원영 편역
이딸리아 아우또노미아 운동의 이론적 표현물 중의 하나인 자율주의 정치철학이 형성된 역사적 배경과 맑스주의 전통 속에서 자율주의 철학의 독특성 및 그것의 발전적 성과를 집약한 책.

19. 사빠띠스따
해리 클리버 지음 / 이원영·서창현 옮김
미국의 대표적인 자율주의적 맑스주의자이며 사빠띠스따 행동위원회의 활동적 일원인 해리 클리버 교수(미국 텍사스 대학 정치경제학 교수)의 진지하면서도 읽기 쉬운 정치논문 모음집.

20. 신자유주의와 화폐의 정치
워너 본펠드·존 홀러웨이 편저 / 이원영 옮김
사회 관계의 한 형식으로서의, 계급투쟁의 한 형식으로서의 화폐에 대한 탐구, 이 책 전체에 중심적인 것은, 화폐적 불안정성의 이면은 노동의 불복종적 권력이라는 것을 이해하는 것이다.

21. 정보시대의 노동전략: 슘페터 추종자의 자본전략을 넘어서
이상락 지음
슘페터 추종자들의 자본주의 발전전략을 정치적으로 해석하여 자본의 전략을 좀더 밀도있게 노동의 관점에서 분석하고 또 이로부터 자본주의를 넘어서려는 새로운 노동전략을 추출해 낸다.

22. 미래로 돌아가다
안또니오 네그리·펠릭스 가따리 지음 / 조정환 편역
1968년 이후 등장한 새로운 집단적 주체와 전복적 정치 그리고 연합의 새로운 노선을 제시한 철학·정치학 입문서.

23. 안토니오 그람시 옥중수고 이전
    리처드 벨라미 엮음 / 김현우·장석준 옮김
    『옥중수고』이전에 쓰여진 그람시의 초기저작. 평의회 운동, 파시즘 분석, 인간의 의지와 윤리에 대한 독특한 해석 등을 중심으로 그람시의 정치철학의 숨겨져 온 면모를 보여준다.

24. 리얼리즘과 그 너머 : 디킨즈 소설 연구
    정남영 지음
    디킨즈의 작품들에 대한 치밀한 분석을 통해 새로운 리얼리즘론의 가능성을 모색한 문학이론서.

31. 풀뿌리는 느리게 질주한다
    시민자치정책센터
    시민스스로가 공동체의 주체가 되고 공존하는 길을 모색한다.

32. 권력으로 세상을 바꿀 수 있는가
    존 홀러웨이 지음 / 조정환 옮김
    사빠띠스따 봉기 이후의 다양한 사회적 투쟁들에서, 특히 씨애틀 이후의 지구화에 대항하는 투쟁들에서 등장하고 있는 좌파 정치학의 새로운 경향을 정식화하고자 하는 책.

피닉스 문예

1. 시지프의 신화일기
    석제연 지음
    오늘날의 한 여성이 역사와 성 차별의 상처로부터 새살을 틔우는 미래적 '신화에세이'!

2. 숭어의 꿈
    김하경 지음
    미끼를 물지 않는 숭어의 눈, 노동자의 눈으로 바라본 세상! 민주노조운동의 주역들과 87년 세대, 그리고 우리 시대에 사랑과 희망의 꿈을 찾는 모든 이들에게 보내는 인간 존엄의 초대장!

3. 볼프
    이 헌 지음
    신예 작가 이헌이 1년여에 걸친 자료 수집과 하루 12시간씩 6개월간의 집필기간, 그리고 3개월간의 퇴고 기간을 거쳐 탈고한 '내 안의 히틀러와의 투쟁'을 긴장감 있게 써내려간 첫 장편소설!

4. 길 밖의 길
    백무산 지음
    1980년대의 '불꽃의 시간'에서 1990년대에 '대지의 시간'으로 나아갔던 백무산 시인이 '바람의 시간'을 통해 그의 시적 발전의 제3기를 보여주는 신작 시집.